学/者/文/库/系/列

U0645230

"双高"背景下高等职业教育机电类专业人才培养模式研究

于梦琦　贺巧利　郑艳楠　李雪峰　著

哈尔滨工程大学出版社
Harbin Engineering University Press

内容简介

本书主要介绍"双高"背景下高等职业教育机电类专业人才培养模式的创新及实践,包括经济社会发展对高等职业教育人才的需求分析、高等职业教育人才培养模式对比研究、思想政治教育引领人才培养全过程、人才培养模式的创新与实践、教学资源建设、师资队伍建设、"双高"背景下教学模式改革、校企共建高水平产教融合实训基地、技能及创新创业类大赛、创新工作室等内容;分析"双高"建设为高等职业院校人才培养带来的机遇与挑战,高等职业教育比较流行的几种人才培养模式,包括现代学徒制人才培养模式、"1+X"人才培养模式、订单式人才培养模式等;通过分析专业人才培养方案、专业课程教案、创新工作室等案例,详细探究了高等职业院校人才培养的全过程。

本书可供高等职业教育相关人员参考。

图书在版编目(CIP)数据

"双高"背景下高等职业教育机电类专业人才培养模式研究/于梦琦等著. —哈尔滨:哈尔滨工程大学出版社,
2024.4

ISBN 978-7-5661-4363-1

Ⅰ.①双… Ⅱ.①于… Ⅲ.①高等职业教育-机电工程-人才培养-研究-中国 Ⅳ.①G718.5

中国国家版本馆 CIP 数据核字(2024)第 084676 号

"双高"背景下高等职业教育机电类专业人才培养模式研究
"SHUANGGAO" BEIJING XIA GAODENG ZHIYE JIAOYU JIDIANLEI
ZHUANYE RENCAI PEIYANG MOSHI YANJIU

选题策划　田　婧
责任编辑　李　暖
封面设计　李海波

出版发行　哈尔滨工程大学出版社
社　　址　哈尔滨市南岗区南通大街 145 号
邮政编码　150001
发行电话　0451-82519328
传　　真　0451-82519699
经　　销　新华书店
印　　刷　哈尔滨市海德利商务印刷有限公司
开　　本　787 mm×1 092 mm　1/16
印　　张　12
字　　数　308 千字
版　　次　2024 年 4 月第 1 版
印　　次　2024 年 4 月第 1 次印刷
书　　号　ISBN 978-7-5661-4363-1
定　　价　69.80 元
http://www.hrbeupress.com
E-mail:heupress@hrbeu.edu.cn

前　言

中国特色高水平高等职业院校和专业建设计划(简称"双高"计划)为高等职业教育现代化、特色化、优质化发展提供了重要机遇。高等职业院校要以培养模式、教学方法、实践环节、双师队伍、评价机制以及创新教育等为着眼点,进行技术技能人才培养方案的重构与优化,有效保证教育过程的科学性、规范性和合理性。

本书以内蒙古化工职业学院机电工程系"双高"建设实践经验为基础,主要介绍了"双高"背景下高等职业教育机电类专业人才培养模式的创新及实践,包括经济社会发展对高等职业教育人才的需求分析、高等职业教育人才培养模式对比研究、思想政治教育引领人才培养全过程、人才培养模式的创新与实践、教学资源建设、师资队伍建设、"双高"背景下教学模式改革、校企共建高水平产教融合实训基地、技能及创新创业类大赛、创新工作室等内容。

本书分析了"双高"建设为高等职业院校人才培养带来的机遇与挑战,重点阐述了高等职业教育比较流行的几种人才培养模式,包括现代学徒制人才培养模式、"1+X"人才培养模式和订单式人才培养模式等。

本书通过丰富的实际案例,如专业人才培养方案、专业课程教案、创新工作室等案例,详细探究了"双高"背景下思想政治教育引领人才培养的全过程。

本书由内蒙古化工职业学院的于梦琦、贺巧利、郑艳楠和李雪峰合著。其中于梦琦负责第二章至第四章;贺巧利负责第七章至第十章;郑艳楠负责第一章、第五章、第六章和第十一章;李雪峰负责本书的整体框架设计和写作素材的收集整理工作。全书由于梦琦统稿。

本书内容既涵盖"双高"背景下专业群建设的成功经验,也有著者对高等职业院校人才培养、师资队伍、课程资源、教学方法、实践教学及创新创业教育的思考。由于著者水平有限,书中难免存在不妥和疏漏之处,敬请读者不吝指正。

著　者

2023 年 12 月

目　　录

第一章　经济社会发展对高等职业教育人才的需求分析

第一节　经济社会发展与高等职业教育发展的关系

一、高等职业教育的发展现状

高等职业教育是国家教育体系的一部分,作为高等教育的一个重要组成部分,它与高等本科教育有所不同。高等职业教育以职业为基础进行分类,注重培养与特定职业岗位(或职业群)相关的实用型人才,这些人才在第一线工作中具有技术应用或职业特长。与本科教育注重学科和专业性不同,高等职业教育更加关注对职业技能和职业特长的培养,它以社会对人才市场的需求为导向。

近年来,我国的高等职业教育发展迅速,取得了令人瞩目的成就。高等职业教育的规模不断扩大,为高等教育资源增添了丰富的内容,实现了高等教育向更广泛人群普及的历史性跨越,有效地满足了我国经济社会发展和人民群众对高等教育的需求。

（一）我国高等职业教育发展现状

1. 我国高等职业教育取得的主要成绩

改革开放 40 多年来,我国已经建立了全球最大规模的教育体系,并形成了独具中国特色的现代职业教育体系的基本框架。整体而言,我国教育水平得到显著提升,产业与教育的融合也实现了协同发展。高等职业院校的规模不断扩大,招生、在校生和毕业生数量逐年增长。截至 2020 年,全国共有 2 738 所普通高校,比上一年增加了 50 所。其中,高等职业(专科)院校增加了 45 所,达到 1 468 所。成人高等职业院校减少了 3 所,总计为 265 所。

2. 我国高等职业教育多元化的办学体制

在办学体制方面,我国高等职业教育突破了传统的单一政府办学模式,初步建立了以政府为主导,行业、企业和社会力量共同参与的多元化办学格局,致力于面向市场的教育模式。尤其是民办高校的健康快速发展,为高等职业教育注入了新的活力。初步形成了以政府为主导,行业、企业和社会力量共同参与、面向市场的多元化办学模式。针对现代职业教育的高质量发展,国务院印发了相关指导意见,解决了体制和机制方面的障碍。

3. 我国高等职业教育独具特色的人才培养目标

2006 年末,教育部发布了《教育部关于全面提高高等职业教育教学质量的若干意见》(教高〔2006〕16 号),首次明确高等职业教育作为高等教育发展中的一种类型。一系列法律、法规和政策性文件的颁布确立了高等职业教育在整个教育和社会发展中的地位,同时规定了其根本任务。

这些政策文件和法规为高等职业教育确立了明确的定位和任务,强调了重要性,并提供了发展的指导和保障。

自2002年10月以来,教育部连续三次召开高等职业教育产学研结合经验交流会,逐渐明确了我国特色高等职业教育发展的思路,即以服务为宗旨、以就业为导向,并走产学研结合的发展道路。目前,这种思路已经成为高等职业院校的教学共识。高等职业院校坚持以服务社会主义现代化建设为方向,转变教育思想和观念,树立正确的教育观。

(二)我国高等职业教育存在的问题

1.高等职业教育社会认可度不高

社会上普遍认为普通高等教育院校的毕业生更容易找到好工作,而高等职业教育院校的毕业生则只能从事一些低级、技术性较强的工作。这种就业观念导致了人们对高等职业教育的贬低和忽视,使得许多人不愿意选择高等职业教育作为自己的发展路径,从而进一步降低其社会认可度。尽管高等职业教育在近年来得到了重视和发展,但仍然存在着教育质量不稳定的问题。一些高等职业院校的教学水平、师资力量和设施条件有限,导致培养出来的毕业生技能水平不够高,难以满足社会的需求。

2.高等职业教育体系层次结构不合理

长期以来,由于经济发展的限制和人们对职业教育的偏见,我国的职业教育层次相对较低,主要侧重对中等职业技术人才的培养,并将高等职业教育与普通高等教育混淆,认为高等职业教育只是普通高等教育的一个层次,即专科教育。这种情况一方面导致高技能人才的匮乏,层次难以提升;另一方面也造成普通高等教育培养的工程型、学科型人才供过于求。

3.高等职业院校师资力量不足

高等职业院校在师资力量方面存在不足,部分院校存在教师整体水平不高以及管理层观念滞后等缺点,这导致办学质量无法得到保证。另外,一些高等职业院校忽视了职业教育的区域性特点,没有结合地方经济特色、发展重点和优势产业来灵活设置专业并培养相应的人才。相反,盲目追求专业的数量或时髦性,导致高等职业教育的特色与当地经济特色无法协调一致。高等职业院校在课程设置、教学方式、师资队伍建设和教材建设等方面未能充分体现高等职业教育的特点,无法满足高技能人才培养的需求。以上这些状况影响和制约了高等职业教育的健康发展。

4.行业、企业参与人才培养的运行机制尚未真正形成

高等职业教育与行业、企业的人才培养机制尚未真正形成。高等职业教育是与经济和社会联系最为紧密的教育类型,而产业结构的调整决定了人才培养的目标和规格。从高等职业院校自身来看,部分院校培养的人才与行业、企业的用人要求不一致,与行业、企业的结合程度不够紧密。

（三）我国高等职业教育的发展趋势

1. 市场需求逐渐成为高等职业教育发展的根本动力

随着社会对高等教育需求的不断增长和高等教育的普及化,我国高等职业教育规模经历了前所未有的扩大。实际上,高等职业院校培养的人才并不完全符合企业的期望。高等职业院校必须以企业需求为导向,加强与企业合作,不断创新人才培养模式,充分满足企业的需求,以实现自身的快速发展。这样的转变要求高等职业院校更加注重与企业的紧密合作,确保培养出满足市场需求的高素质人才。

2. 人才培养逐渐由职业能力训练向综合能力培养转变

我国高等职业教育的发展趋势显示,人才培养正逐渐从职业能力训练向综合能力培养转变。在 20 世纪 90 年代,高等职业院校开始探索以培养任职岗位能力为核心的人才培养模式。然而,随着经济社会的发展和企业需求的变化,这种模式已经不再完全适应市场的需求。现今,高等职业院校所培养的人才不仅需要具备卓越的技术技能,还需要具备创新能力、创业能力、职业转换能力、团队合作能力和国际视野等多方面的综合素质。这样的发展趋势既能满足社会经济和科技发展对多样化人才的需求,也能满足个人全面发展的需求。

3. 高等职业教育正在成为终身教育的重要组成部分

当前,终身学习已成为不可逆转的现实,而我国的终身教育体系仍存在不完善之处。在未来的学习型社会中,高等职业教育的核心将不再是学校或企业,而是个体学习者本身。只要高等职业教育能够跳出传统的思维框架,积极主动地进行改革以适应社会的需求,必将在终身教育体系中发挥重要作用。高等职业教育致力于培养学生的终身学习能力,帮助学生适应社会变革、不断更新技能、实现自我发展。通过推动终身学习的理念,高等职业教育将在满足个体学习者需求、促进社会发展、推动人才培养方面发挥重要作用。

4. 高等职业教育不断向着更高的层次探索

我国高等职业教育的发展趋势表明,高等职业教育正不断探索更高层次的发展道路。在过去几十年里,高等职业教育领域一直在探讨不同类型和层次的问题。随着我国高等职业教育的迅速发展,这一争论已逐渐平息。高等职业教育作为一种新型高等教育,已成为高等职业教育界的共识。因此,我国高等职业教育在经历了内涵发展阶段后,势必将探索本科乃至研究生层次的高等职业教育。这不仅是高等职业教育界的追求,更是受教育者和企业的期待,也是高等职业教育自身发展的内在需求。通过进一步提升高等职业教育层次,我国将培养出更多高素质的专门人才,满足社会对各个层次的人才需求,推动高等职业教育的可持续发展。

二、经济社会发展现状

当前,我国就业市场存在着严重的结构性矛盾。一方面,大学生的数量过剩,面临着巨大的就业压力;另一方面,高级技工的需求缺口却高达近 1 000 万人。要解决这一问题,就需要积极推动职业教育的发展,提升其教学质量和实用性,鼓励更多的学生选择职业学校,接受职业教育。培养适应市场需求的高技能人才,能够为社会提供更多优质就业机会,实现经济的可持续发展和社会的繁荣进步。

大力推进职业教育的发展,对于顺利实现助农、富农具有重要意义。一些地区的劳动者素质较低,缺乏具备一技之长的能力,只能从事附加值较低的传统农作物生产。若能大力发展农村职业教育,为农民提供电商、种养殖等实用技能培训,使其掌握合适的职业技能并找到适合的就业机会,将帮助农村家庭实现致富。可以相信,在党和政府的引领下,我国的职业教育必将迈上新的台阶,进一步推动经济社会的持续和健康发展。

三、高等职业教育与经济社会发展的相互作用

(一)经济社会发展是发展高等职业教育的基础

经济社会发展对高等职业教育行业起着重要的推动作用,并且社会经济的水平对高等职业教育的质量有着至关重要的影响。只有在经济社会条件的支持下,高等职业教育才能蓬勃发展。产业结构的变化也直接影响着劳动力就业结构的变化,而劳动力就业的变化又影响着高等职业教育的专业结构。经济社会中的某个行业的发展直接促使相关的高等职业教育专业的兴起。而一个行业的衰退则直接影响着相关高等职业教育专业的减少。经济社会的发展为高等职业教育提供了更广阔的发展空间。因此,经济社会发展与高等职业教育之间存在着密切关系,相互促进和推动彼此的繁荣和进步。

从经济社会发展水平和高等职业院校学生数量的分析来看,整体而言,高等职业教育的发展与经济社会发展呈正相关。这说明高等职业教育与经济发展之间的关系是多层次的,不能简单归因为单向因果关系。这表明我们需要更深入地探讨高等职业教育与经济发展之间的复杂互动关系,以更好地理解高等职业教育对经济社会产生的影响及其潜力。

(二)高等职业教育是评估经济社会发展的"试金石"

高等职业教育被视为评估经济社会发展的"试金石"。它是培养高技能人才的专业教育,专业人才在未参与工作时可能处于隐性状态。高等职业教育的目标是培养人才并使其投入社会从事经济活动,为社会建设做出应有的贡献。与一部分劳动者相比,具备专门技术的人才参与经济发展时能够创造更大的价值,从而提高劳动生产率并带来更高的经济效益。因此,高等职业教育在提供专门性职业培训方面做出了更大的贡献,与区域经济密切相关。

高等职业教育是不可或缺的一种教育形式,它通过培养大量技术型人才为社会经济的发展做出贡献。这种教育不仅仅为受教育者传授专业技能和科学文化知识,还注重塑造受教育者的内在世界观和价值观,培养其综合素质,从而为经济建设带来更好的影响。

(三)经济社会和高等职业教育共同促进、共同发展

经济社会和高等职业教育相互促进、共同发展。如今,高等职业教育已成为一种大规模培养人才的形式,为社会提供了丰富的人力资源,为经济建设提供了重要的应用型人才,成为不可或缺的教育方式。一个地方的发展关键在于充足的人才,尤其是具备创新能力的人才,他们为经济发展提供了强大推动力。许多发达国家早已认识到高等职业教育的重要性,高度重视并大力发展高等职业教育学校,投入大量人力和物力建设多样化的职业教育体系。这不仅为他们提供了丰富的技术人才,而且极大地推动了当地经济的发展。由此可

见,高等职业教育是经济发展的助推器。扩大高等职业教育的规模,不仅能提升劳动者的素质,还能为经济建设提供高素质的人才。而经济的发展也为高等职业教育的发展提供了强大的资金支持。

第二节　高等职业教育人才培养的现状

高等职业教育的人才培养模式是为了实现培养目标而采取的组织方式和运行方式。它包括培养目标、培养过程、培养评价和培养制度等方面。随着社会、经济和科技的不断进步,社会对人才的要求不再局限于专业知识,而更加注重专业技能和实践能力。因此,高等职业院校肩负起了培养高水平高技能人才的重要任务,其人才培养模式也从注重培养"智慧型"人才转变为注重培养"技能型"人才,以适应社会的需求。

一、我国现阶段高等职业教育人才培养模式

(一)岗位实习人才培养模式

在我国,目前高等职业教育大多采用的是岗位实习人才培养模式。这种模式的特点是将理论学习与实践教学相结合,在学生学习理论知识的同时,提供实时的教学体验。最后一个学期,学生将进行顶岗实习,即到企业进行实际工作的经历。这种教学模式也被称为传统的"2.5+0.5"人才培养模式,即前两年半在学校进行学习,后半年到企业进行实习。

(二)"2+1"模式

"2+1"模式的高等职业教育,即前两年学生在校期间进行理论知识学习和实践技能训练,而第三年,他们将进入合作企业进行顶岗实习,并逐渐过渡到就业状态。举例来说,内蒙古化工职业学院与TCL内蒙古分公司、东源科技有限公司等十多家行业企业开展了"2+1"模式的校企合作。这种模式使得合作企业每年都能够获得来自对口学校的稳定的实习生源和技能人才。对于学生来说,他们将顶岗实习与"预就业"相结合,从而摆脱了在找工作时缺乏实践能力的尴尬境地。同时,在实习期间,学生享受与正式员工相同的各项保险待遇,月收入基本可以达到4 200~4 500元。在实习结束并通过考核合格后,学生将转为正式员工,完成从学生到"职业人"的过渡。对于学校而言,与企业保持良好的"2+1"模式的合作关系,有助于促进校企合作的长期稳定发展。

(三)产学研结合的人才培养模式

该模式强调以学校为主进行理论教学,并以企业为主进行培训和实践教学,同时注重校企合作,开展研究解决实际技术问题。通过将理论和实践有机结合,学生可以在真实的企业环境和生产现场获得真正的技能,并深入了解企业文化和岗位要求。在这个过程中,学生的角色转变为"准员工",这促进了他们对所学专业内容的理解和实践转化的认知过程。这种模式为学生提供了宝贵的机会,让他们在返校后继续学习时能够更好地应用所学知识,增强对专业知识的理解和实践能力。

（四）以就业为导向的人才培养模式

高等职业教育注重实践性和职业性特征,要求学生将工作技能和学术知识有机结合。这种模式的目标是让学生具备就业所需的实践能力,培养学生成为满足市场需求的专业人才,使他们能够成功就业并有良好的职业发展。学校内的实训基地应根据产品化、社会化和市场化的要求,结合职业岗位的基础能力和核心能力要求,以满足课程和综合训练的需求。将理论教学与实践训练融合为一体的技能模块训练,体现了学校与企业、教师与师傅、教室与车间的一致性,实现了学习过程与实践过程的同步。

（五）"订单式"人才培养模式

"订单式"人才培养模式是学校与用人单位根据企业的岗位需求,签订用人协议后,共同制订人才培养计划,共同参与教学组织、学生选拔、岗位考核等一系列活动。毕业后,学生将被直接安排到该企业就业。这种模式是工学结合的人才培养模式。例如,2022年内蒙古化工职业学院与内蒙古久泰有限责任公司签订了名为"订单式"的合作班级。合作企业在学校内冠名并提供奖学金、实验设备、实训工作服等支持。学校增加了与合作企业协商确定的教学内容,并加强了实验实训和模拟操作的训练。学生在校内学习结束后,将进行顶岗实习并过渡到实际就业。由于"订单式"人才培养模式是建立在学校与企业之间的互信合作基础上,就业方向明确,企业参与度高,人才培养具有强烈的针对性,因此是一种能够实现学校和企业双赢的实用模式。

二、目前我国高等职业教育人才培养模式存在的问题

促进高等职业教育转型升级是为了建立全新的职业教育体系,使其成为高等教育中不可或缺的一部分。这一举措也是党和国家推动经济转型升级、提升我国制造业水平以及加快创新步伐的重要战略举措。

（一）外部因素的制约

外部因素对高等职业教育的制约存在多方面的原因。首先,教育体制中的观念偏差限制了高等职业教育资源的运行规律,导致高等职业教育资源的分配不均衡。其次,当前的就业形势严峻,这是一个根本性的深层次问题。近年来,高等教育的扩招使毕业生数量激增,然而一线工作岗位需求量减少,导致就业形势更加严峻。学校扩招造成人才过剩,学历成为用人单位选拔人才的主要标准,这导致高等职业教育的地位急剧下降。与本科院校相比,高等职业教育在课程设置上趋向本科化,失去了自身的教育特色,同时在技能方面的优势不明显,知识方面也相对较弱,直接导致就业竞争力的下降。

（二）内部因素的制约

高等职业教育陷入困境的内部因素不容忽视。除了上述外部因素外,高等职业学校自身的办学体制也是主要制约因素之一。当前社会环境迅速变化,但许多高等职业学校在某些方面仍与我国社会、经济和教育发展的现状不适应。例如,办学模式单一,缺乏与职业实践的紧密沟通;专业设置和教学内容与经济、技术发展不匹配;课程设置往往局限于第一次

就业的需求,缺乏培养学生发展和适应变化能力的考虑;学校的运作机制也有些仍未完全适应市场经济的机制;等等。这些因素在综合作用下,限制了高等职业教育的发展和适应能力。

(三)我国高等职业教育在发展过程中所遇到的问题

我国高等职业教育在发展过程中面临着多个问题,涉及外部因素和内部因素。以下是主要问题的概述。

1. 专业设置与市场需求脱节

许多高等职业学校在专业设置方面缺乏充分的市场调研,缺乏对岗位能力的分析,导致课程开发与市场需求脱节,无法满足企业等用人单位的要求。有些学校盲目开设专业,造成毕业生过剩,而某些紧缺人才却缺乏相应的专业培养。近年来,一些学校在专业设置上存在盲目性,缺乏深入的市场调研,专业与市场需求不相符;同时缺乏对市场人才需求的前瞻性认识,盲目模仿其他学校的专业设置,导致各院校的专业趋同现象严重;另外,还存在单纯追求经济效益的倾向,导致财经类、语言类等基础性专业得到一致追捧,而工科专业因为办学成本高而受到冷落。

2. 教学方法陈旧

目前,传统的教育模式仍然占主导地位,课堂教学和课本教学受到过分强调,教师在教学中扮演着主导角色。尽管很多学校注重理论联系实际、案例教学等教学改革,但这些改革往往只是传统教学的点缀,学生的主动性并没有得到充分发挥,教学效果并没有显著改善。

3. 人才培养目标定位不明确

高等职业教育需要明确回答"要培养什么样的人"的问题,并找到解决"怎样培养人"的途径。然而,目前的高等职业教育存在许多问题,包括人才培养目标、培养过程和培养模式等方面,而这些问题需要进一步解决和改进。

4. 师资力量薄弱,师资结构不合理

目前高等职业院校主要拥有传统型教师,他们的实践经验相对较少,需要一定时间培养一批具备实践能力的"双师型"教师。师资来源也存在不合理的情况,高等职业院校教师中有超过一半是直接从高校毕业后进入教职的,拥有实践经验的专业技术人员较少,"双师型"教师的比例较低,无法满足高等职业教学模式的要求。

三、高等职业教育人才培养的对策

(一)高等职业教育人才培养模式的概念

高等职业教育人才培养模式是指在高等职业教育领域中,为适应现代社会对人才的需求,通过一系列有机的教学、实践和培训活动,以培养学生的职业能力、实践能力和创新能力为核心目标的教育模式。这一模式旨在使学生在专业知识、职业技能和综合素质方面全面发展,能够胜任各自专业领域的工作,为社会和经济发展做出积极贡献。

高等职业教育人才培养模式的特点之一是实践性强。它注重学生在真实的职业环境中进行实践教学,通过实习、实训、项目实践等活动,使学生能够将所学理论知识与实际操作相结合,提高实际工作能力。通过培养职业素养,学生能够适应职业发展的要求,具备自我学习、自我发展和职业生涯规划的能力。与企业、行业合作,学校与实际工作场所形成紧密联系,使学生在真实的工作环境中接受培训和实践,了解行业要求和发展趋势,掌握最新的技术和工作方法。

(二)实现我国高等职业教育人才培养模式改革和创新的对策

1.设置培养目标,面向学生发展未来

实现我国高等职业教育人才培养模式改革和创新的对策主要包括:准确设置培养目标和面向学生未来发展。科学地培养对人才的质量至关重要。准确定位培养目标是高等职业教育人才培养模式的基础,直接影响着高等职业院校人才培养的规格、等级和质量。只有正确定位高等职业院校的培养目标,才能实现高等职业院校的可持续发展。高等职业教育既要注重培养学生成为生产、服务、技术和管理一线的劳动者,也要关注学生的终身学习和适应职业变化的需求。学生应成为具有可教育、可培训的劳动者,具备继续学习的能力。

2.科学调整专业结构,适应社会发展规律

实现我国高等职业教育人才培养模式改革和创新的对策主要包括科学调整专业结构以适应社会发展规律。在专业设置方面,应进行科学论证,以社会对人才的需求为基准进行深入调研,并根据时机和条件开设新专业或改造旧专业,明确人才培养的方向和定位。要充分发挥校内外资源,在满足行业和企业对人才需求的同时,实现学生、专业和学校的可持续发展。

3.深化改革,提高产教融合的水平,提高学生职业能力

教育与生产劳动的结合是培养全面发展人才的重要途径,而产学结合则是高等职业教育的重要特色,它能够将理论知识转化为实践能力,提升学生的综合素质和创新能力。重视校企合作和产学结合是关键。高等职业院校应加强教育教学改革,将提高人才培养质量、增强人才的社会适应能力以及提升学生的实际操作能力和综合素质放在首要位置。在产业与教育的深度融合中,要充分发挥企业和院校合作的优势。通过真实的案例和实际操作,不断提高学生在服务企业和社会方面的适应能力。

4.先进的教学方式,向现代教学方式转化

教学方式应以学生为中心,注重培养学生的个性发展,关注他们实现个人的成长和对价值的渴望。高等职业教育教学改革的首要任务是减少僵化的教学模式,增加灵活性,使学生能够根据社会需求、个人兴趣和条件选择学习内容、学习方式和学习时间。必须改变传统的教学方式,积极利用现代信息和传播技术,推动教育信息化,促进教育现代化。为此,需要进一步完善学校的计算机网络,加快数字图书馆等教育公共服务体系的建设,以提高教育的现代化水平。通过采用先进的教学方式,高等职业教育可以更好地适应社会发展的需求,培养具有创新能力和适应能力的人才。

5.构建高等职业院校"双师型"师资阵容,引进高水平技能人才

要加快教师队伍向"双师型"转变的培养过程。针对高等职业院校普遍招聘的刚毕业的普通高校毕业生,应完善培训制度,经常组织教师参与实践活动。通过"双师型"师资队伍的带动,提高教学实践水平。为了提高高等职业教育人才培养的质量,提升实践教学水平,必须重视培养"双师型"师资队伍。在这一过程中,要采取刚性和柔性相结合的方式,改变教师队伍的结构,以尽快提高其教学能力和水平。

第三节　"双高"建设为高等职业 教育带来的机遇和挑战

一、"双高"计划对高等职业教育带来的机遇

"双高"计划是指中国特色高水平高等职业学校和专业建设计划,是中国共产党中央委员会和中华人民共和国国务院为实现教育现代化而制定的重大决策。该计划旨在打造一批具有引领改革、支撑发展、中国特色、世界水平的高等职业学校和优秀专业群,为中国教育现代化的推进提供有力支持。"双高"计划为高等职业教育带来了巨大机遇,通过该计划的实施,高等职业学校和专业将得到更多的政策支持和资源投入,有助于提升教育质量和水平。

(一) 政策促进发展

促进发展"双高"计划是指中国特色高水平高等职业学校和专业建设计划,这是我国在新时期重点推进的一项重大工程。该计划自 2019 年启动以来,得到了国家层面的政策支持和资源投入。"双高"计划为高等职业院校提供了更多的资源投入和合作机会,有助于提升教育教学水平,培养更多具备实践能力和创新素质的职业人才。

当今社会正处于前所未有的历史变革时期,面临着巨大的社会转型。新兴科技如人工智能、"互联网+"和大数据等迅猛发展,给社会带来了深刻的影响。在过去的 40 多年里,我国的高等职业院校通过不懈努力,成功培养了众多专业技术人才。然而,随着科技的不断进步,中国依然迫切需要一批具有实践能力、专业素养高的技能型人才,而这样的人才更多的是在高等职业院校培养的。"双高"计划作为应对当下挑战的良好策略,提供了宝贵的机遇。

(二) 高等职业教育自身发展的机遇

1. 高等职业教育蕴含着自身发展的重要机遇

在改革开放的 40 多年里,教育体制一直是努力改革的重点领域之一。我国不断寻求一条适应国情的高等职业教育发展之路,并取得了令人瞩目的成就。当前,"双高"计划的实施正处于高等职业教育建设的关键时期。

为了在激烈的市场竞争中取得优势,高等职业院校需要合理投入成本资金,以满足各类实验器材和实训场所空间的需求。在面对这种情况时,相关学院可以选择与特定市场规范机构合作,动员相关企业和其他职业院校,共同建立教辅集团,迅速整合各种教学辅助资源和设备,体现全民共享的理念。

2. 高等教育国际化的机遇

高等教育国际化的机遇在于促进跨民族、跨文化的教育交流,以推动本国教育水平的发展和提升。"双高"计划为高等职业院校带来了更大的发展机遇,同时也要主动适应外部变革,紧追发展趋势。高等职业教育必须走向国际化,以缩小与世界,特别是与发达国家的差距。当前世界呈现经济一体化的趋势,全球化进程不断加快,我国不仅是"世界工厂",而且本国优秀企业也正在实施"走出去"战略。国家既需要熟悉"国际化"精英人才,也需要具

备"国际化"素养的高级技术人才。

3.经济波动背景下的良好就业空间

在经济波动的背景下,就业市场呈现良好的发展趋势。经济波动是市场经济自我调节的一种反应,它加强了异质化行业对创新型人才的需求,同时也提供了职业学校进行专业结构调整和综合办学模式改进的机会。在这个过程中,一些不注重学生多元化技能培养和失去办学优势的学校将被淘汰,而那些宗旨明确、保持人品素质规范特色的学校则会脱颖而出,获得长期发展的机遇。通过适度地解决过去高等职业教育存在的问题,高等职业教育事业将不断向健全的形态过渡和发展。这种发展将使高等职业学校更好地适应经济波动带来的挑战,为学生提供更好的就业前景,并推动我国职业教育事业持续进步。

二、"双高"计划对高等职业教育带来的挑战

"双高"计划给高等职业教育带来了一系列挑战。高等职业院校需要不断提升办学水平和教学质量,以满足"双高"计划对高水平、高质量的要求。加强校企合作,与企业密切合作,深度融合产教资源,实现教学与实践的紧密结合。关注就业导向,培养适应市场需求的专业人才,提高学生的就业竞争力。高等职业教育还需要适应科技发展的快速变化,及时更新教学内容和教学方法,培养具备创新能力和适应变化的人才。这些挑战需要高等职业教育持续改革和创新,提升办学水平,确保"双高"计划的顺利实施,为国家经济社会发展提供更多高素质的职业人才。

(一)高等职业教育边缘化

高等职业教育边缘化是指其在教育体系中的地位相对较低,受到社会认可和重视程度不够。边缘化的原因有多方面的影响因素。长期以来,社会普遍对学术教育更加看重,高等职业教育被认为是"低等教育"的一种,缺乏与学术型教育平等对待的意识。这导致了高等职业教育的就业认可度较低,使得更多的人选择学术型教育,而忽视了职业教育的重要性。一些地区的高等职业教育资源相对匮乏,学校数量和质量不足,导致这些地区的高等职业教育发展滞后,难以满足社会需求。相比之下,学术型教育在一些发达地区更受重视和支持,资源更加丰富,从而导致高等职业教育在整个教育体系中被边缘化。

(二)生源数量逐年下降

高等职业教育面临的一个挑战是生源数量逐年下降。这种现象可以归因于多个因素。金融危机的影响导致一些地区的实体经济发展并不稳定,这使得一些务工子弟选择回到家乡就读。因为这些家庭的经济收入有限,一些家庭选择让孩子继续在外地打工赚钱,他们倾向于选择收费较低的民办学院。在这些因素综合作用下,国内高等职业教育的生源受到了重大影响。

三、高等职业教育面临的机遇与挑战案例

下面以内蒙古化工职业学院"双高"建设背景下"化工装备类"专业群面临的机遇与挑战为例进行说明。

内蒙古化工职业学院不断强化内涵建设,深化产教融合、校企合作,积极推进体制创新,形成了以就业为导向,以素质教育为目标,以能力培养为宗旨,形成了内蒙古自治区经济社会发展的高素质技术技能人才的鲜明办学特色。

（一）专业群建设,要把人才培养放在首位

区别于本科教育人才培养注重宽口径,面向市场、面向岗位的高等职业教育更突出针对性。这意味着,毕业生既要"出了校门到企业就能干活",又要有掌握未来岗位迁徙的能力,那么组建专业群就更符合当下高等职业教育人才培养的需要。

通过专业群建设,许多学校对课程体系进行了重构,从原来线性的课程体系变成网格状的课程体系,增加公共基础课,减少了重复的课。一些学校组建教师团队负责课程的开发和建设,改变了以往教师单打独斗的局面。

在重构高等职业教育课程建设时已经出现一个新趋势,即在岗位和职业能力的确定问题上,一些高等职业学校把人力资源社会保障部出台的《中华人民共和国职业分类大典》作为参考,同时更关注行业内龙头企业的标准。

"双高"计划正是要通过政策引导、资金投入,集中力量建成一批技术技能创新服务平台。创新服务平台既是学校服务于行业企业、推进校企合作的平台,也是建设"双师型"师资队伍的平台,更是培养具有创新精神和创新能力的学生的平台。

（二）"化工装备类"专业群面临的机遇和挑战

1. 专业群面临的机遇

（1）服务我国"走出去""一带一路"倡议的需要

"十四五"时期是我国化工产业实现高质量发展的关键时期。总体来看,化工产业作为国民经济的重要支柱产业和原材料配套工业,不仅为落实"六稳""六保"任务做出了贡献,而且为新基建、高端制造业和战略新兴产业等领域的发展持续保驾护航。在我国"一带一路"倡议提出后,沿线各国积极响应、参与和建设,国内能源化工抢抓"一带一路"机遇进入了实质性阶段,一批项目已经落实并初显成效。内蒙古自治区依靠独特的区位优势和向北开放桥头堡的作用,凭借雄厚的能源储备、煤炭深加工与利用技术、化工装备制造业等,能更好地推动"一带一路"建设,服务我国相关产业"走出去"的战略目标。

（2）适应高等职业教育教学改革发展的需要

内蒙古化工职业学院将"化工装备类"专业群纳入自治区"双高"项目建设,积极探索将铸牢中华民族共同体意识融入专业群课程体系,结合边疆地区高等职业教育特点,引入教育教学新理念和新技术,促进各专业深度融合,努力搭建校企合作创新服务平台,构建人才培养创新途径,积极融入化工行业创新产业链,提升专业人才培养质量,将专业群打造成区域性化工装备设计、制造、安装调试、运行监测、维护与检修技术技能积累的中心,是适应高等职业教育教学改革发展的必由之路。

（3）顺应区域经济高质量发展的需要

《内蒙古自治区人民政府关于加快工业企业技术改造促进产业转型升级的意见》,要求内蒙古自治区重点行业、骨干企业技术装备和信息化应用达到国内先进水平。化工产业是内蒙古自治区支柱产业和传统优势产业,2020年,全区全部工业增加值5 000亿元,同比增长 6.0%。规模以上工业增加值增长 6.1%。其中,化工产业占比 13.2%,同比增长 6.3%,略高于规模以上工业平均增速,高起点、高标准、高水平推进国家综合能源基地建设。"十四五"期间,内蒙古自治区化工装备产业抓住国家提出的"双循环"战略转变,通过多渠道保障国内供给能力"稳链",通过创新提升核心竞争力"补链、强链",通过上下游产业链的对接和协同"延链",重塑行业"双循环"格局,为区域经济高质量发展注入新活力。

(4)提升化工装备技术专业人才培养质量的需要

据中国石油和化工业联合会统计,化工行业产值以每年 30%~40% 的速度增长。根据内蒙古自治区产业发展规划,将陆续建设大型产业基地,化工装备安装、检修、制造、管理等岗位每年以 2 000~3 000 名的数量增加,特别是会操作化工生产设备、了解化工生产工艺、懂得一定管理的高端技能型专门人才。因此,迫切需要高等职业院校培养和输送一批素质高、技术精、用得上、能操作、留得住的高端技能型专门人才,而化工装备技术专业群的建设可以为化工装备制造产业发展输送足够的技术技能人才,并提供必要的技术支持。

(5)系列文件出台,职业教育面临前所未有的发展改革新机遇

国务院先后印发了《国家职业教育改革实施方案》《中国教育现代化 2035》等文件,在新时代、新阶段、新形势下对职业教育进行了顶层设计,明确指出"职业教育与普通教育是两种不同教育类型,具有同等重要地位",强调"加快发展现代职业教育,不断优化职业教育结构与布局。推动职业教育与产业发展有机衔接、深度融合,集中力量建成一批中国特色高水平职业院校和专业"。

2019 年 3 月 5 日,国务院政府工作报告又提出"加快发展现代职业教育,高等职业院校扩招 100 万人",这是职业教育大改革大发展之举。职业教育是面向职场的专业教育,其生命力在于同步社会发展,活力在于教育和培训并举;职业教育是面向人人的教育,其影响力在于精准服务能力,吸引力在于服务发展。职业教育需要"更加注重以德为先,更加注重全面发展,更加注重面向人人,更加注重终身学习,更加注重因材施教,更加注重知行合一,更加注重融合发展,更加注重共建共享"。

2019 年 4 月 1 日,教育部、财政部联合印发《关于实施中国特色高水平高等职业学校和专业建设计划的意见》(教职成〔2019〕5 号)。要求"围绕办好新时代职业教育的新要求,集中力量建设 50 所左右高水平高等职业学校和 150 个左右高水平专业群,打造技术技能人才培养高地和技术技能创新服务平台,支撑国家重点产业、区域支柱产业发展,引领新时代职业教育实现高质量发展"。通过"双高"建设,引领高等职业教育全面深化改革,不断提高教育质量和高等职业院校的服务力、贡献力、引领力,让当地离不开、业内都认同、国际可交流,成为促进经济社会发展和提高国家竞争力的重要支撑力量。

2.专业群所面临的挑战

《国家职业教育改革实施方案》《中国教育现代化 2035》等文件明确指出基于行动导向的建构主义教育新理念和教育信息化新技术,要求教师深刻掌握新的教育教学理念对教学方法进行彻底变革。现有专业培养体系难以适应化工行业信息化、智能化和高速化的最新发展趋势,不能完全支撑化工装备技术专业群技能型人才培养目标要求,如何引入这些新理念和新技术为教学团队提升教学质量插上腾飞的"翅膀",以及在搭建校企合作创新服务平台,提高人才培养质量的基础上,积极融入化工行业创新产业链,将专业群打造成区域性化工装备设计、制造、安装调试、运行监测、维护与检修技术技能积累的中心等方面对专业

群师资队伍建设提出了的新挑战。

（1）服务区域经济，高等职业教育面临人才输出供给侧改革的压力

为适应和引领经济新常态、培育新动能、再造新优势、构建新体系、推动新发展，内蒙古自治区化工产业链不断提升创新能力，加快煤炭、化工等优势产业改造升级，延长产业链，提升价值链和产品附加值，推动行业绿色改造升级，促进具有资源优势的传统产业提质增效。实现产业转型升级关键要靠创新驱动，创新驱动关键是人才驱动。内蒙古自治区党委、政府对全区经济发展的规划，给煤炭化工、新型化工、能源产业提供了重大发展机遇，也带来了高素质技术技能人才的巨大需求。培养适应企业需求的技术技能人才，支撑加快产业转型升级，是内蒙古自治区经济社会对化工职业教育提出的重大课题。

（2）培养对象多元化，高等职业教育面临开发多元化教学资源的挑战

《2019年政府工作报告》提出，改革完善高等职业院校考试招生办法，鼓励更多的应届高中毕业生、退役军人、下岗职工和农民工等报考，扩大招生规模。职业教育领域应当主动探索上述社会人员职业技能有效提升措施，加快学历证书和职业技能等级证书互通衔接，为提高劳动者素质和就业创业能力，缓解就业结构性矛盾，加快培养各类技术技能人才，促进区域经济转型升级和高质量发展多做贡献。

（三）基于人才素质培养的"化工装备类"专业群建设思路

国家"双高"计划的目标是推动高等职业教育的整体发展。内蒙古化工职业学院"化工装备类"专业群建设升级必须以新理念、新定位、新举措为标准，高标准地把建设工作落到实处，在先行先试中摸索出一条具有中国特色的高水平高等职业教育的新路子。契合建设行业转型升级，服务内蒙古自治区的经济发展，以"对接、同步、共享、辐射"为目标，发挥专业群集聚效应，实现人才培养供给侧改革和产业需求侧结构要素全方位融合。

1.专业群服务区域经济

《内蒙古自治区国民经济和社会发展"十四五"规划和2035年远景目标纲要》明确指出：统筹布局能源清洁利用、智慧电力、现代化工等领域技术创新，推进信息化和人工智能与传统产业深度融合，利用鄂尔多斯、包头等地区装备制造工业基础，推动智能化成套装备与关键零部件、工业软件研发、发展智能采煤机、井下机器人、露天煤矿无人驾驶等装备制造业。因此需要大批从事新型化工装备操作与维护的技能人才。

内蒙古自治区的能源支撑结构主要来源于化工产业，而化工过程装备又是化工企业生产的重要基础，为保证企业长周期连续运行，需要大批从事化工过程装备设计、制造、安装调试、运行监测、维护与检修的专业技能人才。同时，为适应国家战略新兴产业和先进制造业及区域化工装备升级改造目标，要加大新型化工智能装备和工业机器人相关岗位高水平人才的培养力度。因此，无论是从区域经济的角度还是从专业群所服务的产业来说，以"化工装备技术专业"为核心，以"化工自动化技术专业""机电一体化技术专业""电气自动化专业"为支撑，以"工业机器人技术专业"为前沿技术的专业群是合理的，一方面紧密契合内蒙古自治区化工企业发展的需求；另一方面为区域产业向适应国家战略新兴产业和先进制造业转型发展做准备。

2.专业群人才培养定位

"化工装备类"专业群主要面向化工企业，培养德技并修、具有良好职业道德和创新能

力,从事化工装备设计、制造、安装调试、运行监测、维护与检修等工作的高素质技术人才。技术人才通过培养可取得"化工总控工""化工检修钳工""机电工程师""机械加工工程师""设备维护工程师""工业机器人编程与操作工"和"电工"等职业资格等级证书。

3.专业群内专业的逻辑性

新型化工装备涉及化工、机械、电气控制、智能系统及机器人等多个领域的学科知识,内蒙古化工职业学院化工装备技术专业、化工自动化技术专业、机电一体化技术专业、电气自动化技术专业和工业机器人技术专业学科知识与技能的交叉,恰恰可以满足对新型化工装备设计、制造、安装调试、运行监测、维修与保养的人才需求。因此,有必要将内蒙古化工职业学院上述五个专业组建为教学资源和师资力量共享、进行复合型技能人才培养、进而服务区域经济的"化工装备类"专业群。

以化工装备寿命周期的各个环节作为产业链,选取与高等职业专业对应的产业环节构建专业群,即选取化工装备设计、制造、安装与调试、运行监测、维修与保养五个环节所对应的工作领域,将化工装备技术专业、化工自动化技术专业、机电一体化技术专业、电气自动化技术专业和工业机器人技术专业组成一个专业群,组群逻辑关系如图1-1所示。

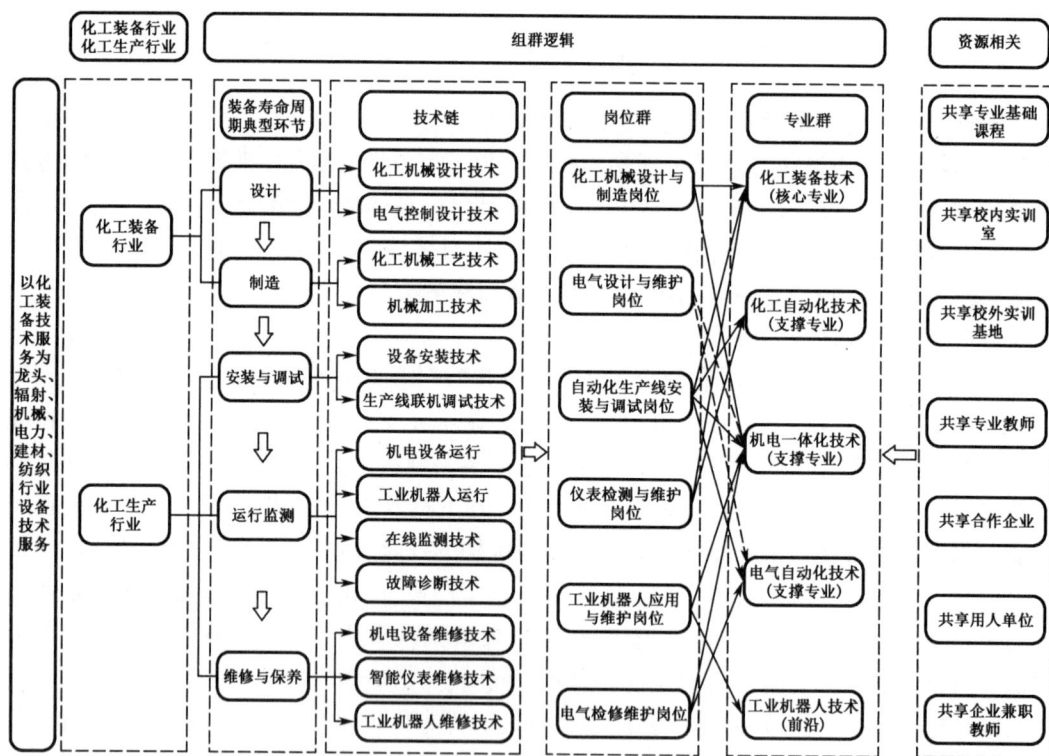

图1-1 组群逻辑关系图

其中,化工装备技术专业涵盖化工类企业的专业设备的设计、制造工艺和运维的知识和技能,作为核心专业引领专业方向;化工自动化技术专业、机电一体化技术专业和电气自动化技术专业涉及通用机械和电气设备的专业知识和技能,作为专业群发展的支撑专业;工业机器人技术专业涵盖设备智能运行与维护、机器人编程与操作、机器人维护检修等新型技术,作为专业群的前沿技术,提升专业群的发展水平,对接装备智能化升级改造的发展目标。

其中设计、制造环节属于化工装备设计制造行业;安装调试、运行监测与维修保养环节属于化工类生产企业,因此该专业群主要服务于化工装备行业和化工生产行业。由于该专业群开设通用机械、电气设备的相关知识和技能课程,因此专业群面向的产业辐射机械、电力、建材和纺织行业设备技术服务。

(1)专业服务产业相关

专业群各专业以装备技术服务为主线,以服务化工类生产企业为主,辐射机械、建材、电力、纺织行业。毕业生大多分布在化工类企业及机械、建材、电力、纺织行业的企业,其中以化工类企业居多。

(2)专业职业岗位互通

群内各专业均针对企业设备设计、制造、安装调试、运行监测、维护与检修各个环节岗位而设置,而化工企业的机电设备和智能设备的安装、运行、维护与检修涉及五个专业学科的知识与技能的交叉,需要岗位群中不同专业的人才服务于同样的化工装备,进行机械、电气、智能控制方面的设计、安装调试、运行与维护。因此,专业群各专业职业岗位互通,有利于打造兼具各专业知识的高端复合型技能人才。

(3)专业教学资源共享

群内五个专业共享专业基础课程、共享校内实训室、共享校外实训基地、共享专业教师、共享合作企业、共享用人单位,共享企业兼职教师。通过教学资源整合,打通专业之间的壁垒,可以使教学资源发挥出最大效益,实现资源的有效共享。

(4)专业技能基础互通

群内五个专业都是围绕化工设备的设计、制造、安装调试、运行监测、维护与检修来培养学生的,各专业培养目标均要求学生具备设备的机械绘图、识图技能、操作维护技能、安装与拆卸技能和状态监测技能,专业群中各个专业之间技能基础互通。

(5)专业文化共融

群内各专业学生的培养均基于“专注、标准、精确、完美”的工匠精神,在培养中各专业将上述专业文化有机融入课程教学中,各专业之间形成了共融的专业文化。

内蒙古化工职业学院立足内蒙古自治区化工产业对设备的要求,动态调整专业结构,推进专业设置与区域产业需求对接,课程内容与职业标准对接,教学过程与生产过程对接;立足能源资源优势,围绕“碳达峰,碳中和”等应对气候变化中长期目标。依托新型化工产业,坚持绿色化、精细化、循环化理念,将高端化、智能化、绿色化和创新理念贯穿人才培养全过程。以数字化赋能传统制造业,吸收“数字工厂”“数字车间”先进技术,推动专业群建设水平不断提高。

第二章 高等职业教育人才培养模式对比研究

　　高等职业教育人才培养方案是高等职业院校落实党和国家关于技术技能人才培养总体要求，组织开展教学活动、安排教学任务的规范性文件，是实施专业人才培养和开展质量评价的基本依据。高等职业教育人才培养模式是人才培养方案实施的具体形式，是保障技术技能型人才适应社会发展、提升岗位竞争力的有效方法。近些年来，高等职业教育人才培养模式不断深化改革，符合我国经济社会发展和行业企业需求特点的人才培养模式不断涌现，使得高等职业教育人才培养体系不断完善，人才培养方案、高等职业教育办学水平和办学质量不断提高。

　　高等职业教育人才培养模式是高等职业院校为实现人才培养目标而制定的人才培养过程构造和运行方式，主要包括课程设置、教学组织、教学设计、评价考核等多方面因素。不同的人才培养模式必须有独特的架构组织，特定的培养方向和目标，培养社会和企业需要的高素质应用型技能人才。高等职业教育根本的人才培养策略是以就业为导向，培养面向生产岗位的具备一定专业知识和实践技能的技术人才，这就要求高等职业教育人才培养模式要贴合区域经济社会发展，注重学校和当地企业的深入合作，走产学研结合发展的道路，教学过程中融合专业知识和岗位技能，提高实践技能的培养。

　　本章通过对近些年来我国高等职业教育实施的人才培养模式进行分析对比，阐述每一种人才培养模式提出的依据、实施的效果、取得的成效以及存在的不足。

第一节　现代学徒制人才培养模式

一、现代学徒制人才培养模式的提出

　　职业技能教育的前身即学徒制，学徒制是在近代学校教育出现之前，手工业或者其他行业师徒共同劳动，学徒在师傅的指导下学习知识和技能的方式。学徒制最早起源于英国。20世纪90年代，英国政府规范了现代学徒计划，目的是帮助学生从学校到工作岗位平稳过渡，增加学生在就业市场的就业机会。学徒制节约了教育成本，提升了学生的技术素质，受到了工厂企业的欢迎。许多国家在职业教育领域对学徒制进行了探索和应用，特色显著，收获很大。

　　现代学徒制是我国教育部于2014年提出的一项旨在深化产教融合、校企合作，进一步完善校企合作育人机制，创新技术技能的人才培养模式。现代学徒制是通过学校和企业深度合作，学校教师、企业工人师傅联合传授，对学生以技能培养为主的现代人才培养模式。与普通高等职业教学班和以往的订单班、冠名班的人才培养模式不同，现代学徒制更加注

重技能的传承,由校企共同主导人才培养,设立规范化的企业课程标准、考核方案等,体现了校企合作的深度融合。现代学徒制有利于促进行业、企业参与职业教育人才培养全过程,实现专业设置与产业需求对接,课程内容与职业标准对接,教学过程与生产过程对接,毕业证书与职业资格证书对接,职业教育与终身学习对接,以提高人才培养质量和针对性。

二、现代学徒制人才培养模式的内涵

(一)学生与学徒的身份转变

传统学徒制中,徒弟与师傅的关系是建立在行业规范的基础上,这种模式对传统手工业及其他行业影响深远,有效地促进了行业发展和技术进步,有利于工匠精神的培养和传承。在现代学徒制人才培养模式执行过程中,学生还兼有学徒这一身份,学生一方面通过学校教育实现学习专业知识;另一方面通过向工厂企业配备的师傅学习,了解企业岗位技术核心,熟悉企业工作氛围,培养锻炼实践技能。这就要求学生在和学徒的身份转换的过程中,适应学校与企业的变化,提前进入岗位实习锻炼,为就业铺平道路。

(二)课堂与岗位的知识结合

现代学徒制人才培养模式的课程设置,要结合行业企业的发展现状,结合学生的知识基础,在专业课程及教学内容上多增加企业岗位相关的知识点。专业知识的结合要做到难度适中、范围广阔,在满足学生培养必要的专业知识的同时,还需要拓宽学生的专业视野,提高学生的专业技能。例如,在讲授专业课程时,教师将相关知识点与企业岗位相关的知识技能充分结合,就可以实现教学内容与岗位技能的深度融合,增加学生的知识储备,通过现代学徒制的培养,学生可顺利适应从学校到工作岗位的转换。

(三)学校与企业的深度合作

在现代学徒制人才培养模式实施过程中,学校与企业的合作尤为重要,其中企业发挥的作用所占比例更大。学徒制人才培养模式要求企业师傅具有精湛的专业技术和良好的职业素养,这样才可以对学生在专业技能和职业道德上进行言传身教,使学生感受到企业的人文精神和工作氛围。学校与企业的深度合作,可以从制定人才培养方案、设置专业课程、组织教学内容、共建实训基地等多方面入手,目的就是使学生按照现代学徒制人才培养模式所规划的路径成长成才,适应企业的发展需要。

(四)教师与师傅的专业技能

在现代学徒制人才培养模式中,教学任务是由学校教师和企业师傅共同承担完成,即"双导师制",因此,师资队伍建设要由企业和学校共同完成,也是现代学徒制试点工作的重要任务。在校企合作共同建设师资队伍时,要改革以往的高校教师选聘规则,不再拘泥于专业、学历、职称等因素,聘用企业高技能专业人士进入学校课堂授课。同时,探索建设职业院校教师与企业技术人员之间的互聘互用、双向挂职、横向课题研发等合作机制,提高学校专任教师和企业技术人员的专业知识、技能水平,为指导学徒成长成才奠定坚实的基础。

三、现代学徒制人才培养模式的机制

(一)合理规划试点工作,确保实施有效

现代学徒制人才培养模式自 2014 年提出后,先后在我国多所高等职业院校进行试点工作。试点工作的规划是否合理、过程是否可控、评价是否良好,直接影响着现代学徒制人才培养模式在我国高等职业教育进行推广规模的大小。在进行现代学徒制人才培养模式试点工作中,各级教育管理部门需要落实主体责任,建设多部门协调联动的工作组,定期组织企业和高等职业院校沟通协商有关重点工作。同时还要加大财政投入力度,正确引导企业和高等职业院校积极开展试点工作。

(二)激发企业的积极性,促进产教融合

现代学徒制人才培养模式的实施,校企合作是必由之路。深化校企合作要以政府为主导,通过制定翔实的文件政策明确政府教育主管部门、高等职业院校和相关企业的职责及权益。为了避免企业因为实行学徒制,对安全生产管理和经济效益造成影响,进而影响企业的参与积极性。要做好相关企业的激励保障措施,例如成立现代学徒制专项教育基金,明确好资金的分配及流向,或者通过财政补贴、税收减免等措施,对相关的企业进行扶持。

(三)合理制定培养方案,落实企业需求

在现代学徒制试点工作中,高等职业院校要定期到企业走访,实地考察企业的发展情况及用人需求,详细掌握企业对学生专业知识储备和实践技能的要求,为课程设置和学生就业提供参考。高等职业院校要与合作企业从人才培养方案、专业课程设置、实训基地建设等方面充分合作,通过了解企业生产岗位对专业知识和实践技能的需求,有针对性地进行教学。利用学生认识实习或顶岗实习等课程环节,学校教师了解学生在企业的学习和顶岗实习中存在困难和问题,及时提出解决方法。了解行业企业发展的新趋势和新技术,及时调整人才培养方案和课程内容,以适应行业企业发展需求。

四、现代学徒制人才培养模式的意义

(一)高等职业教育发展的必然选择

在当今社会发展趋势的推动下,高等职业教育培养人才的目标是:服务经济社会发展、促进就业市场繁荣、完善岗位技能培养、促进学生的全面发展。现代学徒制人才培养模式有利于行业企业积极参与教育人才培养过程,实现专业和产业对接,课程知识和职业标准对接,学校教学与企业实践对接,招生入学与就业进厂对接,有针对性地解决了现有高等职业教育人才培养过程中存在的问题,提高了人才培养质量。

（二）深化产教融合的有效途径

现代学徒制人才培养要坚持工学结合，是职业教育全面深化校企合作和大力推进产教融合的本质要求。开展现代学徒制试点工作，符合高等职业院校和行业企业的发展要求，是校企合作的一种新形式，促进了校企合作机制的健全，解决了制约高等职业教育发展的诸多问题，如高等职业院校实习实训条件不足、教师实践教学能力差、课程知识与企业岗位需求相脱节等问题。探索现代学徒制试点工作，可以突破体制的制约，突出高等职业教育和企业用人需求相一致，是培养技术技能型人才的有效途径。

（三）传承工匠精神的重要载体

现代学徒制从企业用人的角度培养技术技能型人才，坚持学校与企业共同办学，结合学生的成长规律和职业素质形成规律，强调学以致用、注重实践。学生既可以学到有用的专业知识，又可以培养职业道德，树立了良好的人文素养和职业素质，充分发挥了校园文化和企业文化在学生成长过程中的引领作用。通过优秀的企业文化进入校园、职业守则进入课堂，将先进的理念融入教育过程，可以将专业技能和敬业精神有机结合，培养学生认真负责、爱岗敬业、创新探索的工匠精神。

第二节　"1+X"证书人才培养模式

2020年，教育部等多部门联合印发《关于在院校实施"学历证书+若干职业技能等级证书"制度试点方案》，部署启动"学历证书+若干职业技能等级证书"（简称"1+X"证书）制度试点工作。该方案提出，探索建设职业教育国家"学分银行"，对学历证书和职业技能等级证书所体现的学习成果进行认证、积累与转换。

一、"1+X"证书制度提出的背景

（一）职业教育的国家政策导向

我国在高技能人才培养体系建设过程中，一直强调职业技术院校"学历证书+职业资格证书"的双证书培养模式，双证书制度在我国职业教育发展过程中起到了提升技能、促进就业的作用。但是，近些年来由于政府部门和行业协会设置的职业资格证书出现了数量繁杂和含金量降低的现象，国家逐步开展职业资格证书的清理工作。2021年颁布的《国家职业资格目录》只保留了31项准入类、27项水平类职业资格证书，共58项专业技术人员职业资格证书，职业教育中的双证书制度人才培养模式已然不能承担培养复合型技术技能人才的任务。

2019年1月，《国家职业教育改革实施方案》正式发布，明确了职业教育是和普通教育享有同等地位的类型教育，并出台了适应其作为类型教育的人才培养培训评价制度——"1+X"证书制度，即"学历证书+若干职业技能等级证书"制度，"学历证书"与"职业技能等级证书"融合互补，打破了学历教育与职业技能等级培训之间的隔阂，促进了职业教育高质量发展，并使人才的培养更加切合行业和企业需求。

(二)高等职业教育的宗旨回归

随着我国经济社会的快速发展,高等职业教育的人才培养质量也面临着新的要求,国家对技术技能型人才评定的条件也越来越严格。我国很多企业要求职工持证上岗,这也是职业技术工作岗位许可制度和准入制度的必然要求。高等职业教育经过几十年的发展,人才培养模式得到了不断的改善和进步,同时也面临着巨大的挑战。一方面,劳动力市场的需求是非常大的,但是却招收不到合适的人才;另一方面,行业企业对岗位技能掌握的水平要求越来高,使得毕业生很难找到专业对口的工作。

面对机遇和挑战,高等职业院校一方面在课堂教学上为学生奠定良好的专业基础,培养学生自我学习能力,通过先进的信息技术手段提升自己的专业知识;另一方面,通过校企合作,开拓就业岗位和渠道,为学生毕业后的发展提供保障。因此,高等职业院校的人才培养模式要适应行业企业的发展和技术的进步,不仅要注重教学方法质量,还要重视学生的学习效果,培养学生全面发展。

"1+X"证书制度的提出,强化了若干职业技能等级证书对高等职业院校学生成长的重要性。通过"1+X"证书制度试点工作,使高等职业院校学生达到毕业要求,除获得学历证书以外,还可以通过参加职业技能考试,获得职业技能等级证书。高等职业院校要做好学生的思想工作,鼓励学生积极主动地参与,并通过在专业课程中设置考证所需的理论知识,实践教学时增加考证所要考查的实操内容,考前集中培训,做好奖励措施,确保参与考取职业技能等级证书的学生顺利完成。

(三)培养紧缺复合型技能人才

高等职业教育作为高等教育的组成部分,目的是培养高级的技术技能人才,"1+X"证书制度是对现行的高等职业教育人才培养模式的有效改进方法,符合我国经济社会发展和行业企业对人才的需求,可以满足我国产业转型对复合型技能人才的市场需求。"1+X"证书制度既包含学历教育,同时又包含若干工种的职业技能等级培训考试,学生在获得专业知识的基础上,锻炼了职业技能和创新创业能力,促进了就业。

我国经过40多年的改革开放,经济和技术的发展带来了工业产业的转型升级,行业企业的生产技术和管理模式也发生了巨大的变化。在这样的背景下,全社会对复合型高技能人才的需求量日益增长,企业岗位需要具备解决实际应用问题、进行复杂设备操作、管理现代化企业的职工,这就要求原有的高等职业教育人才培养模式要向高质量方向发展。"1+X"证书制度人才培养模式在这样的情况下应运而生,"X"是指若干职业技能等级证书,既包含与企业发展相关的技术内容,也包含行业技术发展的高端产业、新兴技术。这种人才培养模式,提高了学生职业技能,紧扣行业企业发展动态,满足了企业岗位的用人需求,解决了企业用工和学生就业的矛盾。

二、"1+X"证书制度实施中存在的问题

"1+X"证书制度试点工作开始后,全国多所高等职业院校在试点工作中取得了一定的成就,例如改革人才培养方案、完善专业课程、丰富实践教学内容等。但是,随着"1+X"证书制度试点工作的逐步推广,一些问题和困境陆续显现出来,导致试点工作难以高效开展,效

果也不是十分理想,阻碍了高等职业教育的改革发展。

(一)学生方面

1.学生对职业技能等级证书的作用了解不够

根据调查统计的结果显示,高等职业院校的学生对"1+X"证书制度人才培养模式改革的认知比较浅显,对若干职业技能等级证书在行业企业的作用不了解,对证书试点工作中的学习培训、实操训练、考试取证等教学环节有畏难情绪。学生是"1+X"证书制度试点工作的重要组成部分,只有积极主动地了解和掌握"1+X"证书制度包含的新工艺、新技术在企业中的应用,知道其为就业带来的好处,学生才能够转变观念,积极主动地参与"1+X"证书制度试点工作。

2.学生参加考证培训的意愿不强烈

目前,"1+X"证书制度试点工作的培训与考证并没有强制学生参加,全部依靠学生自愿报名,学校没有做硬性的要求。由于学校组织的职业技能等级证书培训时间大多数都是在晚上或者周末,占用了学生的课余时间,容易引起学生的厌烦情绪,使学生产生抵触心理。当然,学生参加考证培训的意愿不强烈,很大原因是学生的学习积极性、主动性较差,没有认识到职业技能等级证书所带来的促进作用。

(二)教师方面

1.教师对"1+X"证书制度的认识有待提高

目前,参与"1+X"证书制度试点工作的教师大多数已经获得"1+X"证书培训师资质,但是也有相当一部分教师对"1+X"证书制度试点工作的具体流程和办法、相关的政策和文件掌握得不详细,对"1+X"证书制度试点申报工作流程不清楚。这说明很多高等职业院校的教师应该具备的专业素养和对高等职业教育改革的观察力较差,其认知水平有待进一步提高。

2.师资水平和能力尚有欠缺

专业课教师的教学水平和实践能力是实施"1+X"证书制度试点工作的重要条件,"1+X"证书制度试点工作对专业教学团队提出的要求是,专业教师要具备职业技能等级相对应的职业资质,同时还要聘请行业企业的相关技术专家参与授课。师资水平和教学能力的欠缺是影响"1+X"证书制度试点工作顺利开展的重要因素,因此要提高专业教师的教学能力和水平,多了解企业发展产生的新技术和新工艺,保证"1+X"证书制度培训考试的效果。

(三)院校方面

1."1+X"证书制度试点的硬件条件

大多数开展"1+X"证书制度试点工作的高等职业院校,其实验实训基地和软硬件设施建设都已达到标准,当然这也是开展"1+X"证书制度试点工作的硬件要求。由于试点单位要购置一定数量的实操设备,还存在一些院校的"1+X"证书培训基地尚未建设完成,职业技能等级证书考核站点不能投入使用的情况,因此严重阻碍了"1+X"证书制度试点工作的开展。所以,开展试点工作的高等职业院校要按照国家教育主管部门相关文件政策的规定,与第三方培训组织和相关的企业协同建设职业技能等级证书考核站点,为学生提供良好的模拟训练环境。

2."1+X"证书制度试点的组织与实施工作

高等职业院校是"1+X"证书制度试点工作的主体,利用试点工作把深化职业教育改革、提高人才培养质量、拓宽就业市场作为工作抓手,协调解决有关问题。将职业技能等级证书相关师资培训纳入教师素质提高计划,统筹各方资源,对职业技能等级证书培训进行完善和更新,使之能与行业企业发布的职业技能等级标准相对应。地方教育行政主管部门要加大对试点工作实施单位的财政支持力度,协调沟通好高等职业院校和相关企业,使"1+X"证书制度试点工作的结果落到实处。

三、制约"1+X"证书制度发展的原因

（一）"1+X"证书制度与人才培养方案衔接不畅

高等职业院校的专业人才培养方案和"1+X"证书制度衔接不畅的原因有以下几方面：

（1）人才培养方案由高等职业院校制定,职业技能等级证书考核内容由相关企业确定,二者相互独立,缺乏沟通协调；

（2）在"1+X"证书制度试点工作中,人才培养的针对性和精准性无法得到保障；

（3）职业技能等级证书对应的是企业特定岗位,与人才培养存在着差距；

（4）人才培养方案与当地经济社会发展存在脱节的现象,人才培养方案的前瞻性较差,导致专业课程设置不够精准。

（二）职业技能等级证书社会认可度较低

目前,一些培训机构通过职业技能鉴定的方式组织学生考取的职业资格证书技术含量较低,与企业的生产岗位要求不匹配,导致"1+X"证书制度试点工作结束后,学生获取的职业技能等级证书,行业企业的认可度比较低。"1+X"证书制度试点工作的政策制度、管理方式、过程考核等方面,没有获得行业企业和就业市场的广泛认可,致使若干职业技能等级证书在学生就业过程中没有发挥明显的促进作用。行业企业没有提高对"1+X"证书制度的重视程度,影响了后续试点工作的推广。

（三）学历证书与职业技能证书融通不充分

学历证书与若干职业技能等级证书融通不充分主要体现在两个方面：一是目标不一致,缺少交叉知识点。课堂教学与职业技能培训存在交叉的知识点比较少,课堂教学侧重理论知识,职业技能培训偏重实践应用,导致专业教学和职业技能培训产生不融通现象,如果不加以重视,将会导致职业教育无法满足企业提出的需求。二是专业课程难以融入职业技能相关的知识,学历教育难以推动和支持职业技能培训的发展,学生也不能获得相关的专业技能。

（四）教学方法不能适应"1+X"证书制度

"1+X"证书制度试点工作的开展是推动高等职业教育改革的有效措施,能够使职业教

育获得创新发展的新格局。然而,高等职业教育现行的教学方法存在明显的不适应,具体表现在教材内容滞后、教学方法陈旧、课程开展的有效性不足、课程标准与职业技能培训考核标准不配套,无法与学生的专业基础知识相匹配,导致学生不能积极主动地参与到"1+X"证书制度试点工作中。

(五)试点工作各方面协同性不强

"1+X"证书制度试点工作的主体部门包括:负责监管的教育行政管理部门、负责具体实施的高等职业院校、负责证书建设的培训评价组织。随着试点工作的推广,参与的培训评价组织以及职业技能等级证书的数量会不断增加。由于参与的单位比较多,试点过程中难免出现履职不到位、工作进度慢、过程不规范等情况。基于这些情况,监管部门要发挥严格过程管理和效果监督的职能作用,保障各主体单位协调一致,高效地完成试点工作。

四、提升"1+X"证书制度实施效果的策略

(一)促进政校企多元主体参与的积极性

"1+X"证书制度试点工作实施主体之间达到高度共识和步调一致,"1+X"证书制度试点涉及政府、学校、企业以及相关培训机构,主体多元化会造成不同单位、部门之间出现沟通协调问题。监管部门的目的在于提高高等职业教育服务社会的质量,高等职业院校的目的在于培养合格的技术技能人才,企业以及相关培训机构的目的是追求效益最大化。基于这种形式,必须加强主体之间的监督管理,使其树立正确的发展理念,强化高效的协调合作。要想促进各主体参与"1+X"证书制度试点工作的积极性,首先要解决的是制度问题,要充分给予各个参与单位激励和保障;其次要解决部分企业和相关培训机构过分逐利的问题,加强引导,明确培训考证的价格制度,规范其行为。

(二)提升职业技能证书的社会认可

为了使社会和行业企业对"1+X"证书制度有正确的认可,首先要提高等职业技能证书和企业相关岗位的契合度,提高学生毕业后所具备的专业技能的准确性,扩大职业技能培训的有效性。职业技能等级证书所包含的相关专业知识技术含量越高,就越容易受到企业的认可。通过企业的相关技术标准来衡量"1+X"证书的有效性,可以帮助高等职业院校明确发展方向,提高高等职业技能培训的价值,拓宽学生的就业渠道。其次还要建立好企业向高等职业院校反馈"1+X"证书实施效果的通道,能够使高等职业院校及时了解企业技术的更新与升级,可以对若干职业技能等级证书的内容做出及时调整,使"1+X"证书满足行业企业发展的根本要求。

(三)通过产教融合实现"1+X"证书融通

针对"1+X"证书制度试点工作中存在的学历证书与职业技能等级证书融合不充分的问题,职业院校应借助产教融合以实现证书的融通。首先,充分考虑企业岗位的技术特点,明确"1+X"证书制度人才培养模式所具备的职业能力和技术素养,以此来确定培养方案、课程设置、知识内容、教学方法等,提高人才培养的精准性。其次,在"1+X"证书制度的要求下,

高等职业院校要和行业企业、培训机构紧密结合,共同开发针对考证培训的教学内容和教学方法,使职业技能考试培训的相关要求融入课堂教学中,满足学生学习发展的要求。

(四)深化教学改革巩固"1+X"证书制度的成果

高等职业院校在"1+X"证书制度试点工作的背景下,积极开展有针对性的教学改革,使现有的教学工作适应"1+X"证书制度人才培养模式的需求。教学改革包含了对教材、教学内容和教学方法等方面的改进更新。在教材建设方面,应打破传统的教材编写机制,使教材在内容和组织形式上符合"1+X"证书制度,如工作手册式、活页式教材以及增加信息化教学资源,形成模块化、项目化的形式,引导学生掌握新技术和新工艺。在教学方法的改革方面,应该对传统的讲授方式进行创新,引入情景教学、项目任务教学等新方法,丰富教学内容,调动学生的积极性,使"1+X"证书制度获得全面有效的改革效果。

第三节 订单式人才培养模式

订单式人才培养模式是指企业根据自身的人才需求向学校下达人才培养订单,学校接单后,在企业的主导和协作下按订单要求进行人才培养,所培养的人才经企业验收合格后即被企业录用的一种人才培养模式。

一、订单式人才培养模式的意义

(一)强化校企合作、产教融合

在高等职业教育中推广订单式人才培养模式,丰富了高等职业院校和行业企业之间合作的形式与方法,进一步巩固了产教融合理论基础。经过学校和企业共同打造的订单班,从获取的成功经验可以看出,订单式人才培养模式是高等职业教育人才培养模式改革的有效途径,这是以就业为导向的学校与企业联合育人机制。近些年来多所高等职业院校组织订单班,在引入成果导向教育和学生职业生涯规划等教育理论的基础上,进一步丰富和完善订单式人才培养理论基础。

(二)实践意义和推广价值

订单式人才培养模式反映了企业需要的人才类型,高等职业院校按照企业需求进行培养,这样可以有效地减少企业的人力资源成本,毕业生就业可以直接上岗,降低了企业进行社会招聘和岗前培训的费用。订单式人才培养模式对学生来说,入学即就业,培养目标明确,学生在校期间可以掌握企业的新技术,成长为具备高素质高技能的人才。在开展订单式人才培养模式的过程中,企业和学校都是育人的主体,通过共同制定培养方案、设置专业课程、规划教学内容等形式,有效促进企业和学校的交流,专业教师与企业技术人员定期交流研讨,利于"双师型"教师队伍的建设。在充分调研当地经济社会和相关企业发展状况的基础上,有针对性地为企业提出订单式人才培养模式,这是经得起实践检验,且符合区域经济发展的人才培养模式。

二、实行订单式人才培养模式存在的问题

(一)学校存在的问题

1. 师资力量不足

尽管订单式人才培养模式可以实现企业与高等职业院校教学师资的互补,但是在实际工作中师资力量不足是限制订单式人才培养模式发展的重要因素。师资力量不足主要体现在"双师型"教师占比较少,订单班与普通班师资力量没有明显差别,缺少具备企业一线工作经验的教师等。产生这些问题的主要原因与高等职业院校教师缺少企业工作锻炼的经验,实践教学能力不足,企业受生产的影响无法抽调过多的技术人员进行授课有关。

2. 实训条件落后

高等职业院校的实训教学条件和实训设备相对于企业的实际生产情况来说,是比较落后的,这也是目前我国高等职业教育所面临的主要困境。在订单式人才培养模式执行过程中,可以由企业和学校共同建设实训场地、更新实训设备,但是受资金等方面的影响,企业参与学校实训场地建设的意愿不是很强烈。实训设备和场地的落后,导致了订单式人才培养模式质量的下降。

3. 课程设置需要优化

订单式人才培养模式专业课程设置是由企业和学校共同制定完成的,如果校企双方存在沟通不到位,或者以各自的利益作为出发点,就会使得校企合作流于形式,专业课程设置也没有显著的特点,和普通教学班差别不大。因此,订单式人才培养首要的任务是进行优化课程设置,保证人才培养目标的顺利实现。

(二)企业存在的问题

订单式人才培养模式是校企合作的有效途径之一,作为育人主体的企业发挥着很重要的作用。但是,在这一培养模式的实际运行过程中,企业并未发挥主体作用或者作用不明显,形成这一问题的原因有以下几点:首先,企业参与订单式人才培养模式的积极性不是很高,企业更注重经济效益,由于在教学过程中企业要承担人才流失、技术泄露等风险,因此不能真正参与订单式人才培养的全过程;其次,企业对学生的宣传沟通不到位,没有使学生最大限度地了解企业的文化和发展概况,学生没有提前熟悉工作岗位,容易在就业入职后,因为工作环境、工作岗位、薪资待遇因素产生心理落差,长此以往难以留住技术人才。

(三)学生存在的问题

任何一种人才培养模式的最终服务对象都是学生,因此要注重学生在专业知识和职业素养方面的全面发展。由于学生没有明确的就业目标,没有做好职业生涯规划,存在"随大流"的现象,对订单班的选择是盲目和随机的。这就导致订单班在培养过程中,存在大量学生毁约离职的现象,原因固然是学生没有分析好自己的优势和劣势,也没有结合自己的兴趣爱好和职业规划来选择订单班,故不利于订单式人才培养模式的长期稳定发展。高等职业院校学生的特点是自主学习能力比较差,在学业上不愿意吃苦努力,有的学生虽然是经过选拔进入订单班的,但在享受就业优越条件的同时却丧失了上进心,最终因为承受不了

繁重的学业压力和实习实践工作的辛苦而选择退出。订单班的特点是根据企业的需求来进行培养教育,如果学生理论知识掌握得不牢固,实践经验也不丰富,是很难达到企业的要求,影响人才培养的质量。

三、订单式人才培养模式发展策略

(一)优化课程设置

订单式人才培养模式的课程设置是由学校和企业共同制定的,主要从区域经济发展出发,在对相关行业企业进行充分调研的基础上形成。订单班的专业课程相对比普通班来说针对性要更强,是专门针对某一企业或岗位而设置的,除了满足人才培养方案中学生发展的需求外,还要满足特定企业岗位的生产技术需求,使人才培养实现从学校到企业的无缝衔接。同时还要考虑订单班的学生就业面向生产岗位比较单一、转岗或再就业时竞争力较差的问题,因此课程设置还要适度宽泛,以满足学生的需求。

(二)建设高水平实训基地

高等职业院校在进行订单式人才培养模式的过程中,都希望能够改善实习实训设施和条件,然而国家教育经费并未针对订单式人才培养过多划拨。受到教育经费的限制,订单班在实验设备和实习实训条件上没有全面达到人才培养方案的要求,这也是造成学校人才培养和企业岗位需求之间存在脱节的主要因素。针对这一现象,学校可以利用公共实训基地建设和企业跟岗实习等方式,改善订单班的实习实训条件,通过企业和高等职业院校的共同努力,打造高水平的订单班实训基地。

(三)发挥企业主体作用

在订单式人才培养模式实行过程中,企业要发挥主体作用。受到传统教育理念的影响,大多数的企业认为人才培养是学校的任务,企业不是教育的实施者,没有培养人才的义务,参与订单班建设多数是以自身效益为出发点。如果企业仅注重短期利益,不注重企业技术人员的可持续发展,不进行人才储备,则很难得到更长远的发展。因此,高等职业教育订单式人才培养模式要选择在行业领域内有影响力和发展前景的企业进行合作,企业发挥主体作用,共同承担协同育人的责任和义务。

(四)提升学生参与积极性

学生是订单式人才培养模式得以顺利施行的载体,如果没有学生,高等职业教育的人才培养就成了空谈。只有从切实维护学生的根本利益出发,和优秀的企业共同打造品牌订单班,这样才能提高高等职业教育的社会声誉,从根本上体现以人为本的教育理念。从目前多所高等职业院校订单式人才培养的成果来看,企业实力、薪资待遇、个人发展空间等是影响订单班学员满意度的因素。只有学生的切身利益得到保障,提高其对订单式人才培养模式的满意度,学生的参与积极性自然也就随之增长。

（五）打造多元办学格局

订单式人才培养模式在实行过程中最大的困难就是教育资金不充足。现阶段,我国高等职业教育的特点要求学校在人才培养上加大投资力度,保障订单式人才培养更好更快地发展,就要为参与这一培养模式的学校和企业提供更多的政策扶助和资金支持。比如,对相应的企业收税时扣除人才培养的费用支出,对高等职业院校设置当地经济发展支柱产业所需人才的订单班给予更多的财政补贴,从政策制度上激励高等职业院校和行业企业是技术技能型人才培养快速发展的根本保证。

第四节　"双证书"制度人才培养模式

所谓"双证书"制度,即在高等职业院校的学生中实行学历证书和职业资格证书(或技术等级证书)并重的制度。我国《职业教育法》中规定"实施职业教育应当根据实际需要,同国家制定的职业分类和职业等级标准相适应,实行学历证书、培训证书和职业资格证书制度"。倡导职业教育实行"双证书"制度,是国家发展职业教育的一项重要政策和措施,是新形势下职业教育人才培养的改革和创新。

一、"双证书"制度人才培养模式的意义

（一）突出高等职业教育特色

高等职业教育的本质是以就业为导向,以培养适应行业企业发展、生产岗位技能要求的技术人才。这就决定了高等职业教育重视学生就业的特点,人才培养要和职业技能标准相对应。合格的高等职业院校学生,除了要完成本专业的课程教学获取学历证书外,还要具备相应的技能等级标准,即获取相应职业资格证书,方能适应企业岗位技术要求。因此,学历教育和职业技能培养并举是高等职业教育改革发展的重要举措。"双证书"制度人才培养模式有利于高等职业院校端正办学思想、改变教育理念、树立正确目标,突出高等职业教育的特色,使高等职业教育满足社会和企业对技术技能型人才的需求。

（二）提高人才培养质量

"双证书"制度是对高等职业教育的重大改革,对传统的高等职业教育育人模式产生了巨大的影响。以往的高等职业院校更注重专业理论教学,以传授书本知识为主,忽视了对学生职业技能的培养,使得学生毕业后所掌握的知识和技能与行业企业的需求相差甚远,人才培养质量不高。"双证书"制度人才培养模式将职业技能和职业资格纳入培养方案中,实现在完成学历教育的同时,培养锻炼学生掌握一定的岗位技能,使之能够顺利地达到就业岗位的要求。职业资格证书能够作为评价专业技术人员学历水平和技能标准的有效尺度,由于职业资格证书具有灵活性和多样性,能够起到对高等职业教育调节和改善的作用,使高等职业教育更适合经济社会的发展,使人才培养质量得到提高。

(三)增强就业竞争力

高等职业教育的目标是将学生顺利推向就业市场,并依据自身掌握的专业技能占有一席之地,高等职业院校毕业生的就业率和竞争力成为衡量人才培养质量的标志。"双证书"制度人才培养模式的实行使高等职业教育更贴近生产企业的岗位需求,更加注重学生职业能力和实践素质的培养,使学生在毕业前了解企业岗位的生产技能要求,提高了学生的就业竞争力,也获得了行业企业的认可。"双证书"制度成为衡量人才培养质量的重要依据,促进了人才市场上用人观念的转变,改变了以往只注重毕业证书而不注重实践技能的局面。

二、"双证书"制度存在的问题及原因分析

(一)存在的问题

1. 学校人才培养不对应职业资格标准

"双证书"制度人才培养模式要求学生在校期间考取与其专业相关的职业资格等级证书。但是受到目前我国人力资源部门制定的考取高级职业资格等级证书要具备相关的工作年限等相关政策的限制,学生在校期间无法考取重要的职业资格证书。高等职业教育人才培养面向的是行业企业的职业岗位群,而职业资格等级证书针对的是单一技术工种,难以培养出复合型人才,也难以全面地反映学生的职业技能和职业素养,这给职业技能鉴定带来了一定的困难,同时也降低了"双证书"制度的培养质量。

2. 专业教学与职业技能鉴定脱节

在高等职业教育人才培养方案的专业课程设置中,大多数的专业知识都未包含与职业技能鉴定相关的知识内容,实践教学中也没有包含职业资格证书考试中的实操内容,专业课程设置和职业技能鉴定存在着脱节的现象,这导致了学历教育和职业资格培训缺乏有机联系。大多数的学校基本是在维持原有教学模式和课程体系的基础上,额外增加职业资格证书考试中相关的理论知识和实操内容。利用课余时间对学生进行培训,存在重复学习的现象,加重了学生的学习负担,加大了人才培养的成本投入。

3. 职业资格证书体系不完善

职业资格证书考核内容和高等职业院校的专业课程设置存在着偏差,个别职业资格鉴定部门所颁发的证书含金量低,而且现行的职业资格证书种类不是很全面,有的专业没有相关职业资格证书可以考取。同时,职业技能鉴定存在管理混乱的现象,很多部门都可以在自己的管辖范围内进行职业资格鉴定和颁发技能证书,缺乏统一规范的管理。"证出多门"的现象导致了认证管理混乱、认证标准不统一和社会认可度不高等问题。

(二)原因分析

1. 传统观念的制约

长期以来,全社会对职业教育存在着一定偏见,重视学历教育而轻视能力培养,这种传统观念一直阻碍着高等职业教育的改革发展,也制约了"双证书"制度人才培养模式的推广。行业企业和学生对实行"双证书"制度人才培养模式的认可度不高,"重学历教育,轻职

业教育"的思想根深蒂固。一些高等职业院校对"双证书"制度认识不到位,缺乏改革的紧迫感,总之,职业技能鉴定是为了应付上级单位的要求,导致"双证书"制度未能进入良性循环状态。

2. 相应的教学改革滞后

高等职业院校的教学还存在着重视知识传授、轻视能力培养的现象,高等职业院校的人才培养方案、课程设置、教学大纲还存在着参考本科院校的教学模式,没有按照现代行业企业的生产技术实际需要进行修订与改革。教学上没有重视职业资格考试和企业实际生产岗位需求的衔接,使得培养出的学生与企业的实际需求存在很大差距。校企合作推广的也不是很深入,师资和实训教学条件满足不了职业技能鉴定的要求。

3. 相关政策和措施难以落实

教育行政主管部门在实施"双证书"制度人才培养模式所需的政策法规方面,还未形成配套体系,国家对职业技能鉴定机构缺乏有效监管,在就业市场中证书准入制度落实不到位,没有真正体现持证上岗这一政策,影响了学历证书和职业资格证书齐头并进的落实。高等职业院校在证书互通方面缺乏相关的制度规范和政策保障,导致了学生为了考证多重付出,证书与学分的互融互通渠道也没有真正打开。

三、"双证书"制度人才培养模式的实行策略

(一)树立新型人才培养观念

传统的职业教育培养观念是以单一的学历教育为主,忽视学生职业素质和能力的培养。因此,高等职业教育要树立全面的职业教育观,坚持学历教育与技能培训相结合,充分发挥高等职业教育在终身教育体系中的作用,促进学生的能力培养和开发,这既是我国经济发展的需要,也是高等职业教育自身发展和完善的途径。

(二)构建"双证书"融通的渠道

高等职业教育实行"双证书"制度人才培养模式,关键在于要建立学历证书与职业资格证书融合统一的人才培养模式,实现学历教育与职业资格教育的顺利衔接。构建以职业能力培养为目标的人才培养模式,需要做好以下三个方面的工作:制定以职业技能培养为主线的人才培养方案和课程体系;强化专业课程整合重组;教学计划要依照"双证书"融通的原则。

(三)强化职业技能训练考核

改善校内实训条件,加强职业技能训练,是"双证书"制度人才培养模式实行的重要基础。"双证书"制度既要求学生达到学历教育所规定的必备专业知识,又要求学生取得与本专业相关的职业资格证书,不经过长期的实践技能训练是难以达到这个要求的。因此,改善实训教学条件,强化技能训练考核,是提高人才培养质量的关键。

(四)创造有利的外部条件

高等职业院校实行"双证书"制度人才培养依赖于社会环境和政策引导,需要加大对

"双证书"制度的宣传力度,提高社会和企业的支持,同时还要进一步完善"双证书"制度相关的制度法规,完善职业资格标准和证书体系建设,建立学历证书和职业资格证书互融互通的渠道,创造有利于"双证书"制度发展的外部条件。

第五节　人才培养模式存在的问题

一、思想政治教育体制需健全完善

高等职业院校健全和完善思想政治教育体制,对于思想政治教育起着至关重要的作用。具体的方式有:教师资格证书考试融入思想教育内容,使得思想政治教育专任教师符合相关制度标准的要求;完善思政课程教师的招聘制度,关注教师的理论水平和科研能力;完善思想政治课程专任教师的保障制度,注重其社会地位与薪资待遇等方面的提升。

二、人才培养定位不够准确

结合当前高等职业教育人才培养的现状来看,高等职业院校的确为行业企业提供了大量毕业生,但是,难以缓解企业对高质量人才的需求,这就说明高等职业院校所制定的人才培养方案和教学实施过程还存在着一定的问题。由于受传统教育思想的影响,大部分高等职业院校难以定位人才培养的方向,所设置的人才培养目标和方案比较空泛,造成了与行业企业的需求脱节的情况。

三、服务地区经济发展的力度不够

由于我国高等职业教育起步较晚,在服务地区经济发展方面还存在着许多问题,主要体现在服务地区经济发展的能力不足,以及缺乏与地区发展对接的完善机制。高等职业教育以培养技术技能型和应用型人才为主,以学生就业为主导方向,围绕社会发展、经济建设、企业需求所需要的技术技能型人才进行培养。高等职业教育的发展对地区经济发展和产业结构有直接的影响,要想实现服务地区经济发展的目标,关键在于人才培养结构上符合地区经济发展的需要。

四、培养过程缺乏人文关怀

高等职业教育对人才培养的规格和标准一直以培养学生的技能为首要和突出的目标,在这样的理念指导下,对高等职业院校的学生更注重专业技能和能力水平的培养,从而忽略了对学生人格的塑造和品行的提升。这就导致了人文教育类课程在高等职业教育中被边缘化,得不到应有的重视,使得在人才培养的过程中缺乏对学生的人文关怀,没有重视学生精神世界的发展。

五、学生知识基础薄弱

高等职业院校学生知识基础薄弱,这一难题成为高等职业教育共同关注的焦点,也是制约高等职业院校学生长远发展的瓶颈。具备坚实的基础教育,才能更容易接受高等教育的知识内容,高等职业院校学生基础知识差,学习动力不充足,缺乏积极性主动性,也影响了高等职业教育的人才培养质量。应结合学生的具体情况,制定符合学生基础的人才培养方案,结合各类教学方法和技术手段,提升学生的学习兴趣和专业认同感。学生应通过职业素质教育建立正确的价值观,制定切合实际的发展目标和方向。

六、师资队伍建设有待加强

师资队伍建设在高等职业教育人才培养过程中起着至关重要的作用,良好的师资队伍建设能够提升教学质量和专业竞争力,提高学校的综合实力。高等职业院校师资建设目前存在的主要问题是:教师数量不足,学历普遍偏低,专职教师与学生比例不达标;教师的职称结构、年龄结构问题突出,大多数教师实践能力较差,缺乏企业工作经验,"双师型"所占比例不大;企业兼职教师数量少,很难保证一些实践课程教学的连续性,教学效果不佳,不能因材施教,教学效果不理想。针对师资队伍建设存在的问题,可以从以下几方面解决:借鉴国外职业教育师资建设的经验,提升教师的专业能力水平,鼓励教师进入企业学习实践,增强技术能力和职业素养;教师自身发展观念要与时俱进,充分发挥职业教育的市场性和服务性,不断学习创新,树立终身教育观念;高等职业院校要制定可行的教师培训制度,通过多方渠道,为教师建立良好的进修条件与配套完善的奖励机制,提高教师的积极性。

七、就业问题依旧困扰高等职业教育

当前,就业问题依旧是高等职业教育面临的困境,通过调研分析,高等职业院校毕业生面临就业困难的原因有以下几方面:学生就业观念不切合实际,过高估计自身能力,不能客观地分析自身的优势和不足,脱离就业市场的规律;学生缺乏竞争意识,不能主动参与职业选择,过度依赖学校和家庭,处于被动地位;学生职业素质较低,不具备专业特长,实践能力较差,不适应企业发展的需要。高等职业教育要以就业市场的实际需要为出发点,把培养学生的职业素质和实践能力作为教学重点,教学过程中既要保证理论知识的传授,又要侧重实践技能的培养,将理论教学与企业岗位技能相结合,形成专业知识与岗位技能共同发展的局面,从而提升学生的就业竞争力,摆脱就业面临的困境。

第三章　思想政治教育引领
人才培养全过程

习近平总书记在 2016 年全国高校思想政治工作会议上的讲话中指出："要用好课堂教学这个主渠道,思想政治理论课要坚持在改进中加强,提升思想政治教育亲和力和针对性,满足学生成长发展需求和期待,其他各门课都要守好一段渠、种好责任田,使各类课程与思想政治理论课同向同行,形成协同效应。"在《高校思想政治工作质量提升工程实施纲要》《关于加快建设高水平本科教育全面提高人才培养能力的意见》等一系列文件中,课程思政被列为教育改革的重要内容。将课程思政理念融入高校思想政治教育,是贯彻落实高校立德树人根本任务的新作为,是秉承人才培养根本要求的新动力。在当前大学生思想政治教育的全员参与、全过程教育、全方位发展的环境背景下,以往的思想政治教育方式与渠道显得略有不足之处,因此课程思政这一崭新的概念被提出,使思想政治教育更加全面化、具体化,并能与学生的学习生活有机结合,其效果非常理想。

第一节　思想政治教育的引领作用

一、课程思政建设的意义

课程思政的理论研究,论证了课程思政理念融入高校思想政治工作改革的正确性和必然性,探讨了课程思政引导高校课程教学改革的价值性和创新性。首先,开展高校课程思政理论研究,符合高校思想政治教育改革和发展的根本要求,体现高校立德树人的根本任务。学校对大学生的教育不仅仅是要传授知识技能,更重要的是使其树立正确的人生目标和良好的思想品行,为人生道路奠定坚实的基础,并确定正确的发展方向。其次,关于课程的隐性教育价值、课程的思想政治教育功能以及思想政治教育和课程之间的逻辑关系研究,对思想政治教育研究具有一定的理论意义。课程思政中的课程是指人才培养方案中包含的全部课程,这些课程虽然存在内容上的差异性和教学方法的特征性,但在教书育人的方向和目的上是一致的,要充分发挥所有课程在思想政治教育上的目标一致、功能协调、内容互补的优势。最后,高校课程思政理论建设,为高校思想政治教育的研究提供新思路、新视角,为新时代思想政治教育创新发展提供一定的理论支撑。同时,还要建立健全课程思政教学的组织管理体系,建设高等职业院校内部贯通的课程思政育人机制,在有条件的情况下将课程思政纳入教师教学评价体系,使之具备发展动力。因此,对高校课程思政建设的研究具有重大而深远的意义。

二、课程思政建设的目的

课程思政的建设目的是将传统的思想教育仅依靠课程思政的现状,改变为将全部课程作为思想政治教育的载体,充分利用大学生的基础课、专业课、通识教育课和文体课中的知识点,与思想政治教育、爱国主义教育进行有机结合,实现全员参与、全过程掌控、全方位覆盖的高等职业院校思政教育的新局面。

（一）挖掘课程的思想政治教育资源

课程思政要想建立在每一门课程的基础之上,首先要与学科体系建设相结合,要与人才培养方案相融合,明确学科育人资源,建立学科专业技术育人和思想政治育人的共同体。通过深入挖掘每门课程的体系结构与知识要点,梳理出可以进行思政教育的知识点,将思政教育内容与课堂教学有机结合起来。其次要着力探索课程思政的课程标准和教学规范中,明确课程中的思想政治教育元素,开发适合思想教育的教学模式和教学方法,在教育教学全部环节中,明确育人要求,将提高课程思政的教育教学质量落地落实。

（二）着眼课程思政教育目标的纵向衔接

课程思政的教育目标与新时代人才培养教育目标是一致的,在完成对学生的思想教育的同时,还要保证实现教学目标,培养工匠精神,树立创新意识,提高创业能力,保障学生各方面的均衡发展。课程思政要为专业人才培养目标服务,要将本学科的知识导向、能力培养要求和落实学科价值引领有机统一,还要服从、服务于学校培养目标的育人要求。专业课程的思政教育与整体的人才培养方案是一致的,是为了使学生掌握知识技能的同时,树立正确的人生目标和价值取向。

（三）思政教育新旧问题间的横向贯通

课程思政教育内容包含许多对立统一的矛盾,比如思政显性和隐性教育、人文与自然学科、新旧思政教育等,只有将这些对立统一的矛盾横向贯通,才能真正实现整体化的课程思政。在高等职业院校课程思政建设过程中,既要注重思想政治理论课的显性引领作用,同时还要加强专业课程和其他课程的隐性辅助作用。做到统筹规划各专业学科课程设置的特点,将人文社会科学与自然科学有机结合起来,让专业知识与人文情怀贯通结合。

（四）加强专业课、公共课和第二课堂的三位一体建设

社会环境的复杂性客观要求高校思想政治教育环境体系建设树立全方位大空间育人观和系统工程的观念,要求高校思想政治教育要切实将课程思政的三大组成部分,即专业教育课、综合素养公共课和第二课堂,在思想政治理论课引领下进行有机整合、三位一体、协同并进,发挥其在塑造大学生良好思想品德方面的积极作用。专业课与公共课的有机结合,既能够保证学生掌握专业技术和文化知识,又能够陶冶情操,培养良好的品行,增强思政教育的实效性。第二课堂使当代大学生接受爱国主义教育,倡导正确的价值观和人生观,第二课堂具有与时俱进、形式多样、内涵深刻的特点,在大学生日常思想教育活动中扮演了重要的角色。

三、课程思政的特性

(一)课程思政的综合性

课程思政教育具有主体的综合性,不仅需要全体教师的投入,还需要学校的充分重视,打破思想政治教育的孤岛困境,真正实现"全员、全过程、全方位"教育。课程思政的提出,旨在构建集思想政治教育理论课程、综合素质课程和专业教育课程于一体的立体化课程体系,从而形成全方位、多角度的思政教育课程模式。因此,课程思政是综合专业知识教育、实践能力培养、道德品质养成、人生目标规划等多方面的教育形式,有着深远的意义。

(二)课程思政的创造性

从"思政课程"向"课程思政"转化的过程中,既要牢牢把握思想政治理论课在社会主义核心价值观教育中的核心地位,又要充分发挥其他课程在思政教育中的教育价值,让思政在专业课及其他文化课中得到具体体现,实现思想政治理论课、综合素养课、专业教育课三者的有机结合,实现从"思政课程"向"课程思政"的创造性转化。课程思政要具备创造性,就要求教师在教学过程中,充分利用专业知识,并以先进的教学手段、创新的教学形式进行辅助,提升课程思政的教学效果。

(三)课程思政的渗透性

在重视课程思政教育的同时,学校还要明确专业课的教育功能,落实教师教书育人的主体责任。学校要根据各门课程的教学资源,结合课程思政的特点,制定符合实际的人才培养方案。根据思想政治理论课、综合素养课及专业教育课的功能定位,引导高校井然有序、稳扎稳打地进行改革。实施课程思政教育,不是增加课程或活动,而是将思政教育渗透到整个教学过程中,以潜移默化、润物无声的方式达到建设德育和教育的目的。

第二节　思想政治教育贯穿人才培养体系

当代大学生在成长过程中,要坚持树立"以国家建设为己任、以民族复兴为理想"的家国情怀,学习文化知识,成长为合格的社会建设者,同时在思想上更要树立积极向上的理想信念,明白书是为谁而读,怀有修身齐家、奉献祖国的远大抱负。党的十八大以来,习近平总书记围绕"培养社会主义建设者和接班人"做出一系列重要指示和论述,针对"培养什么人、怎样培养人、为谁培养人"这一根本性问题做出了深刻回答。在高等职业教育的人才培养过程中,思想政治教育对人才成长的作用至关重要,在思想政治教育中,既要努力发挥思政理论课的主导作用,又要将其他通识课、专科课知识内容与思政教育元素有机结合,使思想政治教育贯穿人才培养过程中。

在人才培养过程中,相关部门及学校应通过构建全员、全过程、全部课程的思政育人格局,根据德育目标,保证通识课、专业课、选修课等各类课程与思政理论课建设同向同行,协同育人,坚持把"立德树人"作为教育工作的根本任务。课程思政既是一种教育教学理念,同时也是一种思维方法,要求课程拥有向学生传授的知识体系,也要具备思想教育的元素,并使二者有机结合,让思想政治教育不再是单一的阐述理论、案例启发,而是让学生在掌握课程知识的同时,可得到正确的精神指引。

一、OBE 教育理念与课程思政

OBE(Outwme Based Glucation)教育理念,即成果导向教育或者目标导向教育,是以学生的学习成果为导向,采用逆向思维的方式,根据成果反向设计课程体系的教育理念。成果是指学习者完成全部学习过程后获得的结果,不仅仅是收获知识和提高能力,更注重学生在内心深处对学习历程的体会。成果也涉及学生的情感因素和世界观、人生观、价值观的正确树立,侧重实践经验的积累,使成果能够经受得起时间的考验。在 OBE 教育理念中,人才培养过程的全部课程都要和学生毕业要达成的目标相一致,这样可以通过每门课程的完成情况来判断学生是否可以毕业,即根据毕业要求反向设计课程体系,整个教育过程是在成果或者目标的导向下进行的。

课程思政的目标是要培养德才兼备的大学生,让思想道德教育贯穿学生成长的始终,在理想信念、能力素质、创新意识等多方面促进学生进步成才。教育部在 2020 年印发的《高等学校课程思政建设指导纲要》中指出,要坚持学生中心、产出导向、持续改进,不断提升学生的课程学习体验、学习效果,坚决防止"贴标签""两张皮"。OBE 教育理念是以学生的学习成果和培养目标为出发点,保障学生掌握知识能力,塑造正确的思想意识;课程思政教育在人才培养过程中起到价值引领作用,也是课程设计和教学实施的目标。在进行课程思政教育时,OBE 教育理念以成果导向作为保障,在持续改进教学内容和方法上起到了促进作用,提高课程思政教育的质量和水平。

二、结合专业特点进行课程思政建设

在高等职业教育人才培养过程中,专业课程数量多、学时长,对学生成长发挥了重要作用,因此,将课程思政建设依托于专业课程的载体上,针对每个专业各自的特点和优势挖掘思政教育元素,利用专业价值进行思想引领,在专业课程教学过程中贯穿思想政治教育,实现专业教育和思政教育互相促进、共同发展,建设有专业特色的课程思政体系。

专业课程教学和课程思政元素存在着相当大的逻辑关系,课程思政是专业育人的基础,也是专业课程核心内容的升华,因此,结合每门专业课知识点的特色开展课程思政教育,是思政教育贯穿人才培养体系全过程的保障。课程思政建设和专业建设要落实共同主体责任,专业建设的目标是将学生培养成合格的技术技能型人才,就此而言,课程思政建设是落实立德树人根本目标的重要举措。要求全部专业课结合自身特色开展课程思政教育是非常有必要的,这样可以有效地把握课程育人成果和目标,深入推动教学改革,完善教学过程设计,这是课程思政和专业一体化建设的必由之路。

课程思政和专业课的一体化建设是推动高等职业院校思想政治工作科学、规范、合理的重要途径,在将所有专业课推进课程思政建设的同时,需要制定切实可行的监督管理制度,通过示范引领和成果展示等方法,保证课程思政建设的各项工作平稳有序进行,也能保证各主体责任人积极参与,发挥主观能动性。专业课教学中落实课程思政教育并不局限于一部分课程,或者并不局限于某些特定部门及特定教师,课程思政教育需要建立所有教学部门及全部教师的联合机制,发挥协同育人的作用,这是实现课程思政和专业建设一体化的重要基础,同时,也利于专业课程教师和思政课程教师在职能作用上的互补,通过优势的叠加,使课程思政建设取得理想的成效。

三、化工自动化技术专业人才培养方案案例

(一)化工自动化技术专业人才培养目标与培养规格

1.培养目标

化工自动化技术专业培养拥护党的基本路线,德、智、体、美等方面全面发展,具有良好的综合素质,掌握必要的化工自动化技术专业的基本理论知识、专业知识与实践技能,有较强的实践能力和创新能力,服务于石油、化工、煤炭、冶金、轻工、纺织、制药、电力、交通、机械等行业的人才。培养能从事化工自动化仪表及装置的选型、安装、操作、校验、维护等工作,同时具备过程控制设备参数整定、程序编制和运行维护的工作能力,能适应企事业单位生产、管理、服务等第一线需要的具有良好敬业精神和实践能力的技术技能型人才。

2.培养规格

(1)素质要求

①思想素质

热爱祖国,拥护中国共产党领导,掌握马列主义、毛泽东思想和中国特色社会主义理论体系、科学发展观等基本原理;树立辩证唯物主义和历史唯物主义的世界观;具有良好的道德和健全的法制意识。

②专业素质

具有本专业所需的、扎实的技术基础知识和专业知识,掌握分析问题、解决问题的科学方法;具有良好的职业道德、创新意识和团队协作精神。

③文化素质

具有正确的社会历史观和人生价值观;具备较好的修养、审美情趣,以及文字、语言表达能力;积极参加社会实践。

④身心素质

积极参加体育锻炼,达到大学生体育标准;接受必要的军事训练;身体健康,心理状态良好;具备较强的适应能力、承受能力和人际交往能力。

(2)知识要求

①掌握一定的专业知识、文化基础知识、人文社会科学知识、英语和计算机知识。

②掌握电工技术和电子技术的基本知识。

③掌握可编程控制器技术专业知识。

④掌握气动和电动调节阀、变频器等执行机构的结构、工作原理等专业知识。

⑤掌握集散控制系统 DCS 的构成及应用的知识。

⑥掌握过程控制仪表的结构组成、工作原理,以及安装、调试的知识。

3.能力要求

(1)通用能力

①具备基本的计算机操作与办公软件应用能力。

②取得英语等级证书及具备较好的英语交流沟通能力。

③具备较好的语言表达与文字写作能力。

④具备较好的团队合作能力。

⑤具有对新知识、新技术、新产品的学习能力。

⑥具有终身学习和岗位迁移能力。

⑦具备运用网络收集处理、文献查阅、使用信息的能力。

（2）专业能力

①具备识读一般电气、电子、控制系统原理图，以及处理一般故障的能力。

②具备正确选用工具、仪器仪表开展工作的能力。

③具备现场仪表的选型、安装、调试的能力。

④具备控制系统的操作、调试、运行和维护的能力。

⑤具备集散控制系统 DCS 维护和故障处理的能力。

（3）拓展能力

①具备初步的企业经营管理能力。

②具备识别和检测各类传感器的能力。

③具备典型电机的故障诊断与修理的能力。

（4）职业态度要求

①能够对自己未来的职业生涯有较明确的认识和规划。

②能够为将来的就业和创业做积极的准备。

③能够严格遵守企业的安全操作规程。

④能够发现并制止他人的不规范操作行为。

⑤了解 ISO9000 质量管理体系的基本要求。

⑥在操作过程中能够按照产品质量要求完成每道工序。

⑦能够根据学习和生产的需要提出疑问和新的观点。

⑧在产品、服务和工作条件等方面运用多种能力和技术，实现新的构思和设计方案。

（二）化工自动化技术专业课设置及要求（表3-1）

表3-1 化工自动化技术专业课设置及要求

课程名称	课程目标	主要教学内容	教学要求
电工基础	经过课程学习，学生应该能够阅读一般电路图，对电路进行分析和计算，会识别和正确选用电阻、电容及电感等元件。会正确选用和使用测试仪器仪表对电路进行测量和调试。能独立进行简单电路（包括直流电路与交流电路）的设计，能对电路故障进行判断并加以解决	项目一，电路的基本概念与基本定律；项目二，电路的分析方法；项目三，正弦交流电路；项目四，三相电路；项目五，磁路分析；项目六，安全用电	要求学生能够掌握常用电工工具、仪表的使用方法和基本电路的工作原理，具备电路的连接与测试能力等

表3-1 （续1）

课程名称	课程目标	主要教学内容	教学要求
电子技术	使学生具备本专业的高素质的劳动者和高级技术应用型人才所必需的电子设计的基本知识，掌握灵活地应用电子元器件的基本技能	项目一，常用仪表的使用和常用电子器件的测试与辨别；项目二，功率放大器的设计；项目三，集成运放的应用电路设计；项目四，直流稳压电源的设计；项目五，三人表决电路设计；项目六，计数器电路设计	要求学生掌握常用电子元器件的测量及选用；熟悉各电子元件在电路中的作用；掌握电子线路的焊接技术、组装技术，能够识读电子电路图，并进行功能分析；简单掌握电子电路的设计与装接能力，常用芯片的使用及资料查阅能力
电气识图与CAD	该课程既有系统的理论性，又有较强的实践性，旨在培养学生阅读和绘制较为复杂的电气工程图样能力，熟练掌握运用 Auto CAD 软件绘制各种电气工程图的方法	项目一，基础内容；项目二，机械轴零件图绘制与识图；项目三，调频器电路图绘制；项目四，继电器——接触器控制电路；项目五，电气接线图的绘制与识图	要求学生熟悉电气电子线路图形的基本绘制过程以及绘制标准。能够应用 Auto CAD 软件，按照行业企业要求进行电气图形的设计。使学生在职业实践活动的基础上掌握知识，增强课程内容与职业岗位能力要求的相关性，提高学生的就业能力
化工基础	通过本课程的学习，学生能够获得常见化工单元操作过程及设备的操作技能，基础知识和基本计算能力，并受到足够的操作技能训练和职业素质培养，为学生后续的专业课程和将来从事工程技术工作实施操作过程、工艺调整奠定知识、技能、态度基础	项目一，流体的流动和输送；项目二，传热过程；项目三，吸收；项目四，精馏；项目五，典型反应器	学习常见化工单元的基本原理，典型设备的构造、性能和操作原理，设备选型和校核的基本知识；各化工单元的操作过程及设备的计算方法

表 3-1 （续 2）

课程名称	课程目标	主要教学内容	教学要求
单片机应用技术	任务引领型的项目活动,使学生掌握单片机应用技术的基本知识和基本技能,具有逻辑思维能力、学习新技术的能力。能解决生产现场实际问题,完成本专业相关岗位的工做任务	项目一,单片机控制单灯闪烁; 项目二,设计制作汽车转弯灯; 项目三,设计制作流水灯; 项目四,设计制作产品计数器	要求学生熟练掌握单片机开发的过程及 Keil 软件的使用;掌握单片机的内部结构及其工作原理;掌握单片机的中断结构及定时/计数器的使用方法及编程结构;掌握单片机串行通信的编程方法;掌握单片机常用外围芯片的使用方法。通过本课程的学习,培养学生实践能力、创新能力和新产品设计开发能力
电机与电气控制	通过本课程的学习,培养学生的学习能力、工作能力、创新能力及团队精神。学生能够明确继电保护工作对电力系统安全所肩负的重大责任,从而增强其责任感和培养其严谨细致的工作作风,使其具有电力系统工程人员的知识修养和职业安全意识	项目一,变压器的认识; 项目二,直流电机; 项目三,交流电动机; 项目四,常用低压电器; 项目五,电动机的电气控制电路	要求学生掌握变压器/电机工作原理特性、电机控制原理,并与工作实践融合在一起,运用实训条件,拆装电机并且调试运行排除故障,充分认识各继电接触器的特性,;熟悉三相异步电动机的启动、反转、制动、调速控制
过程自动化仪表	本课程系统地介绍了检测技术的基本概念和基本理论,介绍了生产过程中压力、温度、流量、物位等过程参数的检测方法,常用仪表选型、维护、保养方法,培养学生正确分析和处理各种工业过程参数检测的能力	项目一,过程检测基本知识; 项目二,温度测量及仪表; 项目三,压力测量及仪表; 项目四,物位测量及仪表; 项目五,机械量测量及仪表	要求学生掌握过程参数检测的基本理论、典型检测仪表的基本原理和实际应用技术,为今后从事各种化工过程参数检测及计算机控制系统的开发打下坚实的基础

表 3-1 （续3）

课程名称	课程目标	主要教学内容	教学要求
过程控制技术	本课程是为了使学生在掌握过程控制技术基础知识和常用控制仪表选用的基础上，能熟练地安装、校验与维护常用控制仪表和常用控制系统，能熟练正确地调试简单控制系统及常用复杂控制系统，较熟练地掌握简单控制系统的开发与组织实施能力	项目一，过程控制的基础知识；项目二，干燥设备的原理及设备维护；项目三，精馏塔控制系统的方案及节能控制；项目四，串级控制系统的最优化；项目五，比值控制系统的最优化	本课程主要学习应用过程控制原理的基础理论，用工程的处理方法，去解决控制系统的分析、设计、应用和维护检修等实际问题。它和自控工程相结合，使学生能阅读工厂自动化设计图纸，并能进行自动化系统的运行和管理操作
PLC应用技术	课程的总体目标为培养学生，使其具有良好的综合素质，使学生掌握PLC的工作原理，掌握电气控制系统设计与维护岗位所需的可编程控制器应用系统的初步设计方法、编程能力和应用分析能力	项目一，PLC基础知识；项目二，PLC基本指令的应用；项目三，顺控指令的应用；项目四，PLC功能指令的应用	通过对基本指令、应用指令、基本单元、扩展单元及外围电路等可编程序控制器软、硬件知识的学习，在学习过程中坚持理论联系实际，要求实现培养学生具备可编程序控制器应用系统的制造、维修和设计职业能力
集散控制系统	引入自动化仪表与装置行业标准，以工程项目和企业自动化技术员职业成长过程所对应的典型工作任务为学习内容，将职业素质培养融入课程，实施教学做一体化的过程性评价方法	项目一，计算机控制系统基础知识；项目二，霍尼维尔 TDC-3000 和 TPS/PKS 集散控制系统及日本横河 CENTUM-CS 集散控制系统；项目三，MACS V 系统及其应用；项目四，现场总线控制系统及其应用	通过本课程的学习，学生能够掌握常用计算机控制技术的体系结构、基本功能、软件组态，以及系统调试、操作、维护等方面的知识和基本技能；通过学习，学生不仅掌握了专业岗位技能知识，为毕业后胜任工业过程自动化技术专业技术岗位工作打下坚实基础
安全仪表系统	本门课程的学习，使学生具有正确使用、维修维护、选型安装调试安全仪表系统及检测仪表的能力，能借助工具书在工作中处理各种问题，具有正	项目一，FSC 系统；项目二，Tricon 控制系统；项目三，ELOPII 系统；项目四，TFillsted 系统	在构建本课程的内容组织形式上强调学生的主体性，在每个模块实施时，先提出学习目标，再进行任务分析，使学生在一开始

表 3-1　（续 4）

课程名称	课程目标	主要教学内容	教学要求
安全仪表系统	确的安全联锁系统国家标准的行业意识和团队协作精神，养成严谨负责、实事求是的工作态度		就知道学习的任务和要求，引起学生的注意，利于学生在任务驱动下，自主学习、自我实践。将职业素质培养融入课程，实施教学做一体化的过程性评价方法
仪表识图与安装	培养学生掌握仪表自动化识图与安装的基本理论与相关实践技能。通过一体化的项目式教学，加强学生实际技能的培养，掌握仪表自动化识图与安装的实施过程，培养学生的综合职业能力和职业素养；独立学习及获取新知识、新技能、新方法的能力	项目一，仪表管路的安装；项目二，温度测量仪表及变送器的安装、校验与调试；项目三，流量测量仪表及变送器的安装、校验与调试；项目四，压力测量仪表及变送器的安装、校验与调试；项目五，物位测量仪表及变送器的安装、校验与调试；项目六，盘柜的安装	本课程针对化工自动化技术专业的学生，走向工作岗位后所从事的仪表自动化识图与安装、仪表校验与仪表自动化维护、调试等设置的。本课程是为专业操作能力要求设置学习领域，是按照国家职业资格鉴定标准的要求，培养学生从事过程控制工程技术工作所需的专业基本技能和职业素质的课程
电工基础实训	电工基础实训，使学生能正确处理一般电气设备安全用电事故，会正确识别和选用常用电气元件，初步掌握电工电子操作的一般技术。养成学生良好的思维习惯和职业规范，培养理论联系实际和分析解决一般技术问题的能力，为继续学习以及从事与本专业有关的工程技术工作打好基础	项目一，用电事故应急处理技能训练；项目二，常用电工工具及仪表的使用技能训练；项目三，导线连接及绝缘层恢复技能训练；项目四，照明电路的安装、调试与维修技能训练	通过电工基础实训，要求学生学习科学探究的方法，发展自主的学习能力，养成良好的思维习惯和职业规范

表 3-1 （续 5）

课程名称	课程目标	主要教学内容	教学要求
电子技术实训	本课程的目标是使学生具备本专业的高素质的劳动者和高级技术应用型人才所必需的电子设计的基本知识和灵活应用电子元器件的基本技能	项目一，常用电子器件的测试与辨别；项目二，功率放大器的设计和测试；项目三，集成运放的应用电路设计；项目四，直流稳压电源的设计；项目五，三人表决电路设计；项目六，计数器电路的设计	通过本课程的学习，学生能操作、使用、维护较复杂的电子仪器、仪表；能根据简单原理制作印刷电路板，并能按基本工艺要求安装电子电路；使学生具备本专业的高素质的劳动者与高级技术应用型人才所必需的电子设计的基本知识和灵活应用电子元器件的基本技能
金工实习	本课程的教学目标是使学生了解机械制造的一般过程、金属加工的主要工艺方法，能完成简单零件的加工与操作。通过实习，让学生养成热爱劳动、遵守纪律的好习惯和理论联系实际的严谨作风，拓宽专业视野，增强就业竞争力	项目一，切削基础知识；项目二，钳工技术学习与实践；项目三，焊接技术	通过对本课程的学习，要求学生了解机械加工的方法和过程；要求学生初步接触生产实际，了解机械产品的生产过程，了解工程材料加工的基础知识，能够对简单机械零件进行加工；要求学生初步建立工程意识，增强工程实践能力，培养创新精神和创新能力，为后续专业课程的学习打下坚实的基础
过程自动化仪表实训	清楚实验装置、仪器仪表的结构组成，接线端子、电源端子的使用条件等；能正确连接各类实验仪器仪表，组成符合要求的实验线路，学会对仪表静动态特性指标的校验和计算；学生应基本掌握实验方法，提高实验技能，具有一定的判断故障和处理故障的能力	项目一，管道压力测量系统集成与调试；项目二，管道液体流量检测系统集成与调试；项目三，单容水箱液位检测系统集成与调试；项目四，锅炉水温测量系统集成与调试；项目五，现代传感器的集成与调试	通过实训，要求学生掌握生产过程中常用测量仪表，如热电偶、热电阻、压力表、流量计等的校验及维修方法。培养学生对仪表常见故障的分析和处理能力。学会对仪表静动态特性指标的校验和计算；学生应基本掌握实验方法，提高实验技能，具有一定的判断故障和处理故障的能力

表 3-1 （续 6）

课程名称	课程目标	主要教学内容	教学要求
过程控制技术实训	本课程是化工自动化技术专业的核心专业实践课，在专业培养中让学生具备工业工程控制和创新能力的课程。本课程的目标是使学生在掌握常用控制仪表原理的基础上，能熟练地安装、校验与维护常用控制仪表和常用控制系统，能熟练并正确调试简单控制系统及常用复杂控制系统，较熟练地掌握简单控制系统的开发与组织实施能力	项目一，熟悉系统结构和液位传感器的校准；项目二，熟悉智能仪表；项目三，熟悉相关软件；项目四，熟悉一阶单容上水箱对象特性测试实验；项目五，熟悉二阶双容上水箱对象特性测试实验；项目六，熟悉锅炉内胆温度二位式控制实验；项目七，熟悉上水箱液位 PID 整定实验	本课程基于"工作过程系统化"设计理念，邀请行业专家对生产过程自动化技术专业所涵盖的岗位群进行工作任务和职业能力分析，并以此为依据确定本课程的工作任务和课程内容，设计若干个学习项目。实施项目化教学，使学生掌握各类自动控制系统的原理、工作过程及使用维护，同时培养学生职业素质，锻炼学生的方法能力与社会能力
PLC 应用技术实训	本课程的总体目标为培养具有良好的综合素质，掌握电气控制系统设计与维护岗位所需要的可编程控制器应用系统的初步设计方法、编程能力和应用分析能力，了解国内外 PLC 技术发展动向，具有熟练 PLC 控制系统安装、接线、调试、维护与维修的能力，具有利用可编程控制器完成中等复杂程度的机电设备改造设计能力	项目一，PLC 实训系统的认识；项目二，电动机的 PLC 控制系统；项目三，PLC 基本指令的应用；项目四，PLC 功能指令的应用	本课程要求学生能根据 PLC 的性能、特点及控制功能，正确选用 PLC，懂得 PLC 的组成及基本工作原理掌握 PLC 硬件的基本结构和工作原理；能够熟练连接 PLC 的输入输出设备，懂得 PLC 内部存储器分配情况；理解掌握 PLC 基本布尔指令和一般 PLC 功能运算指令；能够进行 PLC 控制系统的硬软件设计，懂得 PLC 控制系统设计的基本原则及步骤

表 3-1 （续 7）

课程名称	课程目标	主要教学内容	教学要求
安全教育实训	本课程的学习,使学生对习近平总书记关于安全生产重要思想有进一步的认识。在该课程的学习中,通过信息化手段再现事故案例以警示学生,再通过正确的反复训练,达到杜绝事故发生的目的,并促进学生职业安全素养的形成和提高	项目一,安全生产教育;项目二,安全生产技术;项目三,事故案例分析	通过安全教育实训,要求学生能够正确辨识危险源,会正确使用灭火器及个体防护用品,初步掌握急救的处理方法。要求学生增强安全责任意识,掌握预防事故及避免和减少事故损失的安全技术,为学生更快地适应工作岗位,更好地提高生产、服务和管理水平打下基础,也为其他课程的学习奠定基础
毕业设计	完成一项具体工程实际项目或模拟工程项目,使学生掌握综合运用所学理论知识和实践知识,学会查阅科技文献资料、使用各种标准手册以及自主解决问题的能力;培养学生严谨的工作作风;使学生在电气相关专业技术岗位的综合工作能力得到进一步训练和提高	选题阶段;准备阶段;毕业设计开题;设计阶段;结束阶段;毕业设计答辩及成绩评定	通过本课程的学习,要求培养学生综合运用本学科的基本理论、专业知识和基本技能,提高分析与解决工程实际问题的能力和独立工作的能力,包括文献资料查阅、工程技术手册的正确使用、技术经济比较、系统分析、设计计算,以及数据处理、绘图、设计说明书(论文)的撰写等方面的能力

表 3-1 （续 8）

课程名称	课程目标	主要教学内容	教学要求
顶岗实习	学生通过化工自动化技术专业顶岗实习，了解企业的运作、组织架构、规章制度和企业文化；掌握岗位的典型工作流程、工作内容及核心技能；养成爱岗敬业、精益求精、诚实守信的职业精神，提高学生的就业能力	项目一，安全教育（厂级、车间级、班组级）；项目二，企业文化；项目三，职业素养；项目四，自动化设备及系统操作与维护；项目五，自动化设备及系统安装与调试；项目六，自动化设备及系统维修；项目七，自动化设备及系统技术服务	通过化工自动化技术专业顶岗实习，要求学生能够尽快将所学专业知识、岗位技能与生产实际相结合，掌握岗位的典型工作流程、工作内容及核心技能；养成爱岗敬业、精益求精、诚实守信的职业精神，增强学生的就业能力
自动控制专业英语	学生掌握基本的自动化英语专业词汇知识；具备一定的专业英语读写能力；能够理解语言的结构和功能等方面，并进行相应的练习，让学生在练习中掌握语言点；基本具备履行本职工作所需的英语读写能力，能够用英文表达自己的专业思想，如描述系统的工作原理，撰写与工作有关的信件以及简历	项目一，为什么学习专业英语；项目一，这门课程应该学什么；项目三，如何学习专业英语；项目四，专业英语的特点；项目五，过程控制导论；项目六，反馈及影响是什么	本课程是化工自动化专业的专业限选课，本课程的主要任务是：指导学生熟练掌握有关自动控制原理、测量仪表、执行单元等自动化方面的专业基本词汇，了解与自动化应用领域工作原理相关的词汇；培养学生对专业词汇和难度适中英文句子的阅读与英语表达能力，为学生在日后工作中专业英语知识的实际应用和日常交流打下基础
工业企业供电	本课程全面介绍了工厂、企事业单位的典型供配电系统，并对构成整个供配电系统所用的主要电气设备、装置、继电保护等进行讲解	项目一，供配电系统概论；项目二，供配电系统的主要电气设备；项目三，电力负荷计算；项目四，供配电系统的接线、结构及安装图；项目五，供配电系统的保护；项目六，供配电系统概论	通过本课程的学习，要求学生掌握典型的供配电系统，知道供配电系统常用的设备，并能通过负荷估算对简单供配电系统进行设计，为毕业后尽快适应工作岗位奠定基础

表 3-1 （续 9）

课程名称	课程目标	主要教学内容	教学要求
工业控制网络技术	使学生了解 DCS 和 FCS 系统设备和系统结构，了解工业网络通信概念、开放式系统互联参考模型、TCP/IP 参考模型；理解 FF 通信模型及其主要技术和控制器工作原理；要求学生具备现场总线控制系统正常运行的维护和故障检修能力	项目一，网络与数据通信基础； 项目二，基金会现场总线； 项目三，PROFIBUS 总线通信技术； 项目四，CAN 总线以及工业以太网技术	本课程实践性很强，对检测与控制技术及仪表和 DCS 以及 PLC 控制系统的运用能力和相关背景知识要求很高。通过本课程的学习，学生掌握现场总线网络拓扑结构，掌握现场总线主要技术指标，掌握主要连接件和接口设备使用和维护，了解硬件和软件组态操作，了解现场总线工程与设计
工业控制网络技术实训	学生应掌握主要连接件使用；掌握接口设备使用；掌握现场总线常用的电缆和电源操作；掌握现场总线项目改造指标和原则；掌握硬件和软件组态操作；掌握现场总线三级网络拓扑结构和布线	项目一，网卡驱动安装； 项目二，网络连接设置与测试； 项目三，PROFIBUS 硬件组态； 项目四，S7-300 PLC 通过 PROFIBUS 总线通信使用 ET-200S 实现数据输入输出； 项目五，S7-300 PLC 通过 PROFIBUS 总线通信实现变频器 MM420 的控制	学生通过课程的训练，能掌握工业控制网络主要连接件、接口设备的制作和使用；掌握 PROFIBUS 硬件和软件组态操作；掌握 PLC 系统通过工控网络实现对变频器的控制。使学生具备工业以太网正常运行的维护和故障检修能力，培养学生的团队精神和解决问题能力
自动化生产线安装与调试	学生应具有初步的实践动手能力，会简单的气路、电路识图及布线；能正确分析自动生产线设备的工作原理、工作过程；学会自动线运行过程的监控、故障检测和排除技能；具备机电设备维护和管理能力。要求学生具备现场总线控制系统正常运行的维护和故障检修能力，具有一定的团队精神和解决问题能力	项目一，认识自动化生产线； 项目二，自动化生产线的核心技术应用； 项目三，自动化生产线各站的安装与调试	通过本课程的学习，培养学生熟悉工业控制系统的基本概念，熟练掌握利用工控计算机或者触摸屏组态现场人机界面监控技术，实时监控生产现场的运行状态、实查询数据和曲线、打印报表，以及具有将可编程技术、工控组态与触摸屏技术、变频器技术、工业检测技术、驱动技术、现场总线技术的集成应用能力和现场维护能力

表 3-1　（续 10）

课程名称	课程目标	主要教学内容	教学要求
人工智能及其应用	具有初步的智能控制应用能力;能正确分析模糊控制、神经网络和群算法的原理;掌握智能控制的 Lab VIEW 平台实现能力;学会运行过程的监控、故障检测和排除技能;了解学习前沿科学的技术知识,要求学生具有一定的团队精神和解决问题能力	项目一,认识智能控制; 项目二,模糊控制; 项目三,神经网络; 项目四,群智能算法	本课程以培养自动化应用技能和相关职业岗位能力为基本目标,紧紧围绕工作任务完成的需要来选择和组织课程内容,突出工作任务与知识的紧密性。使学生全面掌握智能控制系统的设计思想和先进控制理念,具备设计复杂的工业控制系统并能进行安装、运行和维护的综合实践能力
现代调速控制系统	本课程所面向的职业岗位为交直流调速系统的检修员、维护员等,主要从事交直流控制系统设备检修、维护、实验调试等工作。根据课程培养目标,将教学内容分为直流调速控制系统与交流调速控制系统两大部分,共六个模块。通过本课程的学习,学生能够掌握交直流调速控制系统的组成和原理,并具有一定的操作检修能力,为学生走向工作岗位打下坚实的基础	项目一,单闭环直流调速系统; 项目二,双闭环直流调速系统; 项目三,直流脉宽调速控制系统; 项目四,位置随动系统; 项目五,交流调压调速和串级调速; 项目六,异步电动机变频调速系统	要求学生掌握交、直流调速的发展、现状、应用及发展方向、单闭环直流调速系统的组成及特性;理解双闭环直流调速系统的静态特性和动态特性、频率协调控制的稳态机械特性、转速开环、恒压频比控制的变频调速系统、转速闭环、转差频率控制的调速系统。通过本课程的学习,学生掌握交、直流调速系统的组成和原理,并具有一定的操作检修能力,为学生走向工作岗位打下坚实的基础
仪表识图安装课程设计	通过本课程的学习,要求学生具备根据工艺的要求,设计相应的控制回路并进行仪表的选型,智能调节器的基本操作和参数设置的能力;具备系统的开发和工程实施能力	项目一,控制回路的设计; 项目二,带控制点工艺流程图的绘制; 项目三,现场仪表的选型; 项目四,回路的分析; 项目五,仪表的安装与接线设计	根据设计要求,在工艺控制对象上组成温度、压力、流量、液位四大参数控制系统,并可完成仪表选型、仪表调校以及回路测试、运行调试等。在本专业人才培养方案中,初始岗位群设置是从事电气设备及现场仪表的选型、安装、调试、维护,工业过程控制系统运行、技术服务等工作

表 3-1 （续 11）

课程名称	课程目标	主要教学内容	教学要求
电机拆装实训	在专业培养中使学生具备拆装电机和维修的能力	项目一,三相交流绕组设计; 项目二,电机拆装方法及工具仪表认识; 项目三,绕组制作工艺; 项目四,运行及故障检修	要求学生掌握三相绕组展开图设计方法;了解各种实训工具和测量仪表的使用方法;掌握嵌线工艺;学会拆装电机的方法;根据故障进行排查和维修;学生在掌握基本的电机结构、运行原理的基础上,掌握短路电流和残余电压的计算,三相交流绕组的设计方法,通过运行检查维护电机故障
单片机应用技术实训	单片机应用技术实训是配合单片机课程的综合性实践环节,目的是使学生在掌握单片机基本知识的基础上,加强动手实践及综合应用能力。综合实训是锻炼、培养学生运用所学知识分析问题、解决问题及编写应用程序的能力。通过做综合性设计题目,达到提高分析、解决问题能力的目的	项目一,单片机控制点亮 LED; 项目二,单片机控制 LED 闪烁; 项目三,单片机控制 LED 流水灯; 项目四,单片机控制蜂鸣器; 项目五,单片机控制静态数码管显示; 项目六,单片机控制动态数码管显示; 项目七,单片机控制独立按键; 项目八,单片机控制矩阵按键	要求学生在掌握单片机基本知识的基础上加强动手实践及综合应用能力的培养,同时也对教学内容做一定的扩充。本综合实训是锻炼、培养学生运用所学知识分析问题、解决问题及编写应用程序的能力。通过做综合性设计题目,达到提高分析、解决问题能力的目的

表 3-1 （续 12）

课程名称	课程目标	主要教学内容	教学要求
安全生产及环境保护	本课程的学习使学生掌握安全生产与环境保护的主要理论和基本实施过程，树立安全生产观念，具备环境保护意识；掌握化工生产中事故发生的原因；学习防止事故所需的科学技术知识，在以后的工程设计中、技术开发中、生产管理中，运用这些知识分析、评价和控制危险，促进化学工业的发展和生产顺利进行	项目一，绪论； 项目二，环境污染与生态平衡； 项目三，大气污染与防治； 项目四，水污染与防治； 项目五，固体废物的综合利用和处置； 项目六，噪声污染与防治； 项目七，安全生产概述； 项目八，安全生产法律法规； 项目九，电气安全技术； 项目十，特种设备安全技术； 项目十一，防火防爆安全技术	要求学生了解环境现状和当前人类面临的环境问题；理解环境污染对生态平衡的影响；掌握"三废"治理的常用技术、方法；了解安全生产的概念及意义；理解安全生产法律法规的制定原则和主要内容；理解锅炉和压力容器安全技术；理解火灾爆炸事故机理；理解电气危险安全技术；掌握雷击和静电防护技术；掌握电气装置安全技术。在以后的工程设计中、技术开发中、生产管理中，学生要运用这些知识分析、评价和控制危险，促进化学工业的发展和生产顺利进行
计算机网络技术	使学生对网络技术有一个系统的、全面的了解；理解计算机网络的体系结构和基本原理，尤其是 TCP/IP 协议簇和 IEEE 802 系列协议，培养学生在处理网络工程方面的规划、安装、管理、维护等一般问题的实际动手能力，使学生能充分运用并掌握科学的现代化网络管理方法和手段，为本专业服务	项目一，计算机网络基础知识； 项目二，局域网技术； 项目三，网络互联技术； 项目四，设计一个网络； 项目五，网络管理与故障	通过本课程的教学，使学生对计算机网络从整体上有一个较清晰的了解，了解计算机网络的基本概念，了解网络新技术的新发展，从网络层次结构模型的应用层到物理层来对计算机网络体系结构进行描述，掌握计算机网络各层协议的基本工作原理及其所采用的技术，对当前计算机网络的主要种类和常用的网络协议有较清晰的概念，学会计算机网络的一些基本设计方法

第三节 思想政治教育融入课程标准

一、专业课与课程思政教育的融合

思政课与专业课在高等职业院校教学过程中同为育人主阵地,只有把握好专业技术培养和思想政治教育的共同点,构建全员、全过程、全方位的课程思政教育体系,才能将课程思政理念融入教学过程中。高等职业教育侧重培养学生的专业能力和职业素养,促进学生的全面发展,在专业课的教学过程中融入思政教育元素,实现专业育人和思政育人的协同发展是课程思政建设的根本要求,同时也是高等职业院校加强思想政治建设的有效途径。

(一)专业课与课程思政教育融合的意义

在立德树人的根本要求下,各级各类学校在教学过程中对思政教育的重视程度越来越高,但在课程思政开展过程中,由于思政教育本身具备的哲理性,使得思政教育在课堂中的运用比较生硬,学生在接受理解时有难度,无法提高思政教育的效率和质量。将专业课和课程思政教育进行有机融合,可以弥补以上不足,促进协同育人发展,具有深远的意义。首先,促进高等职业教育的教学改革发展,实现对学生专业能力和综合素质的融合培养,促进学生的全面发展。其次,有利于高等职业院校思想政治建设成果的巩固发展。思政教育是高校教学工作的重要组成部分,在专业课的教学过程中融入思政教育元素,能在培养学生掌握专业技能的同时,提升学生的思想政治修养,使他们成为社会主义建设事业的可靠接班人。

(二)专业课与课程思政融合的原则

在专业课与课程思政相互融合、协同育人的过程中,为保证科学性和应用性,需要遵循一定的基本原则,才能保证两者顺利融合。首先,以教育学生为出发点。高校学生已经成年,是思想独立的个体,在学习过程中具有思维自主性,作为受教育的主体。课程思政教育要以学生为主体,保证思政教育元素的融入要符合学生的实际情况,从而发挥正确的育人目的,使学生得到全面发展。其次,课程思政教育要多元化。在教学过程中既要保证知识的传递,也要兼顾学生思想修养和人文精神,专业课和课程思政教育的融合要注重对教学设计的改革,实现立体多元的教学过程,以此来承载专业知识和思政教育元素,实现两者的有机结合。最后,注重理论结合实践。高等职业教育人才培养过程中包含大量的实践课,在实践教学中更要高度重视对思政教育元素的融入,使学生在锻炼专业技能、培养职业素质的同时,深刻体会工匠精神、劳模精神等思想教育内容,让思想指导实践落到实处。

(三)专业课与课程思政融合的途径

针对专业课与课程思政相互融合、协同育人发展过程中存在的问题,要想使高等职业院校思想政治教育工作得到长远发展,就要注重对两者融合途径的探索研究,从而推动思政教育发展。首先,改革教育理念,加强对课程思政的重视。教育主管部门要加强对思政教育工作的宣传,将课程思政作为新时代高校思想政治工作的核心内容,强调教育理念的改革,奠定思政教育的地位,促进思想政治教育的发展。其次,加强教师的思想政治素养,提高思政育人能力。专业课教师在课程思政的实施过程中起到了关键作用,教师自身的政治素养和育人能力将会直接影响课程思政的实施效果,需要注重加强对教师思政育人能力的培养。最后,挖掘思政育人元素,构建课程思政体系。传统的思政教育以书本知识为主,难以贴合学生的实际情况,无法和专业课进行融合协同。这就要根据学生的实际情况,优化教学内容,深入挖掘课程思政的教育元素,结合社会热点问题,以专业课教学为主体,调动提高学生思考问题的积极性,使课程思政具备理论意义和现实意义。

二、体育教学与课程思政教育的融合

体育教学是高等职业教育人才培养过程中重要的组成部分,体育教学可以使学生强身健体、磨炼意志。在体育教学过程中充分融入课程思政教学元素,让学生身心健康得到了全面的进步,实现了体育和德育的有效结合,促进"五育"并举,学生全面发展。

体育教学的目的是增强学生的体质,发展运动能力,养成良好的生活习惯,为学生的成长成才提供物质保证。学生对体育课程的兴趣与课堂参与度高于其他课程,因此在体育教学过程中,学生更容易接受各方面的信息,更乐于参与课堂的各类活动。在体育教学中融合恰当的课程思政元素,更易于学生的认可与接受,实现体育与德育的同向同行,效果良好。大学生的体育教学更倾向于培养运动兴趣、开发体育项目爱好,要想实现体育教学内容与课程思政的有机融合,还要从教学过程设计、教学内容优化、深入挖掘思政元素、提升教师的能力水平等多个方面入手,使课程思政教育在体育教学中落到实处,收获实效。

(一)体育教学与课程思政融合的必要性

体育教学是通过科学合理的体育项目进行锻炼,来增强学生整体的身体素质和健康水平,从而适应将来的岗位工作。课程思政是要根据各门课程的特点,深入挖掘教学知识点中存在的课程思政教育元素,将思政教育与课堂内容有机结合起来,实现课程与思政教育的统一。体育教学一直深受学生的喜爱,在教学过程中,为使学生更积极参与教学活动,只有将思政教育内容与授课知识点和教学环节进行有机融合,学生才易于接受。

1. 实现以学生为中心,构建三全育人模式

体育教学是高等职业教育人才培养过程中的重要组成部分,也是推进课程思政建设的重要环节,可以促进教学过程中"五育"并举的目标,对全员、全过程、全方位育人具有重要作用。体育教学要坚持以立德树人为出发点,以培育学生为中心,努力将思想政治教育贯穿教学过程的始终。通过向学生展示我国竞技体育事业在全世界范围内取得的瞩目成绩,增强学生民族自豪感,加深爱国主义情怀。在教学环节设计中锻炼学生的团结凝聚、热爱集体的意识,使学生的身心健康得到全面发展。通过将课程思政元素与体育教学内容进行有机融合,可以对原有的体育教学进行深入的改革,突出三全育人的新模式,使体育与德育同向发展。

2. 促进教学目标达成,培养终身运动的习惯

体育教学中融入课程思政教育元素,要侧重在各项专业体育知识中,充分利用知识点、体育发展历程、体育运动人物、重要体育事件等,以此来确定每堂课的知识目标、能力目标与素质目标。体育教学的根本目的是增强学生运动体能,全面提高身体素质。通过学习,

学生可以掌握基本的运动常识与技能,培养几种体育运动爱好,充分认识到身体强健的重要性。体育运动可以激发人体的潜在能量,给予人充沛的体能和精神力量,学生养成终身运动的习惯后,会对工作生活、精神境界等方面产生推动作用,受益终生。因此,体育教学目标的达成,不仅有助于学生完成学业,还能够助力人生道路的发展和进步。

3.融合体育精神内涵,树立担当责任意识

在体育教学中,通过向学生展示我国体育健儿在全世界体育盛会上取得的成绩,增强他们的民族自尊心和自豪感,培养家国情怀,树立正确的人生观、世界观、价值观。将知识点与思政元素深入融合,教育学生传承发扬我国竞技体育的艰苦奋斗、自强不息的拼搏精神,树立"不忘初心、牢记使命"的理想信念和社会责任。在课程思政教学设计环节中,多向学生展示体育精神,介绍著名运动员的感人事迹,学生从中能够受到鼓舞和激励,确立正确的人生目标,培养为国家社会做出贡献的担当意识,成为全方位发展的优秀人才。

(二)体育教学与课程思政教育融合的实现方法

体育教学与课程思政的融合,可以实现德育、体育、智育的协同发展,对学生身心健康的全面发展有很大的促进作用。课程思政教育元素的融入,不是生搬硬套,更不是填鸭式的灌输,要做到有机结合、润物无声,同时还必须引起学生的积极响应和强烈共鸣,使课堂教学效果达到最佳状态。这就要求教师在设定课程标准、完善授课计划、教案设计和教学环节掌控中,时刻将课程思政教育放在首位,努力提升自身素养,深入挖掘教学知识点中可融合的思政元素,改进教学设计与教学方法,实现体育教学与课程思政的有机融合。

1.加强教学设计

教学设计是每个学科及每门课程进行教学活动的重要前提,教学设计的环节可以延伸到设定课程标准、制订授课计划、撰写教案、设计教学环节、选择教学方法、检验教学效果等,因此,教学设计是体育教学与课程思政融合的重中之重。教学设计要以"立德树人"为根本目标,深入挖掘体育学科中蕴含的思政教育知识点,将体育精神与体育强国融入每堂课的内容中,建成思想引领、传授知识、锻炼技能的教学目标。制订授课计划前要充分分析学情,建设完善教学资源库,教案的撰写要做到依据计划、联系实际,将课程思政落到实处。教学环节的设计根据课程和具体授课内容来进行,有效地利用混合式教学的形式,将重要知识点制作成微课程视频,提供给学生反复学习。

2.挖掘思政元素

体育教学过程中的知识点包含了大量的课程思政元素,如爱国主义教育、培养团队合作意识、拼搏进取的精神、报效国家社会的意识等,这样使得体育教学与课程思政的融合更加紧密协调。对体育教学中可挖掘的课程思政教育元素,总结起来主要包括以下几点。

(1)爱国主义教育

中华人民共和国成立以来,我国的竞技体育事业发展得到了快速发展,我国体育健儿从奥运会金牌零的突破,到如今各项竞技体育运动的成绩位于世界前列,我国已成为世界体育强国。这与之前落后挨打、人民积贫羸弱形成了鲜明对比,体育事业也一样,反映出国家是否昌盛、民族是否强大。特别是近些年来我国在各项国际体育盛会上取得的突出成绩,我国传统的竞技体育强项更是具备压倒性的优势,这些都是可以深入挖掘的爱国主义教育素材,将其充分融入体育教学中,让学生在强身健体的同时,牢固树立爱国主义情怀。

（2）团结合作

竞技体育运动大多数的项目都是团体项目,需要队友之间的合作完成比赛或者训练,利用体育运动能够促进人与人之间沟通协作的特点,在体育课上尽量多组织学生参加团队运动项目,培养学生沟通合作的意识和能力。团队合作精神是目前很多企事业单位对员工的基本要求,随着社会生产的分工越来越明确具体,一个产品或者一项服务要由多个岗位、多个工种之间通过密切的合作才能完成。因此,需要充分利用竞技体育的团结合作来培养锻炼学生。

（3）竞争意识

体育比赛要分出优劣胜负,因此在比赛过程中不可避免地存在着竞争。竞争是世间万物起源、发展与进步的动力来源,人类能够站在生物链的顶端就是其不断地与自然环境、其他物种竞争的结果。因此,在体育教学过程中也要注重培养学生拼搏进取、勇攀高峰的竞争意识,比如在课堂中多增加一些团体对抗的训练项目,并通过比赛的形式来区分优劣,可以让学生充分认识到自身存在的差距和不足。培养竞争意识还有助于学生毕业走向社会以后,能够适应复杂多变的社会环境,磨炼意志力,使自己处于积极上进的状态。

（4）公平公正原则

竞技体育特别强调公平公正的比赛原则,教育也更加注重公平与公正的体现。通过分析判断世界范围内各类体育赛事中曾出现的判罚不公、徇私舞弊等事件所造成的恶劣影响,教导学生体育精神是追求前进与超越,但是在过程中要依靠辛苦的付出,突破自身的体能极限来获得优异的成绩,不能通过不正当的手段去竞争,这样会玷污体育精神。

3.提升教师水平

教学过程中,教师既是教学过程的组织者,同时也是教学活动的参与者。加强课程思政教育,对教师能力水平和思想境界的要求更高,教师只有要先对课程思政元素有深刻的理论认知和思想认同,才能对学生起到启发引领、榜样示范的作用。体育教学对教师言传身教的要求更加严格,这不仅包含授课内容动作要领的示范,更重要的是教师通过自身的良好形象、向上的思想境界、积极的人生态度,为学生树立起榜样。基于这样的要求,体育教师不仅要掌握本学科的知识技能,更要灵活地运用多种教学方法,利用先进的教学设备、设施,将体育课堂打造成更加受学生欢迎、能充分调动学生学习兴趣的场所。

（三）体育教学与课程思政教育融合的意义

课程思政的目的是构建全员、全过程、全方位的育人格局,形成各类课程与思想政治理论课同向同行的效应。体育课作为高等职业教育人才培养方案中的公共课程,承担着实现"五育"并举、协同育人的重要职责,新时代下的体育教学不仅要实现学生具备强健的体魄,更要落实立德树人的德育目标。体育教学与课程思政的融合,实现了以学生为中心,培养学生积极向上的生活态度和终身运动的习惯,通过体育内涵精神的灌输,使学生树立责任担当意识;同时还能够有效改进教学管理工作,推进体育课的教学改革,使体育教学更加系统化、专业化。

体育教学和课程思政的融合,使学生在强健体魄、培养爱好的同时,还能得到思想认识的引领和精神境界的升华,有效地实现了体育和德育的相互促进、相互提升,对学生的全面发展有着深远的意义。

1. 结合体育学科特点,加强教学管理

高等职业院校中的教学管理与学生管理是重点工作内容,随着时代的发展,学生的管理工作不能局限于说教和约束,要结合各类教学的特点,发挥课程育人的作用。体育教学的特点是强调组织性和纪律性,课堂上会有分组对抗练习或者高强度体能训练,因此要求学生在课堂中严格遵守纪律,认真按照教师的要求进行学习锻炼。结合体育教学的特点,学校可以将课堂中组织性与纪律性的要求,拓展到学生日常管理工作中,使学生在日常的学习生活中一直保持积极向上的风貌,有利于学校的教学管理工作和学生管理工作的开展。

2. 推动体育教学改革,使教学专业化

近些年来,高等职业教育越来越受到社会的认可和重视,同时也对高等职业教育的改革与发展提出了更新更高的要求,高等职业院校也在努力通过改善教学硬件设施、改进教学方式方法等措施,使学生接受更加良好、专业的教育。体育课属于通识类教育中的公共基础课,虽然不像专业课那样跟随科学技术的发展进行教学改革,但是也需要做到与时俱进、改进创新。体育教学与课程思政元素的融合为体育教学的改革提供了一条路径,因为课程思政的融入,使得体育课的课程标准、教学计划、教学方案、教学设计等都要改进和更新。体育教学中融入课程思政的建设,不仅是为了完成"五育"并举的要求,同时也是为了推进体育教学的课程改革,使教学更加专业化。

3. 重视学生全面发展,健全评价体系

体育教学融入课程思政元素,是体育、智育、德育三者的有机结合,学生得到了全面发展,因此,以往的体育评价体系需要进行适当的改进和提高。体育教学有着自身鲜明的特点,学生的成绩评定可以通过竞技比赛的胜负、技术动作的标准与否、各项考核成绩是否达标来综合评判。融入课程思政后,在基于成绩评判的基础上,体育教学还应增加学生拼搏进取的体育精神、突破自我的奋斗意识等思想意识方面的考核元素,使成绩评价体系更加健全。体育成绩评价体系的健全完善,有利于激发学生的学习热情和前进动力。教师对学生的认可,不仅体现在学生的成绩和收获上,还应包含一定的人文关怀与情感认同,学生才会用同样的人生态度来回报社会。

三、融合思政要素的课程标准案例(以"PLC应用技术"课程标准为例)

(一)课程基本信息(表3-2)

表3-2 "PLC应用技术"课程基本信息

课程名称			PLC应用技术
课程编码	03001106	课程类别	专业教育课
			理论+实践课
			专业必修课

表 3-2(续)

课程名称	PLC 应用技术				
学分数	2.5	开课学期	3	开课单位	机电工程系
学时数	总学时	周学时	讲课	实验/实践	课内练习	课外实践
	40	4	28	12	0	0
适用专业	化工自动化技术专业				

(二)课程地位(表 3-3)

表 3-3　"PLC 应用技术"课程地位

1. 本课程在专业人才培养方案中的贡献度

本课程是化工自动化技术专业的专业核心课程,主要培养学生"PLC 应用技术"在生产一线的应用能力。学生通过基本指令、应用指令、基本单元、扩展单元及外围电路等可编程序控制器软、硬件知识的学习,在学习过程中坚持理论联系实际,实现培养学生具备可编程序控制器应用系统的制造、维修和设计的能力

2. 本课程与相关课程的关系

本课程的前置课程有"电工基础""电子技术""电机与拖动"。要求学生能使用基本的电工工具;熟悉常用控制电气的结构、工作原理、用途、型号,并能正确选用;初步具有对一般继电器-接触器控制线路的故障分析与检查能力;熟悉电气控制线路的基本环节,对一般电气控制线路具有独立分析能力

3. 本课程的特色

本课程是一门职业性、实用性很强的技术性课程,它对专业内其他课程起到前后支撑作用。以强化培养学生的职业技能和工程实践能力为目标,课程教学中以掌握基本原理、强化应用、培养学生的动手能力和工程实践能力为重点,以企业工作工程为课程内容,贯彻工学结合、理论教学与实践教学紧密结合的原则,积极引导学生把知识与技能紧密结合起来,采用工程任务驱动、项目教学等教学模式,融"教、学、做"为一体,使学生的能力和技能稳步提高,最终达到本课程要求学生应掌握的知识和技能水平

（三）课程教学目标（表 3-4）

表 3-4　"PLC 应用技术"课程基本信息

总体目标	本课程的总体目标为培养具有良好的综合素质,使学生掌握 PLC 的工作原理,掌握电气控制系统设计与维护岗位所需要的可编程控制器应用系统的初步设计方法、编程能力和应用分析能力,了解国内外 PLC 技术发展动向,具有熟练掌握 PLC 控制系统安装、接线、调试、维护与维修能力,具有用可编程控制器完成中等复杂程度的机电设备改造设计能力。同时注重培养学生的安全意识、规范操作意识、团队协作能力和职业素养
能力目标	技能目标(职业能力目标): 1.通过理论实践一体化课堂学习,学生获得较强的实践动手能力,具备必要的基本知识,具有一定的查阅图书资料进行自学、分析问题、提出问题的能力; 2.能够通过一种类型 PLC 的应用迁移到另一种类型的 PLC 应用,对不同类型 PLC 的内存分配、输入输出端子及指令系统具有较强的理解运用能力; 3.能够对生产现场的各类机械设备进行电气控制要求的分析,并能通过分析提出 PLC 解决方案,开展 PLC 系统的设计、调试工作; 4.面对 PLC 控制的各类机械设备,能够快速了解其工作过程,了解其电气接线,能够诊断、处理各类系统故障
	知识目标: 1.能根据 PLC 的性能、特点及控制功能正确选用 PLC、懂得 PLC 的组成及基本工作原理,掌握 PLC 硬件的基本结构和工作原理; 2.能够熟练连接 PLC 的输入输出设备、懂得 PLC 内部存储器分配情况; 3.理解掌握 PLC 基本布尔指令和一般 PLC 功能运算指令; 4.能够对相应的 PLC 控制电路进行基本分析理解; 5.培养学生掌握 PLC 控制的一般设计思路; 6.掌握常用生产机械 PLC 控制线路的工作原理及常见故障分析及检修; 7.能够连接 PLC 网络,能够利用 PLC 网络实现联机控制,懂得 PLC 的通信方法; 8.能够进行 PLC 控制系统的硬软件设计,懂得 PLC 控制系统设计的基本原则及步骤
	素质目标(含德育目标): 1.对从事 PLC 应用设计工作,充满热情; 2.有较强的求知欲,乐于、善于使用所学 PLC 技术解决生产实际问题,具有克服困难的信心和决心,从战胜困难、实现目标、完善成果中体验喜悦; 3.具有实事求是的科学态度,乐于通过实践、检验、判断各种技术问题; 4.在工作实践中,有与他人合作的团队精神,敢于提出不同的见解,也勇于修正自己的错误观点

（四）课程主要内容（表 3-5）

表 3-5　"PLC 应用技术"课程主要内容

项目名称	工作任务	教学设计	理论	实践	习题	合计	课程思政设计
项目一 PLC 基础知识	任务 1 认识 PLC	重点： 1. PLC 的编程语言及程序结构； 2. PLC 工作原理。 难点： STEP7 - Micro/WIN 编程软件的使用。 教学内容： 1. PLC 的定义及名称演变； 2. 常用 PLC 介绍； 3. PLC 的特点、主要技术指标及分类； 4. PLC 的编程语言及程序结构； 5. PLC 与继电器控制系统的区别； 6. PLC 的组成； 7. PLC 工作原理； 8. PLC 的选型方法； 9. STEP7 - Micro/WIN V4.0 编程软件的基本功能； 10. STEP7 - Micro/WIN V4.0 编程软件的安装； 11. 建立计算机与 PLC 通信。 教学方法： 案例教学法、动画演示法、讨论法	4	2	0	6	培养学生的团队协作精神
	任务 2 了解 PLC 的编程语言						
	任务 3 认识 PLC 系统的组成及原理						
	任务 4 认识 S7-200 系列 PLC						
项目二 PLC 基本逻辑指令的应用	任务 1 三相电动机的直接启停控制	重点： 1. PLC 的基本指令； 2. PLC 编程方法。 难点： PLC 的定时器的使用。 教学内容： 1. S7-200 系列 PLC 的存储器和编址方式； 2. 输入映像寄存器 I 和输出映像寄存器 Q； 3. LD、LDN、A、AN、O、ON、= 基本逻辑指令；	8	4	0	12	培养学生的时间观念、安全意识和规范操作能力
	任务 2 三相异步电动机正反转控制						

表 3-5(续 1)

项目名称	工作任务	教学设计	课时				课程思政设计
			理论	实践	习题	合计	
项目二 PLC 基本逻辑指令的应用	任务 3 三相电动机的 Y-△换接启动控制 任务 4 货物数量统计的控制 任务 5 水塔水位的控制	4. 梯形图的编程规则; 5. S、R 指令; 6. S、R 指令的优先级; 7. 定时器 T; 8. 接通延时定时器(TON)指令; 9. PLC 的功能指令简介; 10. 跳转、标号指令; 11. 七段译码指令。 教学方法: 案例教学法、动画演示法、讨论法	8	4	0	12	培养学生的时间观念、安全意识和规范操作能力
项目三 顺控指令的应用	任务 1 多种液体混合装置控制 任务 2 按钮式人行横道交通灯控制	重点: SCR 指令的使用。 难点: 并行性序列的编程方法。 教学内容: 1. 顺序控制继电器 S; 2. SCR 指令; 3. 使用 SCR 指令的单序列的编程方法; 4. 并行性序列的编程方法; 5. 并行性序列顺序控制系统实例。 教学方法: 案例教学法、动画演示法、讨论法	8	4	0	12	培养学生的诚信及知识产权保护意识
项目四 PLC 功能指令的应用	任务 1 除尘室的控制 任务 2 装配流水线控制	重点: 循环移位指令。 难点: 子程序指令。 教学内容: 1. 数据传送指令; 2. 移位指令; 3. 循环移位指令; 4. 子程序指令; 5. 中断指令;	8	2	0	10	培养学生的创新意识

表3-5(续2)

项目名称	工作任务	教学设计	课时				课程思政设计
			理论	实践	习题	合计	
项目四 PLC 功能指令 的应用	任务3 喷泉彩灯 控制	6. BCD 码转换指令的功能及应用 方法; 7. 算术运算指令的功能及应用方法; 8. 逻辑运算指令的功能及应用方法; 教学方法: 案例教学法、动画演示法、讨论法	8	2	0	10	培养学生的 创新意识

(五)课程教学实施

1.师资要求

(1)从事本课程教学的专任教师,应具备以下相关知识、能力和资质。

①具有高校教师资格,讲师以上职称,本科及以上学历;

②具有与企业沟通协调的能力与教学组织管理能力;

③教学理念先进,具有扎实的专业知识、丰富的教学经验;

④1年以上的企业工作经历(或培训经历),具有较强的 PLC 技术能力;

⑤应具备良好的师德师风,师德考核合格。

(2)从事本课程教学的兼职教师,应具备以下资质。

①具有工作岗位所对应国家职业资格三级以上证书,或在城市轨道交通机电技术专业领域具有较强的实践能力;

②具有勤奋、敬业、诚信的良好职业素养;

③具有3年以上的城市轨道交通机电技术专业相关岗位工作经历;

④具有较强的交流、指导能力。

2.教学硬件设施(表3-6)

表3-6　硬件设施登记表

设备名称	单位	最低数量	备注
可编程控制器实训装置	台	12	

3.教材及参考资料(表3-7)

表3-7　教材及参考资料登记表

教材			
序号	名称	主编	出版社
1	可编程控制器应用技术(项目化教程)	祝红芳	化学工业出版社

表 3-7（续）

参考资料			
序号	名称	主编	出版社
1	可编程控制器原理及应用技术（西门子 S7-200）	吕丽荣	化学工业出版社

4. 教学方法

本课程采用线上线下混合教学方法,在课堂教学中,改变"满堂灌"的方式,注重采用启发式、小组讨论、成果展示、课堂讲评和案例教学等方式,引导学生积极主动的思考,提高学生分析问题、解决问题的能力。教学内容设计见表 3-8。

表 3-8 教学内容设计

教学内容	课程思政设计	教学方法
项目一 PLC 基础知识 任务 1 认识 PLC 任务 2 了解 PLC 的编程语言 任务 3 认识 PLC 系统的组成及原理 任务 4 认识 S7-200 系列 PLC	通过分组对抗、小组讨论等形式,培养学生的团队协作精神	线上线下混合教学、演示教学、任务驱动、小组探究、模拟训练
项目二 PLC 基本逻辑指令的应用 任务 1 三相电动机的直接启停控制 任务 2 三相异步电动机正反转控制 任务 3 三相电动机的 Y-△换接启动控制 任务 4 货物数量统计的控制 任务 5 水塔水位的控制	在任务实施环节中,学生能在规定时间内按照安全规范完成相应任务,培养学生的时间观念、安全意识和规范操作能力	线上线下混合教学、演示教学、任务驱动、小组探究、模拟训练
项目三 顺控指令的应用 任务 1 多种液体混合装置控制 任务 2 按钮式人行横道交通灯控制	通过学生作业、程序大对比等,培养学生的诚信及知识产权保护意识	线上线下混合教学、演示教学、任务驱动、小组探究、模拟训练
项目四 PLC 功能指令的应用 任务 1 除尘室的控制 任务 2 装配流水线控制 任务 3 喷泉彩灯控制	通过对程序的调试过程和不断优化,培养学生的创新意识	线上线下混合教学、演示教学、任务驱动、小组探究、模拟训练

（六）课程考核方法与标准

1. 考核方式

本课程全面考核学生的专业能力和关键能力,采用过程评价和终结评价相结合考核方法。过程考核即项目考核,每个项目均按项目训练考评表的内容进行过程考核。终结考核采用闭卷考试的理论考核方式。

思政考核部分根据学生的考勤,规范操作,安全意识,团队协作等方面的考核综合得出。项目训练考评表见表3-9。

表3-9　项目训练考评表

序号	考核项目	考核内容	成绩比例/%
1	思政考核	职业素质、学习态度、效率观念、协作精神	10
2	过程操作	操作规范	25
3	实训报告	文档写作能力、文档的规范性和完整性	20
4	课内实践	操作规范,合理的加工工艺	45
		合计	100

2.计分方式

本课程共分为4个项目进行训练,每个项目15分,共60分;终结理论考试为40分;总分为100分。

3.评价方式

本课程采用过程评价与终结评价相结合、教师评价与学生自评、小组互评相结合评价方式。

第四节　课程思政的实施

一、高等职业院校课程思政建设方案

(一)构建课程思政的中国话语体系

课程思政教育的中国话语体系,是指根据社会主义发展建设的理论与中国政治、经济、文化各方面的结合,创造适应时代发展、具有中国特色、处于领先地位的话语体系。在新形势下推广课程思政教育,必须建立中国话语体系,要彰显对当代中国的核心价值观的认同,引导学生树立"四个自信",塑造正确的价值观念,在学好专业知识的同时,思想观念与认知境界也得到了提升,实现专业话语体系与价值话语体系的融合。

(二)打造适应于课程思政的系列化课程

课堂教学是课程思政建设的重要渠道,必须打造适应于课程思政教育的系列化课程。教师在完成规定教学任务的同时,还要深入挖掘课程资源,使课程的知识点与思政教育有机结合,充分利用微课、短视频等教学手段,结合小组学习、分析讨论等教学方法,让课程思政教育从细微处入手,收获良好的教学效果。结合当前教学改革的形式,开发线上与线下结合的课程思政教学,提升学习兴趣,提高学习效率。通过多门专业课程的教学改革实践,课程思政呈现系列化,课程之间有衔接,并贯穿整个人才培养全过程。

（三）利用优秀传统教学法进行课程思政教育

在教学过程中，要善于利用传统教学方法中的有效内容，使理论联系实际、启发式教学、开放式教学和跨学科教学等一系列教学方法融入课程思政教育。思想政治教育和专业课程内容的结合，就是理论联系实际的生动案例，可以使课程思政教学案例更加生动具体，更具有感染力和说服力。进行课程思政教育的同时，要充分利用优秀的教学方法，实现多个知识点、多门课程、多学科的交叉，达到事半功倍的效果。

二、成果导向教育理念下课程思政的实施方法

课程思政教育在三全育人过程中，贯彻落实立德树人的根本任务，使学生得到全面发展。OBE 教育教育理念以成果为导向，以学生为中心，根据教学目标反向设计教学组织过程，依据目标达成度检验教学效果。课程思政与 OBE 教育理念存在着相通相融之处，通过丰富的优化教学资源，改进教学组织流程，构建成果评价指标，实现思政育人既是教学设计的目标，也是教学过程的重要组成部分。

课程思政的实施要以学生为中心，以成果为导向，将课程思政教学元素、知识内容、教学方法与手段相结合，优化教学资源，采取有效的教学组织方式，根据需要达成的目标，构建评价系统，使课程思政教学收获预期的效果。

（一）教学资源的优化与融合

课程思政教育融入课程教学中，要有丰富的教学资源作为支撑，因此，围绕专业课、通识课、选修课等课程的理论教学，要充分利用教育部指定的国家级规划教材、思想政治理论的经典著作、领导人的重要论述等素材来优化教学资源。在 OBE 教育理念的指导下，重视学生的能力培养和成果产出，利用多样化的教学手段，创造学生易于接受的教育资源，分阶段检验学生的学习成果，根据反馈情况及时调整优化。通过教学资源的优化，课程思政教育过程实现闭环管理，根据目标成果的达成度，来修正、补充教学资源。

课程思政教学资源与教学内容的融合程度会影响思政教学目标的达成度，首先教师要对教学内容有深入的了解掌握，如教学大纲、知识重难点、教学方法设计、教学过程组织等，梳理课程知识体系，明确思政元素融入教学的切入点，同时还要掌握思政教育的内涵与原理，从而实现课程思政教育元素与教学内容的无缝衔接、有机融合。学科发展建设与社会发展密切相关，教师既要掌握知识发展脉络，又要把握好行业发展态势，了解学科及对应行业发展的社会基础和理论依据，引导学生关心社会，正确看待热点问题，使思政教学资源与教学内容的融合取得实效。

（二）教学组织的形式及实施

课程思政教育能否行之有效，让学生获取知识的同时，思想境界也得到升华，教学组织所起的作用至关重要。教学组织的重要环节是课堂教学，建设以学生为中心，以成果为导向的课堂环境，在提高教学质量的同时关注学生身心成长，使学生树立正确的价值观，提升对思政育人教学资源的领悟能力。在教学组织实施过程中，教师要做到率先垂范，以渊博的专业知识和宽厚的道德情怀，给学生树立良好的榜样，用换位思考的方法充分接纳学生，

规范学生的行为方式,做到"其身正,不令而行"。

进行课程思政教育要营造良好和谐的课堂氛围,有助于教学过程中渗透思政育人内容,教学组织形式可以多样化,通过小组讨论、发言辩论、案例演示等形式,充分调动学习积极性。学生之间通过互助互学,锻炼了团队协作能力,培养了职业素质。教师既是教学过程的组织者也是参与者,营造平等友善的氛围,根据成果导向教学理论,结合学生自身特点师生共同设计学习目标,包括课程学习目标、能力锻炼目标、素质养成目标,既有整体目标也有分阶段分学时的短期目标,使教学组织有可操作性,教学成果也有可检验的指标。

(三)教学评价的指标与构建

教学评价是提高教学质量、检验教学成果的重要手段,针对教学过程的传统评价方法是有实际意义以及可行性的,目前针对课程思政教育的评价体系尚未完整建立,评价考核指标也未分解细化,所以在高等职业教育中建设课程思政教育的评价体系是有必要的。教学评价不能是抽象的概念或者笼统的表达,一定要有可操作性的目标,还要细分为易于衡量和检验的条目,形成层次分明、类别合理、内容充实的评价指标。评价的作用不仅仅是检验目标的达成度,更重要的是对教学过程和效果的改进,结合成果导向,实现课程思政教学的不断完善和上升。

在 OBE 教育理念下,教学评价主要检验目标达成度,这一点符合工程认证教育的要求,目标达成度主要体现在成果要求的指标点完成情况。为了实现成果要求的指标,考核评价目标要与教学目标一致,建设知识目标、能力目标、思政(素质)目标一体的指标体系;考核的方式注重过程、注重成果;引入多种评价方式,强调学生的参与,评价体系更加多元化。课程思政教育依靠学生认可满意、思想境界提升等问卷调查检验目标达成度,并反馈于教学设计,以此促进课程思政教育的持续改进,形成闭环检验控制的教学过程。

三、课程思政的教学设计

教学设计是教学过程中的重要环节,根据人才培养目标和课程标准的要求,结合受教育者的自身特点,将教学知识点合理有序地进行安排,选取适合的教学方法手段,是完成教学目标的整体计划与实施方案。课程思政教育是要充分发挥每一门课程的思政教育价值,深入挖掘思政教育元素,使专业知识教学与思政教育有机结合。

(一)提升教师课程思政育人的意识和水平

教师是教学过程的组织者和实施者,是课程思政育人的关键环节。目前部分教师依旧存在着重视教学而忽视思政育人、重视灌输专业知识忽视思想教育的现象,导致了课程思政教育开展的不深入、不彻底。课堂教学是教育学生的主战场,教师是全员、全过程、全方位育人的主要实施者,因此,提升教师在教学过程中进行课程思政育人的意识和水平是十分必要的。

首先,教师实施课程思政教育,要深入挖掘课程知识自身包含的思政教育元素,将思想政治理论、正确的价值观念、辨别是非的能力等因素,与教学内容深度融合,在教学过程中引领学生走上正确的人生道路,具备分析问题和解决问题的能力。其次,一个知识渊博、平易近人的教师会对学生产生深远的影响和感召,课程思政教育会让学生在学习有深度的理论知识的同时,感受到有温暖的思想教育和人文关怀。教师要坚持教书和育人齐抓共管,利用专业优势以及课程特点,教学中渗透正确的政治理念和道德准则,弘扬正能量。最后,教师在传授课程知识的同时,还要重视对学生的道德引领,这就要求教师具备崇高的品德,以自己的言传身教,为学生树立良好的榜样,做好学生的领路人。

(二)反向设计教学过程

OBE教育理念强调的是根据学习的预期成果来设计学习内容,在课程思政教育中依据教育目标反向设计教学内容和教学设计过程,即按照课程思政的培养目标、知识要求、能力指标等设计教学过程和授课内容。在课程思政教学设计中应用OBE教育理念,不仅要深入挖掘知识点的思政教育元素,更要厘清教学设计每个步骤之间的关系,使反向设计能够行之有效。

反向教学设计以培养目标中的素质教育目标为最终目的,教学过程中充分结合知识目标和能力目标,坚持显性的思政理论与隐性的课程思政同向同行,以课程知识为载体,实现育人需求。反向教学设计分为四个步骤:

第一,依据需求设计课程思政教育目标;

第二,依据课程目标设计能力指标;

第三,依据能力指标设计知识体系;

第四,依据知识体系设计教学内容。

最终依据目标达成度检验教学效果,形成闭环的教学过程。

(三)挖掘专业课程蕴含的思想政治原理

任何一门专业课程的知识体系中,都蕴含着哲学原理和思想政治原理,这是因为能够成为一门学科,必定是经过前人长时间的思想积淀、理论推理、实验创新、成果积累而形成。高等职业教育的人才培养方案设置课程时,通识课、专业课、选修课所占的比例较大,特别是专业课程,不仅课程数量多,而且都以小班课进行授课,师生间沟通交流机会多,教学效果好。根据每一门专业课程的自身知识体系特点和学科发展特点,挖掘课程知识点蕴含的思政教育元素,这样既可以避免学生对思想政治课程内容产生疲倦,又能够形成全方位课程进行思政人的良好形式。

专业课程的思政教育不是简单地将知识点与思政教育的组合,而是应当探索专业知识内在的特点和规律,挖掘知识中蕴含的思想教育属性和隐性的素质教育点,利用课堂教学的设计将思政教育渗透到每一个环节中。OBE教育理念强调以学习成果为导向,反向设计教学过程,将"以教师为中心"改革为"以学生为中心",在专业知识的课程思政教学设计中,利用预期的思政育人目标来提升整体的课堂教学效果。专业课程教育要以积极向上的时代精神做引领,在向学生传授专业知识的同时,坚持贯彻"立德树人"的宗旨,既丰富课程思政教育元素,又全面拓展了学科知识的专业内涵。

(四)课程思政与混合式教学模式的结合

随着互联网与信息技术在教育领域内的推广使用,微课、MOOC、SPOC等教学手段丰富了高校的课堂,混合式教学模式成为教学改革发展的重要方向,混合式教学是以学生为中心,结合项目实施、任务驱动、分组讨论、案例分析等教学方法,将线上教学与线下课堂有机结合起来,充分注重学生的主体地位,发挥教师的主导作用。混合式教学充分融合了课程知识资源、网络教学资源等各类教学资源,教学过程氛围宽松,充分调动学生的主动性,有效地解决传统灌输式教学的问题,培养学生的自学能力和综合素质,优化了教学效果。

由于混合式教学将课程内容分割成若干的零散知识点,简单的基础内容由学生通过线上平台自学,知识重难点在课上通过分组讨论得出结果,教师进行总结提炼。这样的教学模式有利于融合课程思政元素,可以利用课前线上平台推送有思想教育价值的短视频,也可将思政元素与授课知识相结合,学生通过讨论总结,在此过程中受到启发,收获知识的同时接受精神洗礼。混合式教学注重师生之间的交流反馈,既可以有效地保证学生理解掌握知识内容,又能够促进他们的思想进步和情感认同。

课程思政教育需要教师具备一定的政治理论水平,善于挖掘教学知识点中存在的思政育人元素,进行凝练、升华,使之与教学内容有机融合,实现课程思政育人水到渠成,并非生搬硬套,获得学生的认同,达成教学目标。在 OBE 教育理念下,课程思政教育以成果为导向,以教学目标为抓手,反向设计教学过程,结合专业课程中蕴含的思想政治原理,以学生为中心,以混合式教学为手段,保障课程思政教育收获预期效果。实施课程思政教育过程中,课程的教学资源得到优化与整合,教学组织过程灵活有效,教学目标达成度高,教学评价效果良好,既实现了思政育人的目的,又促进了课程教学的改进发展。

四、"电力系统继电保护"课程教案案例

(一)授课信息(表 3-10)

表 3-10 授课信息

授课名称	电力系统继电保护	授课时数	2 学时
授课班级	电力 2001	授课地点	智慧教室+实训室

(二)教学分析(表 3-11)

表 3-11 教学分析

教学内容	
	教材选用"十二五"职业教育国家规划教材和自制活页式教材。 本次课程内容为方向电流保护工作原理、特点、整定和保护装置的组成

表 3-11(续)

学情分析	知识和技能基础:能够理解装设方向元件必要性,32.5%的同学对双侧电源供电选择性问题认识不够。 认知和实践能力:对安全规范意识有很大提高,对多电源系统线路认知不全面。 学习特点:不喜欢单纯的理论讲授,认为实操演练、虚拟仿真和案例学习方式更适合自己	知识和技能基础 学习特点 认知和实践能力 双侧电源保护可靠性分析 40.4 双侧电源保护工作原理分析 32.5 功率方向继电器工作原理 46.5 功率方向继电器接线方式 52.1 路识方向元件的条件 67.3 A:12.9% B:21% C:29% D:16.1% E:21% A.单纯理论讲授 8人 12.9% B.虚拟仿真 13人 21% C.实操演练 18人 29% D.研究型学习 10人 16.1% E.案例学习 13人 21% 安全规范意识 多电源系统线路认知 方向过电流保护的原理认知 功率方向继电器接线能力 故障排查能力 团队合作能力 现有水平 岗位要求 满分

教学目标	知识目标:掌握方向过电流保护的基本工作原理;功率方向继电器工作原理及动作区。 能力目标:会进行定时限过电流保护整定计算,按照原理图进行接线、定值修改,完成实验报告。 素质目标:培养学生严谨的工作态度

教学重难点	教学重点:方向电流保护的工作原理和动作过程。 解决办法:利用动画显示方向电流保护的工作原理、动作过程。 教学难点:双侧电源供电情况下功率方向继电器的工作过程。 解决办法:引入 Matlab 仿真软件,模拟不同测量角度下功率方向继电器的工作状态

(三)教学策略(表 3-12)

表 3-12 教学策略

教学理念	教学全过程贯彻以学生为中心的教学理念,每个教学环节的设置,充分调动学生的学习积极性和主观能动性,使学习不再是被迫要完成的任务,而是"我要去学习"的自觉行为
教学模式	采用线上线下混合式教学模式,拓展课堂空间,建立立体课程资源库,打通教师与学生之间的沟通渠道,助力学生成长成才

表 3-12（续）

教学理念	教学全过程贯彻以学生为中心的教学理念,每个教学环节的设置,充分调动学生的学习积极性和主观能动性,使学习不再是被迫要完成的任务,而是"我要去学习"的自觉行为	
教学方法	教法	任务驱动教学法
	学法	自主学习,分组探究
课程思政内容的融入	1.《电力工匠—徐川子》事迹展播,体会芳华逐梦! 2. 在建模过程中融入理性精神和求实精神。设定参数时融入灵活变通,创造思维。 3. 讲授方向元件作用时融入科学思维中的逻辑性原则	
教学手段及资源	硬件——理实一体化教室 软件——Matlab 仿真软件 1. 超星学习通自建课程 2. "爱课程"网教学资源 3. 电力出版社有限责任公司公众号 4. 思仿继电保护公众号	
教学手段及资源		

（四）教学过程（表3-13~表3-15）

表3-13　课前

教学环节	教学内容	教师活动	学生活动	设计意图
课前准备	1.下发学习任务单 2.观看视频 3.完成预习测验	1.发布学习任务单： 教师在学习通平台发布学习任务单，布置预习任务； 2.上传资源和发布测试： 教师发布学习视频资源和课前测试； 3.督促自学： 教师查看学生课前预习完成情况，针对未完成的学生，及时联系督促； 4.分析、批阅课前测试： 教师分析、批阅课前测试，从而掌握学生对本次课知识的内化情况，得出本次课的重难点知识，调整教学安排，课上重点讲解这些重点难点知识	1.接收课前任务： 学生在学习通平台查看学习任务单； 2.课前自学： 学生观看方向电流保护的学习视频资源；进行课前自学； 3.课前自测： 通过视频资源学习后，认真完成课前测验； 4.完善不足： 通过测验，整理自己没有掌握的知识点，查找教材和线上资料，不断完善知识结构	1.通过课前环节的设置，延伸课堂宽度； 2.使教师掌握学生方向电流保护相关的知识薄弱点，课中针对这些重难点进行重点讲解，及时调整教学安排

表 3-14　课中

第一学时(30分钟)					
教学环节	教学内容	教师活动	学生活动	设计意图	课程思政
公布预习情况(5分钟)	公布课前自学情况,点评每个知识点学生的掌握程度。对没有完成课前学习的学生重点督促下次改进	1. 课前考勤:教师在学习通平台发布签到; 2. 督促到课:教师查看学生到课情况,针对未能到课的学生,及时联系督促,保证课堂在课率; 3. 公布预习情况:公布学生的预习情况,对每个知识点的掌握程度进行说明; 4. 督促改进:针对没有完成课前学习的学生重点提醒,督促下次改进	1. 课前签到:学生在学习通平台及时进行课前签到; 2. 倾听预习情况:学生倾听教师分析的预习情况,查找自己知识点的不足; 3. 反思自身问题:在教师的督促下反思自身问题,争取下次有所改进	此环节使学生了解本次课课前预习情况,查找自身不足,锁定课中学习重点	通过定时签到环节,融入社会主义核心价值观——诚信的思政点。守时也是一种诚信的体现
引入工程实例(5分钟)	 这样子我们的线径会比较大 电力工匠徐川子,多年研究电缆接线的创新方法。年轻有为,芳华逐梦。 分析: 供电电压升高,为了提高输电线路供电可靠性,需要双侧电源供电,但是,双侧电源供电会带来新的问题——方向性问题	1. 播放《电力工匠——徐川子》; 2. 在学习通建立讨论话题:对徐川子事迹的感想; 3. 引出可靠性的要求,设置双侧电源供电系统	1. 导入课程新内容; 2. 观看《电力工匠——徐川子》国网模范劳动者; 3. 在学习通中发表自己的感受	电力工匠事迹的引入,既是思政案例,又是工程实例	树立职业责任感和使命感

表 3-14(续 1)

教学环节	教学内容	教师活动	学生活动	设计意图	课程思政
软件虚拟仿真（20分钟）	1.利用 Matlab 软件建立方向电流保护的仿真模型。2.按照指导书的步骤,对参数进行设置。3.分析仿真结果。思考(小组探究):双侧电源供电所带来保护装置误动的问题	1.设计典型的电力系统网络图;2.学生分组;3.指导学生利用仿真软件建立仿真模型;4.针对每组存在的问题进行指导;5.提出问题:双侧电源供电所带来保护装置误动的问题如何解决	1.分组讨论;2.根据网络图在 Matlab 仿真软件上建立 Simulink 仿真模型;3.设置不同参数,记录比较仿真结果;4.在学习通讨论解决误动的问题	1.通过的仿真软件建立直观的仿真结果,弥补传统抽象的原理讲解;2.通过小组讨论解决教学难点。培养学生团队合作意识;3.通过竞争意识调动学生的积极性	在建模过程中融入理性精神和求实精神。设定参数时融入灵活变通,创造思维
重点知识讲授（15分钟）	1.方向过电流保护工作原理;2.解决方法:设置"方向元件"判别故障方向;结论:相同动作方向保护的动作时间仍按阶梯原则进行配合;$t_1 > t_3 > t_5 \quad t_6 > t_4 > t_2$	1.教师对仿真结果进行评价;2.通过动画讲解方向过电流保护的原理;3.安排学生在学习通讨论如何判断故障为正方向;4.分析总结	1.学生在学习通上传仿真结果;2.讨论如何判断故障的正方向及反方向,总结规律;3.小组讨论分析动作时间阶梯原则设置的原因;4.结合自身的理解总结工作原理及阶梯配合过程	通过学生讨论和教师讲授的形式开展教学内容。教师引导学生去思考和理解,去分析和总结	故障的方向性融入相对论的课程思政。时间的阶梯性原则融入相互配合、相互合作、相互成就的思政元素

表 3-14(续 2)

第二学时(45 分钟)					
教学环节	教学内容	教师活动	学生活动	设计意图	课程思政
实践操作（20分钟）	实验装置的基本要求和安全操作规程,按照原理图在实验台上进行接线。进行定值的设定,参照保护装置定值修改作业指导书,记录数据 六、保护装置定值修改项目、工艺标准和安全注意事项 	1. 讲解实验装置的使用方法; 2. 强调实验中注意事项; 3. 在学习通中设置学生提交实训方案的环节; 4. 检查接线是否正确,操作是否规范,有无错误; 5. 提醒实训过程中容易出现的问题; 6. 归纳总结,分析每组的优点并提出表扬。对缺点提出改进的意见	1. 熟悉实验装置; 2. 提交实验方案; 3. 分组合作在实验台接线; 4. 验证方向过电流保护的动作特性; 5. 进行定值整定。保护装置中输入电流值和时间参数; 6. 总结实验方案中出现的问题、反思、改进	1. 通过老师讲解,学生熟悉实验设备的使用方法; 2. 以学生为中心,通过操作,提高学生的实践能力; 3. 通过团队合作获得荣誉。培养团队合作意识	保护装置中各元件配合动作融入团队合作的力量相互配合才能实现既定的目标。规范的操作融入"规范与原则在心中"的思政点
理实虚综合评价（10分钟）	1. 故障点分析; 2. 故障和故障的排查和标准作业规程; 3. 分析数据的变化趋势; 4. 比较仿真结果和实验结果 反向故障　　正向故障:每线指向线路	1. 教师设置故障点; 2. 教师引导学生回答哪些地方会出现故障; 3. 教师总结学生的讨论结果; 4. 分析比较仿真结果和实验结果; 5. 老师针对学生讨论过程中的出现问题进行解答; 6. 老师做总结	1. 学生查找故障点; 2. 学生分组讨论可能出现的故障形式; 3. 在学习通上传每组的仿真结果和实验数据; 4. 学生分组讨论方向元件的作用; 5. 每组组长提出小组讨论的困惑	通过虚拟仿真、实践操作和理论讲授三者的结合,共同验证了方向电流保护可能出现的误动作的结果。让学生体会科学探索精神和求真精神	讲授方向元件作用时融入科学思维中的逻辑性原则

表 3-14(续 3)

教学环节	教学内容	教师活动	学生活动	设计意图	课程思政
归纳总结(5分钟)	整体评价: 在双侧电源辐射形电网或单侧电源环形电网中,并不是所有的电流保护在反方向故障时都会误动作。因此,也并不是所有的电流保护都要装设功率方向元件。 除了单电源供电环形电网的电源母线外,对侧有电源的母线两侧保护,当动作时限不等时,小者装;当动作时限相等时,两者都装	1. 提出要求:让学生总结方向电流保护的特点; 2. 播放视频《外太空能源》。 3. 布置任务课后找资料:外太空能电源除了核电池外还有哪些	1. 学生分组讨论在学习通上传对方向电流保护的认识; 2. 观看拓展视频,思考有哪些新能源及获得的方式	1. 总结方向元件使用的场合; 2. 短视频可拓展学生的学习领域	只有认识自己优点和缺点,才能在适当的时机取长补短
教学评价(10分钟)	知识考核(25分):线路相间短路方向电流保护原理的分析,方向元件的设定原则; 技能考核(25分):绘制阅读输电线路方向电流保护展开图、端子图、安装图; 学习态度(15分):具有良好的职业道德,团队精神和协作精神,与组内成员友好合作; 总体评估(35分):教师通过现场抽查、答辩、布置临时作业等多种方式评估,教师根据考核情况确定等级	1. 教师结合线上和线下的两种形式对每一位同学做出客观评价; 2. 对于课堂互动分值高的学生和小组提出表扬,鼓励分值低的同学下次努力	1. 学生之间互评,取长补短; 2. 认真听取教师全过程评价和总结	从职业素质、专业能力和创新能力方面来综合评价。激励学生全面发展	培养学生严谨、细致的职业素养

表 3-15 课后

教学环节	教学内容	教师活动	学生活动	设计意图	课程思政
专业知识和技能拓展	1. 课后作业; 2. 完成思仿继电保护公众号《电流回路安全措施》视频学习,并结合自己的感受写一份心得; 3. 实训室继续加强实践训练,发挥创新意识	线上线下指导	在公众号上查阅资料完成讨论题,线下熟练仿真软件和操作规程。	通过公众号内的相关消息、视频和服务拓展专业领域知识,提升技能	安全意识应该放到第一位

（五）课后反思（表3-16）

表3-16　课后反思

授课实效	1. 教师利用理论讲解、虚拟仿真、实际操作相结合的方式,加深教学重点的理解,解决教学过程中的难点 2. 将学习中的不断自我认知与反馈、工程伦理和企业规范意识贯穿到教学过程中 3. 超高压供电局企业标准 Q/NCG ZY 0619—2021 断路器二次回路检查及故障处理作业指导书引入实训操作环节,规范操作步骤 4. 对于相同知识点的内容,课后测验成绩相对于课前和课中测验有一定的提高 **任务四　方向电流保护**
存在不足	1. 课程思政与专业知识的融合度不高 2. 对学生的思维拓展宽度不够,原因是对前面知识应用较少 3. 学生理解问题的深度不够,对部分知识点掌握得不够全面;在课后测试环节中发现仍有少部分同学对知识点的掌握达不到100%
改进设想	1. 引入 VR 可视化教学系统,改进教学实操系统 2. 不断探索更优质的教学活动 3. 课后继续教学重难点的讲授,通过作业巩固知识点

第四章 人才培养模式的创新与实践

第一节 现代学徒制人才培养模式的创新与实践

以内蒙古化工职业学院机电一体化技术专业为例,探讨现代学徒制人才培养模式的创新实践。

一、指导思想

为贯彻党的十八届三中全会和全国职业教育工作会议精神,深化产教融合、校企合作,进一步完善校企合作育人机制,创新技术技能人才培养模式,根据《国务院关于加快发展现代职业教育的决定》(国发〔2014〕19号)要求,开展现代学徒制试点工作。

内蒙古化工职业学院与呼阀科技控股股份有限公司本着合作共赢、职责共担原则,充分发挥各自优势和潜能,创新合作机制,积极在内蒙古化工职业学院机电一体化专业开展现代学徒制试点项目,形成校企分工合作、协同育人、共同发展的长效机制,不断提高人才培养的质量和针对性,促进职业教育主动服务当前经济社会进步,推动职业教育体系和劳动就业体系互动发展。

二、重点任务

(一)建立双主体育人机制

现代学徒制的主要特征:一是"双主体"育人,学校和合作企业均是育人主体;二是学校教师和企业师傅(导师)组成的"双导师"师资队伍,学校教师和企业师傅(导师)均承担教学任务;三是学生具有双重身份,学生既是学校的学生,又是企业的员工;四是学校、企业、学生共同签订现代学徒制三方协议。校企双方需按照《教育部关于开展现代学徒制试点工作的意见》要求,重点探索符合上述特征的现代学徒制的人才培养模式和管理制度。

学院与企业双方以企业的用人招工需求为标准,制定现代学徒班招生考核标准,采用"招生即招工、入校即入厂、校企联合培养"的现代学徒制培养模式,在"合作共赢、职责共担"的基础上,实施校企双主体育人、学校教师和企业师傅双导师教学,双方共同组建现代学徒制培养执行团队,明确团队结构及分工职责。

在现代学徒制试点班中,学校、企业、学生三方达成明确的协议,形成校企联合招生、联合培养、一体化育人的长效机制,切实提高学生的综合素质和技术技能培养质量,推进产教融合发展。

（二）积极推进招生与招工一体化，完善人才选拔与录用机制

校企双方共同完成"招生即招工"的人才选拔与录用过程；共同制定招生招工一体化方案，确定招生计划，明确招生对象、招生规模；共同制定招生简章，共同负责招生（招工）宣传工作；共同完成生源资格审查以及考核录取工作。录取工作完成后，学校、企业、学生三方签订联合培养协议。

三、组织实施

（一）明确现代学徒制校企职责

现代学徒制是将传统学徒形式与现代职业教育有机结合的一种形式，核心要义是学校与企业进行合作的职业教育，在现代学徒制人才培养模式中，学校和企业双方都有明确的职责和义务，双方的目的均是培养出合格的现代学徒。

从多方合作的角度出发，现代学徒制人才培养模式可以看作一个合作机制，其中包含政府教育主管部门、职业院校、相关行业企业和学生个人几方面，为了保证合作的公开透明和顺利开展，各方面都具有各自的权利和义务。企业和学校是现代学徒制的主体，校企双方以特定的方式参与现代学徒制人才培养过程，双方互有参与、知情和监督等权利。因此，校企双方的职责权利并不是凭空臆想和强制规定的，是在双方不断深化合作的过程中，逐步商讨构建而成，最终的目的是将人才培养模式改革的成果惠及全体学生。

职业院校要注重学徒制学生的选拔培养，以冠名班的方式单独编班，人才培养方案和课程体系有培养特色，以示对学徒制学生的重视，学校在教学过程中把控好培养质量，制定合理可行的考核方法，使学徒制班里的每名学员都能在理论知识和实践技能等方面达到要求。同时，也要注重学生职业素养和敬业精神的培育，为毕业后顺利进入合作企业适应岗位工作打下坚实的基础。

企业方面要给予学徒制班级的学生在就业方面的政策倾斜，以准员工的身份为学生提供必要的帮扶，通过奖学金或者助学金的形式形成对学生的奖励激励政策，提高学生的归属感和荣誉感。教学过程中，与职业院校合作共同设置有企业特色的课程和实训条件，在不影响生产经营的情况下，尽量为学徒制班级提供现场参观学习、跟岗学习和顶岗实习的机会，保障学生毕业前锻炼岗位技能，使学生成长为符合企业用人要求的学徒。

（二）建立现代学徒制试点专业双导师团队

现代学徒制遵循校企"双主体"育人的方针，基于现代学徒制学生（学徒）的双重身份，由校内教师（学校导师）与企业师傅（导师）"双导师"共同实施教学。以保证现代学徒制教学工作正常运行为目的，探索建立现代学徒制"双导师"教学团队的运行和管理机制，充分调动校内专任教师参与现代学徒制试点工作的积极性，全面推动现代学徒制试点工作顺利实施。

（三）校企共建实训基地

为大力发展职业教育，深化产教融合、校企合作，进一步完善校企合作育人机制，实现

专业设置与产业需求对接,课程内容与职业标准对接,教学过程与生产过程对接,毕业证书与职业资格证书对接,职业教育与终身学习对接,提高人才培养质量和针对性,实施以现代学徒制教学模式,为企业培养既有良好职业素质又有很强的操作技能的应用型人才,双方同意建立校企合作关系,甲乙双方互相在对方单位挂牌,建立"企业职工培训基地""现代学徒制校外实训基地"。

根据高等教育有关校企合作,走"产、学、研"相结合道路的发展要求,本着双方互惠互利的原则,甲方根据教学计划和课程教学大纲的要求,在不影响乙方正常生产的前提下,派遣学生到乙方实习,乙方根据学生实习期的内容、项目和课题安排学生到协议单位,以保证学生能顺利完成实习内容,为毕业后服务企业奠定良好的基础。

四、保障措施

(一)成立领导小组,细化分工

为保证机电一体化技术专业现代学徒制试点工作的有序开展和顺利进行,提升试点工作质量。根据内蒙古化工职业学院现代学徒制试点工作开展的总部署,经系部和合作企业共同研究决定成立内蒙古化工职业学院机电一体化技术专业现代学徒制试点领导小组(以下简称领导小组)。

领导小组主要职责是负责机电一体化技术专业现代学徒制试点工作实施方案的制定与实施,建立健全校企双主体育人长效机制,研究制定现代学徒制保障措施,监督现代学徒制试点工作运行等一系列工作,促使现代学徒制试点工作取得成效。

领导小组下设五个工作小组:校企协同育人机制组、招生招工一体化组、人才培养制度和标准组、校企互聘共用教师队伍组、体现现代化学徒制特点的管理制度组。

(二)成立现代学徒制学生管理工作组

为了更好地促进现代学徒制试点工作的开展,成立现代学徒制学生管理工作组。现代学徒制学生管理工作组根据工作分工成立学生管理宣传工作小组、学徒制学生管理工作小组、学生管理考核评定工作小组三个小组。

学生管理宣传工作小组的职责是负责学生管理制度文件的起草、协调工作;向机电一体化专业全体学生组织开展成立学徒制试点班的一系列宣讲工作以及解答学生对学徒制的疑惑;向学徒制讲解学徒制文件,以便学生与家长系统了解学徒制试点班优越性以及实际意义。

学徒制学生管理工作小组的职责是完成学徒制管理表格;负责学徒制管理表格的发放、审核、收取、统计。

学生管理考核评定工作小组的职责是依据学生管理制度,对在企业的20名同学进行考核材料核查;本着对企业对学生负责的态度,以企业成绩为主,结合企业生产副总姚胜友经理的意见及班主任老师及周围同学的综合评价,最终确定学徒制试点班学生的管理考核。

(三)建立完善的现代学徒制管理制度

内蒙古化工职业学院机电工程系根据与呼阀科技控股股份有限公司实际合作情况讨

论制定了完备的现代学徒制管理制度,主要有《内蒙古化工职业学院机电一体化技术专业呼阀科技控股股份有限公司现代学徒班学徒考勤管理制度》《内蒙古化工职业学院机电一体化技术专业呼阀科技控股股份有限公司现代学徒班学徒上班管理制度》《内蒙古化工职业学院机电一体化技术专业呼阀科技控股股份有限公司现代学徒班学徒其他管理制度》《内蒙古化工职业学院机电一体化技术专业呼阀科技控股股份有限公司现代学徒班学徒考核评价办法》等。

第二节　工匠班人才培养模式的创新与实践

以内蒙古化工职业学院的化工自动化技术专业为例,探讨工匠班人才培养模式的创新实践。

内蒙古化工职业学院发挥化工自动化技术专业特色优势,紧密对接内蒙古自治区新型化工重点产业链,以深化产教融合、科教融汇为主线,积极与内蒙古自治区化工行业领军企业开展全方位合作,开设"久泰工匠班",培养适应和引领现代产业发展的高端技术技能型创新型人才。

一、培养目标

内蒙古化工职业学院"久泰工匠班"紧密对接内蒙古自治区新型化工重点产业链,立足学院国家级煤化工技术"双高"专业群和自治区化工装备技术"双高"专业群,构建产教融合、校企合作的协同育人体系,切实将工匠精神贯穿人才培养全过程,提升人才培养质量,促进高质量就业。"久泰工匠班"充分发挥校企双方的特色与优势,以企业生产过程情境为依托,坚持德技并修的培养目标,高质量、高标准地培养一批服务区域经济社会发展的高素质技术技能型人才。通过发挥"久泰工匠班"示范引领作用,以点带面,辐射专业,推进学院全面发展,为行业企业输出高端技能人才,服务经济社会,提高学院核心竞争力,提升高等职业教育的社会影响力和吸引力。

"久泰工匠班"引领学生用踏实肯干的态度,扎实熟练的技艺,跟随智能制造的发展潮流,围绕自治区新能源、新材料、新型化工、现代装备制造等现代产业链,立足于化工自动化的基本要素,熟练掌握和应用化工自动化仪表及装置的选型、安装、操作、校验、维护,培养能从事化工自动化仪表及装置的选型、安装、操作、校验、维护等工作;同时具备过程控制设备参数整定、程序编制和运行维护的工作能力,能适应企事业单位生产、管理、服务等第一线需要的具有工匠精神和实践能力的技术技能型人才。

二、组织架构

在学院招就处、教务处的统筹指导和管理下,成立以机电工程系书记、主任牵头的领导小组,指导教研室、实训科、学生科具体负责教学管理与学生管理等工作,为"久泰工匠班"配备优秀的导师团队(含辅导员)。班级导师是"久泰工匠班"学生培养的第一责任人,承担理实一体的教学任务,并担任学生的思想导师,引领学生全面健康发展。辅导员协助导师处理学生第二课堂、劳动实践及其他日常管理事务。教务处、招就处在政策、运行机制等方面做好指导、管理与服务。

工作组织主要职责:研究、确立"久泰工匠班"的指导思想、方式及步骤;组织"久泰工匠班"的实施工作;组织、制定"久泰工匠班"人才培养方案、落实方案执行。

三、重点任务

(一)遴选服务重点产业的企业及试点专业

紧密围绕内蒙古自治区新型化工重点产业链发展需求,学院遴选与行业内影响力大、品牌效应高的领军企业开展深度校企合作,打磨成立内蒙古化工职业学院"久泰工匠班"。

(二)健全完善人才培养制度和标准

根据化工自动化技术专业培养目标,结合内蒙古自治区行业企业对岗位的人才需求,将"久泰工匠班"学生能力培养定位为具有技师技术水平的高水平技能人才,采用"2+1 分段式"培养模式。内蒙古化工职业学院组织高水平师资力量与领军企业高级工程师、技师、能工巧匠等共同制定"久泰工匠班"人才培养标准及培养方案。校企双方邀请化工行业专家结合新型化工自动化岗位标准对"久泰工匠班"的人才培养标准、课程设置、实习及实训环节等内容进行诊断与改进,确保所有专业理论课程和实践项目均具备教学标准和实施规范,教学过程中贯通国家职业技能等级标准与行业企业标准,培养具备一定科学文化素养,良好的职业道德和工匠精神、较强的就业创业能力的全面发展型人才。

(三)构建校企协同育人模式

依据学院对"久泰工匠班"的培养标准,以强化实践能力、创新能力为核心,重构课程体系和教学内容。对接企业岗位,打破原有的教学课程体系,融入企业定制工程项目,开发基于工作岗位的课程与课程体系。校企共同协作,挖掘"以岗导学"内涵,挖掘岗位工作内容和标准,将课程内容与工作内容对接,课程标准与岗位标准对接,教学过程与生产过程对接,评价标准与行业技术标准对接,发挥企业导师的作用,提炼优秀的工匠精神、工作经验、技能技巧融入人才培养全过程。校企共同遴选自动化专业骨干教师、企业一线技术骨干组建"双导师"教学团队,按照"岗位培养、岗位成才"的原则,根据"久泰工匠班"学生所从事的工作岗位,共同构建实施"一体双位四合"的人才培养模式,不断完善自动化专业工匠班人才培养方案。

明确"学校、企业、学生"三方权利和义务,形成产教融合、共建共享的合作机制,为学生提供稳定的生产经营性实训岗位、生产性实训基地。以校企合作为基础,以培养"工匠精神"为核心,以课程为纽带,以双方的深度参与、双导师的深入指导、校内实训环境和企业的工厂环境为支撑,推行"一体双位四合"的人才培养模式。一体是指学生是主体;双位是指由学校、企业双方共同培养;四合是指理论教学与实践教学融合,校内实训基地与企业生产基地结合,学校导师与企业导师结合,专业学历证书与职业资格证书结合。

校企共同建设基于工作内容的专业课程和基于典型工作过程的专业课程体系,推动课堂教学与岗位实习相结合的教学模式改革,将企业实际生产项目引入教学中,企业实践课程占专业课程之比不低于 50%,学生在企业生产经营岗位、生产性实训基地学习累计时间不低于1年。

探索科教融汇新路径。在校企共同制定培养目标与培养方案、共同实施人才培养的前提下，将企业科技创新融入教学环节，培养学生的科研素养和研究兴趣，引导学生参与真实科研项目和技改项目，在创新创业教育和实践教学活动中全面提高学生的创新精神和创新能力；另一方面，鼓励"久泰工匠班"教学团队教师到企业挂职锻炼，主持或参加企业科研项目和技术改革，提升教师的科研意识和实践能力；同样鼓励企业导师参与到专业教材的设计和编写过程中，实现职业院校办学、产业转型升级和行业企业职业岗位的无缝对接，提升技术技能型人才培养的精准度。

(四)建设校企互聘共用的高水平师资队伍

优化师资队伍，共建教学团队。积极推进教师和企业技术人员互聘共用，建立教师到企业实践和企业人才到学校任教常态化机制。校企共同遴选自动化专业骨干教师和企业一线技术骨干组建"双导师"教学团队，共同担任"工匠班"校企导师。校企合作研发，以企业研发中心为引领，以"双导师"教学团队为研发主力，承接企业技术任务，帮助企业攻关生产技术难题。多措并举助力"双导师"的"双师"素质提升，建设一支"有理想信念、有道德情操、有扎实学识、有仁爱之心"的"双师素质型"高水平师资团队。

"久泰工匠班"的教师团队由校内专任教师和企业教师组成，需具备中级或技师及以上专业技术职称。实行校企"双导师"模式。校内导师需要具有扎实的理论基础、系统的专业知识和较高的技能水平，能够准确把握专业发展方向，有效指导和从事专业建设和社会服务；聘请具有行业影响力和"工匠精神"的行业、企业专家作为校外导师及客座教授，指导、组织开展校内外实训、人才培养方向定位、人才培养方案和课程体系制定等，"双带头人"共同带领教师开展专业建设。

校内专任教师要具备工程实践经历，3年内到企业实践累计不少于6个月，其中部分课程的教师要具备一定年限的企业工作经历。企业要选派经验丰富的企业一线专业人才、能工巧匠参与"久泰工匠班"人才培养，并承担企业课程教学任务，担任学生在企业学习阶段的导师，企业高级职称人员应参与1~2门专业实践课程的讲授。通过企业导师将行业企业新装备、新技术、新工艺等引进课堂，提升学生在未来就业岗位上的竞争优势。

(五)打造特色鲜明的专业化实习实训基地

高等职业院校以培养技术技能型人才、科学研究和社会服务为主要办学目标，专业化实习实训基地是专业发展的基石，是培养技术技能型人才的平台。"久泰工匠班"拟建设融"教学、培训、科研、技术服务、创新创业"五位一体特色鲜明的化工自动化校内外实习实训基地，完善实训设备，助力"久泰工匠班"学生取得相应的职业技能等级证书。切实提高"久泰工匠班"学生的创新精神、实践能力和职业素养，让"久泰工匠班"学生未来的发展空间更加广阔。

1.创设"一体化、融合型"实训模式

根据化工自动化专业融合发展和高端技能培养的要求，学校通过改建、扩建、整合，同时按照具备"教学讨论区、技能操作区、作品展示区、安全保障区"的五区集成建设标准，对实训空间进行提档升级，将化工自动化专业实训基地打造成设施先进、功能完善、特色明显、示范引领的开放型、服务型、创新型实训基地。

2.校企深度合作,共建生产性实习实训基地

紧密结合现代化工产业建立校企共建"双师型"教师培养培训基地和教师企业实践基地。利用企业设施、设备等条件开展实践教学,共建生产性实训基地,充分调动学校、企业两个主体的积极性,可以降低企业的生产成本,大大提高学生的操作技能,对岗位适应有很好的促进作用,实现校企双赢。

3.对接产业需求,建设现代产业学院

围绕区域产业升级需求,学校和企业联合组建团队,建设现代产业学院。校企联合开发教学资源,联合组织教学实施,联合开展教学评价,实现校企共育的人才培养模式,将人才培养标准对接行业企业岗位需求,课程设置对接岗位要求,学生的素质对接企业的需求,实现产业学院面向行业企业"定制化"人才培养,校企双方优势互补、资源互用、利益共享,推动职业教育产教融合的可持续发展,为内蒙古区域经济发展提供高素质技术技能人才。

（六）完善教学管理与考核评价体系

"久泰工匠班"实行小班授课,鼓励学生加盟职工创新工作室,积极参与技术攻关、工艺优化、研发创新、回馈社会等项目任务。

"久泰工匠班"持续完善教学管理机制,建立教学沟通机制,教学监督考核机制,不断规范教学过程管理,重点针对专业人才培养的核心环节——专业教学标准、课程标准、课程教学实施等环节开展教学诊断与改进工作,不断完善专业内部质量保障制度体系和运行机制,从而促进企业在参与教学过程中逐渐形成有序状态。建立"工匠班"质量评价体系,引入第三方评价机构,对参与专业进行质量评价。建立"久泰工匠班"培养计划考核和退出机制,培养期间实施动态管理,确保"久泰工匠班"人才培养质量。

"久泰工匠班"人才培养计划的实施将进一步增强学院校风学风建设,切实提高学院人才培养质量,导师将与学生建立共同发展、共同进步的奋斗目标,为培养创新型能工巧匠、大国工匠打下坚实基础。

四、组织实施

（一）组建教师团队

在确定"久泰工匠班"模式之后,学院多次与企业进行深入沟通交流,组织召开专题研讨会,分析企业岗位需求特点,结合校内实训教学硬件设备资源及校内师资团队优势,最后选取机电工程系化工自动化技术专业作为试点专业,将校企联合办学——"久泰工匠班"计划落地实施,有序推进,跨出了践行自治区现代职业教育高质量发展的重要一步。

"久泰工匠班"设主导师1名,副导师1~2名;优先遴选工匠班培养计划教师团队负责人担任主导师,副导师可以由教师团队其他教师担任,也可由校外相关领域的技术人员担任。

导师应具备的条件:

(1)实践经验丰富、专业素质优良、管理协调能力突出,具备高级专业技术职称;企业生产经验丰富、技改研发水平出众、具备高级工程师专业技术职称。

（2）能为学生提供稳定的生产经营岗位、生产性实训基地，提供的工位数量不少于班级学员数量。能开发持续性、常态化的真实生产项目，工作任务明确具体。

（3）能制定符合相关领域工匠培养要求的人才培养方案，方案科学规范、特色鲜明、针对性强，所有项目和课程均具备标准和规范。

（4）能指导学生参加创新创业大赛、职业院校技能大赛，所带班级获得以上奖项3项以上。

（5）能保证"久泰工匠班"学生就业率达到100%，初次就业薪酬不低于4 000元，或能指导学生实现自主创业。

（二）班级组建

坚持"专业对口、德技兼备、择优选用"原则遴选工匠班学生。工匠班的培养周期原则上为3年。三年制的学生在二年级第一学期（或一年级暑期）经遴选进入班级。在学生自愿报名基础上，择优遴选基础扎实、专业技能高、实践能力强、思想品行好、德能综合表现位列班级前50%；获得市级、省级技能大赛奖项的学生。学生提出申请经导师团队对其进行考察，考核同意后，可直接进入工匠班学习，培养期间实行动态管理，建立淘汰机制。

工匠班实行小班特色化培养，学生数量原则上控制在15~30人/班，培养期内完全脱离原班级管理，重组班级（限在本专业群遴选组班）。培养期间按照常态化班级进行组织管理，实施"一体双位四合"的培养模式。

（三）教学管理

依据工匠班人才培养方案，完善"一体双位四合"综合育人模式，着力改革课程体系和教学形式，工匠班由导师团队单独制定人才培养方案，统筹安排课程模块和生产性实训项目，除国家规定必修的公共课程以外，其他课程与教学项目由导师团队自行确定。工匠班对学生不做公共选修课、拓展活动课要求，导师团队可根据教学需要自行确定实践教学项目置换上述课程。

教学内容以企业真实生产任务、职业技能等级证书培训项目、技能竞赛项目、创新创业实践项目、技术研发项目等为主要载体，严格执行教学计划安排，编制教学计划落实教学活动和工作任务。强化工作中的教学设计，为学生提供项目的整体安排、完整流程和具体要求，做好项目实施前的引入和实施后的总结，为学生提供学习资料或工作手册。加强教学文件整理和教学资料积累，并合理有效存档。

依托现代信息技术，采用项目教学、探究式教学等方式，系统培养学生的工程实践能力、创新创业能力，鼓励工匠班学生承担综合性项目，与企业共同开展产品研发，协同解决技术难题，培养学生处理综合问题和复杂问题的能力。确保实践性教学学时占比不低于60%，专业课程中理实一体化课程占比不低于80%。

（四）教学安排

1. 常态化项目安排（表4-1）

表4-1　常态化项目安排

序号	生产性实训项目	学时	学期安排
1	项目1:检测仪表的校验和维护	78	3
2	项目2:执行器的校验和维护	56	3
3	项目3:PLC系统的安装、调试、维护	70	3
4	项目4:DCS的操作和维护	78	4
5	项目5:控制系统的设计、投运及故障处理	78	5
6	项目6:SIS系统的操作、管理和维护	78	5
7	项目7:控制系统网络安全调试、维护	56	5
8	项目8:自动化装置安装、布线与维护	78	5

2. 知识与理论项目安排（表4-2）

表4-2　知识与理论项目安排

序号	项目模块	学时	学期安排
1	课程1:电工基础	48	1
2	课程2:电子技术	48	2
3	课程3:电气识图与CAD	24	2
4	课程4:化工基础	20	1

3. 随机性项目安排

以创新创业实践项目、教师技术研发项目、企业技改项目等为主要载体,充分激发学生的创新意识,挖掘学生的潜在能力。

（五）常态化项目实施案例

项目一:检测仪表的校验和维护。

1. 项目名称

检测仪表的校验和维护。

2. 项目来源与任务描述

来自企业真实项目,属于仪表维修工基本操作。根据久泰能源(准格尔)有限公司仪表部检维修操作规程、石油化工自动化仪表选型设计规范完成检测仪表设备的选型、安装、组态、调试、维护。

3.学习目标(表4-3)

表4-3　学习目标

知识目标	能力目标	素质目标
1.掌握过程检测仪表的基本理论知识； 2.掌握典型工业自动化检测仪表的组成原理、使用特点及应用场合； 3.掌握过程检测仪表选型与安装的基本知识； 4.学会过程检测仪表的单校、联校方法； 5.了解检测仪表的验收标准，检测仪表的国内外供货信息； 6.了解检测仪表工程安装与维护的相关知识	1.具有根据工艺要求合理选择常用温度、压力、流量、物位等检测仪表的能力； 2.能够根据工艺要求正确完成检测仪表的安装与接线； 3.能够根据仪表说明书的要求正确进行检测仪表的调校； 4.具备典型自动化检测系统(温度、压力、流量、液位)的投运、参数整定能力； 5.能够进行过程检测仪表的测量误差分析，并能提出提高测量准确性和可靠性的措施； 6.具备判别过程检测仪表常见故障并对故障进行排除的能力	1.在以工作过程为主线的项目教学中，锻炼学生的团队合作能力、工作态度和责任感、专业技术交流的表达能力； 2.通过工程实例的训练，把抽象的原理、概念等具体化，激发学习的兴趣和动力，培养学生从多角度全面对待问题及解决问题的能力； 3.拓展学生的学术视野，在项目设计过程中，激发学生制订工作计划的能力； 4.锻炼学生获取新知识、新技能的学习能力； 5.锻炼学生解决实际问题的工作能力； 6.在学习过程中，锻炼学生的思辨能力，培养学生承受挫折能力

4.工时(学时)安排

78学时。

5.工作内容与学习内容(表4-4)

表4-4　工作内容与学习内容

学习内容	教学组织与方法	教学条件与学习资料	学习成果	对应课程
1.常见压力仪表选型、维护注意事项； 2.常见温度仪表选型、常见故障处理； 3.常见流量仪表选型、常见故障处理； 4.常见物位仪表选型、常见故障处理； 5.常见分析仪表选型、常见故障处理； 6.常见仪表操作，包括3 500的参数检查、质量流量计的参数修改、智能仪表参数修改	讲授法、任务驱动教学法、分组讨论教学法、现场实操法	校内实训室和企业仪表校验室、现场真实环境	1.工作单 2.总结分析报告	过程自动化仪表、过程自动化仪表实训

6.成果检验与考核方式

(1)成果检验

本项目主要训练学生实践动手能力,主要考查学生在各项工作任务中表现出来的综合动手能力。根据仪表部检维修操作规程、《石油化工可燃气体和有毒气体检测报警设计标准》(GB/T 50493—2019),采用项目总结报告和工作单的形式增加对学生完成项目的过程和结果的评价。项目完成过程中是否考虑了仪表的精度,体现精益求精的工匠精神,过程性考核在总成绩中所占比例不少于60%。

(2)评价方式

本项目采用校内教师、企业教师共同评价和学生互评相结合,过程评价和结果评价相结合,理论评价、实践评价和职业精神评价相结合的方式,职业关键能力的考核以实际操作为主要形式,以成果为标准,注重过程性评价。

(3)计分方式(表4-5)

表4-5 计分方式

项目	比例/%	评分要点
操作平时成绩	45	平时操作要点是否掌握
操作考试成绩	15	按考工要求评分
劳动纪律	10	考勤、遵守纪律等
成果	15	根据完成情况给分
安全文明生产、职业素养	15	安全意识、团队合作意识、工作态度

(六)学习成果认定

"久泰工匠班"学生完成人才培养方案中规定的学时学分,每位学生考取"仪器仪表维修工""仪器仪表制造工""化工检修电工"等至少2个职业技能等级证书;每班实现就业率与专业对口率100%,参加创新创业大赛、职业院校技能大赛获得自治区及以上奖项不低于3项,完成培养目标。

1.导师团队根据工匠班学生学习成绩和工作业绩对其进行考核并记载成绩,对于成绩不合格的学生及时预警,有2门课程考核不合格的,应劝其退出。

2.学院负责组织制定"久泰工匠班"课程与原专业课程置换方案,教务处于每学期末组织开展学分认定工作,并将成绩统一录入教务管理系统。

3.对于工作任务完成情况优良、课程考核合格,达到规定的培养目标的学生,学院授予"内蒙古化工职业学院技术能手"荣誉称号并颁发证书,记入学生档案。

(七)评估评价

通过第三方评价机构、学生、家长、用人单位多方不同利益主体从不同的角度对"久泰工匠班"人才培养成效进行评价,确保教学过程与教育质量考核结果的科学性、公正性和专业性。

建立以学生职业能力为核心的多维评价机制。邀请行业专家一起参与制定考核评价标准和办法,根据课程内容对知识、能力、素质的要求确定考核评价的内容,围绕"职业技能+职业素养"开展综合性常态化的共同考核评价,形成可操作、易实施的"久泰工匠班"学业评价标准。对学生学习成果进行考核评价,突出项目实战业绩,明确阶段性技能目标并及时开展考核,形成成绩认定与学分转化方案,有效开展成绩认定,达到"以评促学、以评促教"的目的。

学习评价兼顾认知、技能、素养三个方面。每门课程制定科学的评价标准。评价方式应体现多元化。将技能大赛的评分标准引入相关课程评价标准,学生通过以赛代练的方式掌握该门课程。

学生作为被培养对象,根据入校前后自身的培养效果,对师资队伍、教学条件、校内外实训条件、课程设置等进行主观感受评价。用人单位及相关职业资格鉴定部门等第三方评价机构对本专业输送的毕业生是否适应自治区社会、经济、文化、科技以及教育发展的需求做出评价。

根据多方评价结果对人才培养方案进行动态安排和持续改进,周而复始,使所建立的专业人才培养方案在有序的循环过程中实现阶梯式螺旋上升,保证人才培养质量不断提高。

五、保障措施

(一)加强组织领导,落实主体责任

内蒙古化工职业学院根据"久泰工匠班"的办学要求,成立由学院领导统筹调度,机电工程系书记、主任牵头落实,企业的生产及人力部门协同配合的组织架构。机电工程系电气工程教研室落实教学主体责任,完成"久泰工匠班"人才培养方案的制定、岗位标准的对接等任务,选派自动化专业最优质的师资队伍与企业高技能工程师共同完成理论及实践课程的教学实施讲授,体现出"久泰工匠班"的特色与优势。

(二)建立管理制度,完善机制体制

机制体制的建设和完善是"久泰工匠班"教学实施的基础和保障。"久泰工匠班"教学团队认真学习研究职业教育方针政策和内蒙古自治区化工行业发展规划,结合化工自动化技术工作岗位要求和标准,以技术技能提升、工匠精神培育培养为目标,制定和细化了"久泰工匠班"人才培养方案和课程体系标准,建设完善了"班级建制和工匠班学生选拔淘汰管理办法""校内外实习实训基地管理办学""工匠班教学运行督导管理制度"等保障制度,引入第三方考核评价及成果认定机制。通过机制体制的建设与完善过程,逐步推动"久泰工匠班"教学及管理的科学化、制度化、规范化发展。

(三)引入绩效评价,强化经费保障

内蒙古化工职业学院与企业共同建立了"久泰工匠班"经费保障机制,引入科学化绩效评价标准,充分激发调动教师的工作热情和学生的学习氛围。内蒙古化工职业学院设立了"久泰工匠班"专项奖助学金,企业在学院奖助学金的基础上,进一步补充和完善了企业奖学金、困难补助、实习补助、毕业免试入职等一系列优惠政策。校企双方对于校内教师深入企业教学授课和企业工程师入校教学讲座配套给予更为优厚的薪资待遇奖励,着力通过经费保障政策,提升"久泰工匠班"人才培养计划的实施成效。

第三节 "1+X"人才培养模式的创新与实践

以内蒙古化工职业学院的城市轨道交通机电技术专业为例,探讨"1+X"人才培养模式的创新实践。

城市轨道交通机电技术专业根据校企合作、共享资源、共赢发展的专业建设模式的需要,本专业重点建设了实践性教学基地。在校内实训中心,模拟真实岗位训练、职场氛围与企业文化,在实践教学方案设计与实施、指导教师配备、协同管理、实习实训安全保障等方面与企业密切合作,提高实践教学效果。在建设硬件设施的基础上,配套建立了校内城市轨道交通实训中心、校外实习基地运行机制与管理制度,为校企合作、工学结合的良性发展奠定基础、创造条件,以适应人才培养的需要。

一、"1+X"证书情况

城市轨道交通站务职业技能证书等级分为三个等级:初级、中级、高级。三个级别依次递进,高级别涵盖低级别职业技能要求。适用高等职业学校的以下专业:城市轨道交通运营管理、铁道交通运营管理、高速铁路客运服务、城市轨道交通通信信号技术、城市轨道车辆应用技术、城市轨道交通机电技术。

城市轨道交通站务职业技能等级证书(中级)考核分为理论考核和实操考核两部分,主要面向城市轨道交通服务员职业岗位,从事城市轨道交通车站内行车组织、列车运行监视、车站相关设备运用与监控控制、票务运作及 AFC 设备监视、施工管理等工作。

城市轨道交通站务职业技能等级证书(中级)工作领域包括行车组织及施工组织、客运服务、票务运作、应急情况处理四部分。行车组织及施工组织的工作任务包括行车岗位职责认知、行车及相关安全设备操作、站台安全管理、非正常情况下行车组织和施工请销点办理;客运服务的工作任务包括乘客事务处理和执行客流控制相关命令;票务运作的工作任务包括售检票设备操作、票务组织和乘客票务事务处理;应急情况处理的工作任务包括环境变化应急处理、设备故障应急处理和乘客事务应急处理。

二、工作思路

(一)确定城市轨道交通人才培养目标

本专业主要面向城市地铁运营公司、铁路局等单位,培养德、智、体、美全面发展,具有良好的职业道德、创新精神和创业能力,掌握城市轨道交通机电技术专业基础理论知识、城市轨道交通机电设备系统、交通控制系统、供电系统专业技术及列车自动控制等方面专业知识和技能,面向生产、服务一线,从事城市轨道交通控制系统的建设、维护、运营和管理的高素质技术技能人才。

(二)选取"X"证书模块

根据城市轨道交通机电技术人才培养目标,结合当地区域经济发展,满足就业区域内更高质量更充分就业创业岗位真实能力需求,选取的"X"证书模块为城市轨道交通站务(中级)等级证书。

(三)"X"模块与岗位、人才培养课程体系融通

根据"X"证书职业技能等级标准和教育部专业教学标准要求,将"X"证书的培训内容与专业人才培养方案的课程内容相互融合。对于专业课程未涵盖的"X"证书职业技能,则通过职业技能培训的方式补充行业企业的新技术、新技能、新工艺、新规范等知识,强化学生对于新技术、新工艺的职业技能,并由此拓展学生职业领域、职业能力等。

对于城市轨道交通站务(中级)"X"证书模块,首先确认该模块所包含的四个工作领域,对应每个工作领域所包含的职业技能项目,最后将该职业技能项目与课程体系相结合,优化调整形成人才培养方案专业课程设置见表4-6。

表4-6 优化调整形成人才培养方案专业课程设置

职业技能 等级证书模块	工作领域	职业技能项目	课程名称
城市轨道 交通站务 (中级)	行车组织 及施工组织	1.办理行车备品、钥匙、工作记录的交接; 2.准确接收行车组织相关的调度命令,并做好传达和交接; 3.行车台账填写; 4.对联锁工作站、通信设备、环控设备、防灾报警系统、LCP盘、综合后备盘(IBP)、门禁系统按操作规程进行操作; 5.站台安全管理; 6.非正常情况下的行车组织; 7.施工调度管理系统操作; 8.施工请销点办理	城市轨道交通概论; 城市轨道交通行车组织
	客运服务	1.能按指引参与处理因公司政策、设备故障、人员服务、乘客违规等引起的乘客事务; 2.能针对列车晚点等造成乘客情绪过激的情况,安抚乘客情绪,采取措施进行初步处理; 3.能根据客流组织、客流控制需要播放车站广播,正确引导乘客安全进出站、上下车	城市轨道交通专业英语; 城市轨道交通站务管理

表 4-6（续）

职业技能 等级证书模块	工作领域	职业技能项目	课程名称
城市轨道 交通站务 （中级）	票务运作	1. 能对自动售票机进行补充单程票、找零现金、回收单程票、钱箱、结账列印的操作； 2. 能使用车站计算机监控、查询自动售检票设备； 3. 能通过自动售票机后台查询数据初步判断卡币、卡票等故障； 4. 能完成应急情况下的闸机紧急释放操作； 5. 票务报表填写、系统操作； 6. 能确认、指导处理乘客票务事务； 7. 能确认、指导应急情况下的票务处理； 8. 能组织开展票务工作； 9. 能完成与银行现金交接的工作； 10. 能正确保管、使用、交接票务钥匙	城市轨道交通站务管理
	应 急 情 况 处 理	1. 会穿戴空气呼吸器； 2. 能在系统上确认消防报警位置及范围，会手动操作紧急释放； 3. 能按信息汇报流程进行信息汇报； 4. 能根据不同情况拨打紧急电话，并根据情况向行调申请列车在本站通过； 5. 能按要求运用相关设备，执行火灾模式； 6. 能在应急事件发生时做足自身防护措施，并注意事项； 7. 能按信息汇报流程进行信息汇报； 8. 能及时通过广播宣布执行大面积停电； 9. 能组织车站员工到出入口张贴或拆除停止服务的告示，关闭或开启出口； 10. 与车站保持联系，负责巡视出入口并做好解释； 11. 能按照信息汇报流程进行信息汇报； 12. 能及时指导员工对屏蔽门（安全门）故障应急处理进行初步判断、处理； 13. 能利用广播做好乘客引导； 14. 能加强故障屏蔽门（安全门）监控； 15. 能按信息汇报流程进行信息汇报； 16. 能利用广播对乘客做好解释工作； 17. 能及时收集停电原因、供电恢复时间等基本信息，并向上级汇报； 18. 能检查车站设备情况，收集列车运行恢复情况的信息，并向上级报车站运营，组织准备工作； 19. 能按信息汇报流程进行信息汇报； 20. 能及时通知信号人员进行抢修； 21. 能正确使用信号旗或信号灯	城市轨道交通车站机电设备； 城市轨道交通站务管理； 城市轨道交通通信与信号设备； 城市轨道交通信号联锁系统

（四）将人才培养课程标准与"X"证书职业技能等级标准对接

将优化后课程按照岗课证融通方法、对照"X"证书中的标准要求逐一进行核对、逐一进行完善，确保课程体系、课程内容和学习目标完全满足"X"证书的标准要求。并制作课程实施方案，利用混合式教学、翻转课堂等教学手段和方法，加强学生职业技能培养，探索实践教学评价改革，将专业课程考试与职业技能等级考核实现成绩互认、学分置换，实现人才培养课程教学与"X"证书职业技能证书融通对接。

（五）"1+X"证书融通职业技能竞赛

通过将各类国家职业技能大赛、创新创业大赛如城市轨道交通服务员技能大赛的内容融入行业应用实践课程，通过比赛增强新兴产业相关专业建设和课程教学的针对性，引领专业建设和课程改革，推进"1"与"X"的有机衔接，提升职业教育教学质量，使专业人才培养与职业岗位要求相融合。

三、工作目标

（一）建立推行"学分银行"制度，实现课证融通

能够实现学分银行专业课程和证书相连，学分与学历相融、学历证书与"X"证书相通、技能等级与资格证书相对接，实现课程融通。根据城市轨道交通机电技术专业情况将准入职业资格标准和水平资格标准所要求的知识、技能、素质融入课程中，使"课程标准"与"职业标准"对接，实现高技能人才培养"岗、课、赛、证"一体化。

（二）校企共建满足高技能人才培养需求的实训基地

1.完善校内实训室建设，满足专业实训和考核要求

在原有实训基础上，构建和完善多样化的实训基地，能够实现应急情况处理、站台门操作、AFC设备操作等技能的练习与考核。满足"1+X"教、训、考、体系建设和行业人才培养，服务于专业教学提升和职业技能培训。

2."互惠互利、双向受益"，形成规范的校外实习基地运行机制

积极推进校外实训基地建设，学校和企业有机结合，实现为学生实习实训的优势互补。合作企业为实践教学提供教学场地、实训设备和兼职教师，学校提供相关教学资源和专任教师，校企共同制定校外实习基地合作管理制度，加强实训基地的内涵建设，深化产学结合，形成长效运行机制。

（三）强化教师培训，加强教师团队建设

为深入开展"1+X"证书制度试点，培养一支能够准确把握"1+X"证书制度先进理念、深入研究职业技能等级标准、做好专业教学整体设计、满足新技术和新技能培养培训需求的教学创新团队，对接试点证书培训评价组织，结合试点工作要求，强化教师培训力度。

（四）精准对接"1+X"制度，创新专业课程体系

通过与试点证书培训评价组织沟通合作，做好城市轨道交通机电专业教学标准和职业技能等级标准的对接。将"X"证书标准与工匠精神渗透到专业教学教育中，对本专业职业面向、培养目标、培养规格、毕业要求等专业人才培养关键要素进行全面梳理、科学定位，将"1+X"证书培训内容及要求融入专业人才培养方案和课程体系，重构基于能力培养的模块化课程体系，纳入"城市轨道交通信号联锁系统""城市轨道交通车站机电设备""城市轨道交通运营组织"等专业（核心）课程教学内容，使城市轨道交通机电专业"1+X"职业技能中级证书与专业人才培养方案深度融合。

四、工作内容

（一）重构人才培养方案

"1+X"证书制度的关键就在于"1"学历证书与"X"若干职业技能证书的同步融合，传统的人才培养方案已经不能适应职业教育发展的需要，保证"1+X"证书制度快速顺利实施的前提是重新构建人才培养模式。

教学团队通过对其他院校和相关企业的走访调研，将城市轨道交通机电技术专业进行"1+X"证书试点工作的人才培养目标确定为：以培养学生地铁运营岗位职业能力为本位，以校企合作、工学融合为途径，根据城市轨道交通运营管理领域和运营职业岗位任职要求，对接职业资格标准，培养具有一定科学文化水平，掌握城市轨道交通运营管理的知识、技能，能够从事城市轨道交通相关职业，在城市轨道交通站务员、车站值班员、值班站长等岗位上从事客运、行车和车站管理等相关工作的专业技术人才。在这一培养目标下，将站务工作岗位技能与"1+X"证书制度有机结合，研究开发岗位相应的"X"证书，将课程设置、考核评价等过程融入人才培养方案。

（二）注重课证融合

课证融合是城市轨道交通机电技术专业施行"1+X"证书制度试点工作的基础保障，也是促使学生职业素质和实践能力不断提升的重要方式。课证融合中的"课"主要指城市轨道交通运营管理相关的课程，包括专业基础课程、专业核心课程以及实习实践课程等；"证"则是指与专业课程相关的职业技能等级证书。因此，课证融合一方面提升了教学效果，另一方面有利于发挥"X"证书的作用，不断提升学生的职业素养和专业知识技能水平。课证融合需要从城市轨道交通运营管理专业的特点、就业市场中相关企业对人才的要求和证书制度标准等方面对教学进行改革并合理设计课程内容。

（三）强化双师型教师队伍建设

"1+X"证书制度需要一大批具有解决行业企业疑难杂症的高水平"双师型"优秀教师。教师的角色要从传统意义上知识的传播者变成技能学习的组织者和技术创新的指导者。"1+X"证书制度的实施对教师提出了更高要求，也对教师队伍素质有了更多倚重。

第一，要加快引导教师的意识转变。教师多数接受的是传统文化教育，多年的学习生

涯使他们已经习惯于现有的教学模式,缺乏主动转变教学方式的意识。为适应发展要求,教师要积极主动提升自己的实践技能,学校要积极引导,企业也要大力支持。第二,努力打造双师型教学创新团队。建设一理论知识丰富、会教学、懂操作的高素质"双师型"教师队伍,优化职业教师队伍能力结构。第三,积极组织教师参与技能培训。围绕"1+X"证书制度试点工作开展教师培训,对接"1+X"证书制度试点和行动导向的模块化教学改革,培育一批职业技能等级证书培训教师。第四,聘请行业专家兼职教学。探索并鼓励行业和企业的优秀人才到学校去教育指导学生,以提升学生的专业素养。

(四)深化教学改革

"1+X"证书制度试点工作的开展,需要进行教学模式和教学方法的改革,使教学效果满足要求。一方面在教学中应用案例情景教学法,模拟真实的城市轨道交通运营场景,将理论知识和实践进行联系,让学生发现并分析存在的问题,锻炼学生应用知识的能力和解决问题的能力。另一方面在教学过程中教师采用任务驱动方式使学生不断掌握专业知识,并考取与自身实际情况相符的"X"证书。教师在实际教学中设置长期和短期教学任务,引导学生参加培训和考证,激发学生学习的积极性和主动性。其中,长期教学任务可与专业证书以及未来就业相结合,短期教学任务则可融合"X"证书制度,促进学生不断发展。

将"1+X"证书制度试点工作的实践教学部分与"互联网+"教育设计相结合,探索实践教学实施理实结合、虚实融合等混合式教学改革。以学生为中心,将行业新发展、企业新技术、社会新需求等及时纳入课程内容,充分利用超星学习通、中国大学 MOOC、智慧职教等线上学习平台,与线下实训一体化教学,虚拟仿真和实践操作开展融合化教学。通过融合信息技术与创新教学理念、教学方法和教学模式,推动"1+X"证书与"线上+线下"教学相结合的混合式课堂教学改革,带动教学质量的提升。

(五)促进产教融合

城市轨道交通机电技术专业针对区域轨道交通行业发展,从专业对应的企业岗位人才需求、企业岗位知识与能力需求等方面进行细致的调研分析,明确了专业对应的职业为运营管理岗位,职业岗位群包含客运管理、票务管理、行车管理、站务管理、设备管理等。针对职业岗位的知识、能力需求,将人才培养目标确定为:面向轨道交通行业,培养具有轨道交通专业知识及专业技能,能够从事轨道交通管理组织、经营服务的应用型专业技术人才。

在城市轨道交通机电技术专业中融入"1+X"证书制度有利于实现产教融合,对促进政府、企业以及学校三方在人才培养中的合作和配合提供了政策指导。一方面,政府教育主管部门能够根据企业对人才的需求合理制定相关技能等级证书制度,并为学校人才培养提供相应的参考,学校能够以此为基础及时调整人才培养方案。另一方面,企业可以对学校培养出的城市轨道交通机电技术专业人才进行选拔,同时作为第三方对人才进行深入的培养和教育,使其能够在毕业后快速与岗位相融合,实现校企共育。

(六)建设学分银行

"1+X"证书制度试点院校在国家学分银行建设工作中有明确的职责分工。根据有关国家职业教育学分银行试点要求,新建或完善现有校内学分银行并予以对接,具体工作内容包括：制定学习成果转换办法和转换规则，审定后报学分银行备案；建立本校学习成果转换管理工作机制；受理"X"证书转换申请，办理课程免修免考，记录"X"证书所替换的学分；更新有关专业人才培养方案，同步调整"X"证书可替换的学分值，并及时备案；接受本校相关专业学生和社会成员，支持证书免修部分课程；制定中高等职业衔接"X"证书所体现的学习成果认定管理办法，并及时备案。针对职业院校的职责分工，校内学分银行建设需要成立专门机构，制定相关制度和运行机制。

学分银行本质上是一个涉及各级各类学习成果的信息管理平台，相关教育领域要分别建设衔接各类学习成果的一系列制度。"1+X"证书制度恰恰为职业教育学分银行建设开辟了有效的制度范式，使得职业培训成果和学历教育成果更加融通，显著提升"1+X"证书制度下高等职业学分银行建设的成效，为高等职业院校职业教育持续增值赋能，不断加快构建中国特色职业教育体系的步伐。

五、预期成效

试点专业方案的建设与实施取得如下预期成效：

1. 建成能满足城市轨道交通站务（中级）职业技能等级证书试点专业的整体理实一体化培训教学、考核场地。

2. 建成试点专业职业技能等级证书培训鉴定师资队伍。

3. 试点专业建成具有 3 个实训区的考核场地。

4. 制定融合职业考证的人才培养方案，完成试点专业 1~2 门核心课程教学内容与考证模块的对接，并完成相应精品在线课程的建设。

5. 初步建立试点专业的学分银行系统和面向社会人员的信息化管理与服务平台。

6. 按程序申请设立考核站点，配合培训评价组织实施证书考核，完成相应考核任务。

六、保障措施

为开展教育部"1+X"证书制度城市轨道交通站务（中级）职业技能等级证书试点项目，相应保障措施如下：

（一）组织保障

1. 成立"1+X"证书试点工作领导小组，主要负责"1+X"证书试点工作重要制度措施的制定、协调和决策，全面领导"1+X"证书试点工作的组织实施。

2. "1+X"证书试点工作领导小组下设工作组，主要负责"1+X"证书试点工作具体实施方案和配套政策的拟定，组织、协调并督促试点工作的具体实施，保证"1+X"证书试点工作顺利开展。

3. "1+X"证书试点工作领导小组，负责"1+X"证书试点专业教育教学改革及试点工作的规划、指导、检查、评价，组织开展校内外人才培养和学员培训工作。

（二）资金保障

学院将对试点专业提供建设启动费，启动经费主要用于调研、人才培养方案修订、教师考证培训、教学实训资源、培训考核资源共建共享等方面。学院针对不同专业自身软硬件条件的差异,结合试点专业实施方案和经费预算,组织专家对实施方案和经费预算进行论证,给予专业以适当的建设经费。如国家下拨奖补专项资金,学院将按照国家制定的补贴标准对试点专业进行奖补。

(三)具体保障措施

1.认真贯彻落实职教 20 条和"1+X"证书制度试点方案的总体部署,精心组织安排"1+X"证书制度试点的相关工作,落实相关政策,对职业技能等级标准、师资培训、教学安排、考核站点建设等事项做好相关安排。

2.梳理"1"与"X"之间的课程对应逻辑关系,推进"1"和"X"的有机衔接。"1"是学历证书,是指学习者在学制系统内实施学历教育的学校或者其他教育机构中完成了学制系统内一定教育阶段学习任务后获得的文凭;"X"为若干职业技能等级证书。"1+X"证书制度,就是学生在获得学历证书的同时,取得多类职业技能等级证书。在实施"1+X"证书制度时,处理好学历证书"1"与职业技能等级证书"X"的关系,"1"是基础,"X"是"1"的补充、强化和拓展。学历证书和职业技能等级证书不是两个并行的证书体系,而是两种证书的相互衔接和相互融通。

3.做好有关"X"证书和标准的开发建设工作。职业技能等级标准与专业教学标准的对应、"X"证书培训内容与学历教育专业课程的融合、培训过程与专业教学过程的统筹安排,为实现"X"证书职业技能考核与学历教育专业课程考试的统筹安排、同步考试评价奠定了基础。"X"证书培训与专业教学统筹安排教学内容、实践场所、组织形式、教学时间、安排师资,从而实现"X"证书培训与专业教学过程的一体化。推进"1"和"X"的有机衔接和融合。结合专业目录、专业教学标准的修订,及时将招募到的职业技能等级证书、职业技能等级标准与专业目录、专业教学标准有机衔接,将证书培训内容有机融入专业人才培养方案,优化课程设置和教学内容,统筹教学组织与实施,深化教学方式方法改革,将职业技能等级考核与相关专业课程考试统筹安排,同步考试(评价)同时获得职业技能等级证书和学历证书相应学分。

4."1+X"课证融通、育训结合和提升培训质量。将证书培训有机融入专业人才培养方案,与职业教育国家学分银行个人学习账户系统对接,记录学分,提供网络公开查询等社会化服务,便于用人单位识别和学生就业。

5.组织开展职业技能培训。根据在校学生考取证书需要,组织开展专门培训借鉴国际标准考试模式体系所有试题均以理论知识和实践技能相结合,注重规范性操作流程,结合互联网平台,实现终身学习与技能培训。有效解决企业面临的人才紧缺问题。

第五章　教学资源建设

教学资源建设在"双高"背景下高等职业教育人才培养模式中起着至关重要的作用。这一领域的研究旨在提供先进、全面的教学资源,以满足"双高"背景下高等职业教育的需求,并为学生的综合素质提升提供支持。

第一节　教学资源库建设的现状与意义

一、教学资源库建设的现状

教学资源库是一个包含各种教学资源的集合,它涵盖了教育教学所需的物质条件、自然条件、社会条件和媒体条件,是教学材料和信息的综合体。教学资源库的组织形式多种多样,包括专业标准库、网络课程库、精品课建设库、专业信息库、专业特色专题库、专业试卷库、专业图片库、专业视频动画库、专业合作企业库和专业文献库等。

（一）教学资源库建设的现状

1. 趋于规范化的教学资源建设

随着信息技术规范的不断完善,教学资源建设的相关规范也相应出台,为建立教学资源库提供可靠依据和指导。这些规范确保教学资源的质量和属性能够清晰标注,使资源建设过程更加有序和规范化。这些规范还促进了各级、各类相关教学资源库之间的互联互通,以及教学资源在校际和网络之间的共享与合作。这样的合作与共享有助于提高教学资源的利用率,确保资源得到最大限度的应用和发挥。

2. 逐渐形成高等职业特色的专业教学资源库

高等职业院校以培养技能型专业技术人才为目标,其教育理念强调营造校园文化中的行业和企业氛围。教学方法注重将理论与实践相结合,追求"理实一体"和"工学结合"的教学效果。在专业建设和课程建设方面,高等职业院校倡导采用与企业合作的方式。在教学资源的设计中,首要考虑的是围绕专业核心知识和专业拓展知识展开。然后,将这些知识与行业和企业相关的信息相结合,形成校企合作、实训和实践等形式的课程内容。通过这样的设计,可以创造出更多具有特色的资源,这些资源在普通教学资源库中可能不常见。

3. 不断创建和完善各专业教学资源库

资源库建设的最大挑战是资金问题。然而,随着"双高"项目专项资金的注入和高教社主导的"高等职业教育教学资源库建设"项目的启动,资金问题正在逐步解决。各高等职业院校已经开始按照重点建设专业为单位,逐步建立起专业教学资源库。这一进展为高等职业院校提供了更好的资源支持和发展基础。

（二）存在的主要问题

高等职业院校旨在培养既具备理论知识又具备强大的实践能力实用型、技术型和技能型专门人才，以满足基层、生产、服务和管理第一线职业岗位的需求。虽然目前教学资源库建设取得了一定的成果，但仍然存在一些问题亟待解决。

1. 教学资源库的建设缺乏统一的标准和框架

教学资源库的建设缺乏统一的标准和框架，这导致合作院校在子项目的建设质量和进度上存在差异，从而在资源汇总提交时出现不一致的情况，对整体建设的进度和质量产生了延迟。一些资源库的架构设置最初对专业教学资源库的构成和主要功能定位的认识不清，导致项目设置冗余且不合理。一些与教学无关的项目不仅使整个资源库变得杂乱，淡化了教学适用资源的核心地位，还占用了资源空间，影响了资源的查找和调用速度。

2. 教学资源库的建设往往只重视验收环节，缺乏对持续运行的战略思考

许多高校在建设资源库时，仅仅是为了满足验收要求，而没有深思熟虑如何将资源库作为课程的辅助工具，并使其持续运行下去。除了早期国家资金的注入外，后期的运营需要自行筹措资金，因此吸引用户使用资源库成为建成后需要考虑的重要问题。当前高等职业院校各专业教学资源库普遍存在利用率不高的问题，而这个问题的原因也是多方面的。多媒体教室的网络覆盖率较低或者网络流量有限导致网速缓慢，从而使资源调用困难。资源加工的深度不够，导致与教学需求脱节。资源库的支撑平台存在技术缺陷，使用不便利等问题也限制了其利用率的提高。这些因素共同导致了资源库利用率不高的情况。

二、教学资源库建设的意义

高等职业教学资源库为高等职业教育提供了全面而先进的教学资源支持。教学资源库的建设不仅能够提供全面、先进的教学资源支持，促进资源的共享与合作，还能够提供教师的教学支持和创新空间，并与行业需求保持紧密联系，从而为高等职业教育的质量提升和学生的综合素质培养做出积极贡献。

（一）教学资源库的建设，可以突破传统的教学模式

建立国家标准的专业教学资源库，并吸纳国外职业教育与培训经验，可以为我国高等职业专业人才培养模式的低成本转变提供一条有效途径。教学资源库的建设可以为学生提供全面立体的学习环境，促进师生交流和学生自主学习能力的提升。同时，它也有助于推动高等职业人才培养模式的转变，并为高等职业毕业生寻求就业优势提供支持。建立国家标准的专业教学资源库并吸纳国外经验，可为我国高等职业专业人才培养模式的转型提供有效途径。

（二）适应教育信息化的必然选择

教学资源库的建设和使用使教师能够通过资源共享平台获得丰富的教学案例、教学视频，并了解行业技术发展的最新动态和其他优秀院校的教学经验。这有助于提高教师的理论知识水平，加强专业实践和教学组织能力，并增强教学责任心。教学资源库的建设和使用能够满足现代教育的需求，为学校提供信息化支持，推动人才培养方案的更新和优化。

教师通过资源共享平台获取丰富的教学资源,从而提高自身的专业素养和教学能力。这将为高等职业院校的教学质量提供强大的支撑。

(三)提高办学质量的重要载体

高等职业教学资源库作为提高办学质量的重要载体,通过建立教学资源库平台,实现了生产过程与教学过程、专业与产业等方面的有效对接,进一步提升了高等职业院校的建设水平。建设专业教学资源库的目的是将全国高等职业院校已有的教育教学资源集中放置在一个共享平台上,以解决高等职业院校同类专业的共性需求。通过共享平台提供生动、充实且多样化的教学资源,推动专业教学模式和方法的改革,构建真正数字化的校园网络。

三、教学资源库建设的内容

(一)教学资源基本建设思路

1.教学资源整合与建设

对现有的教学资源进行梳理、整合和分类,包括教材、案例、课件、实验室设备等。根据高等职业院校的特点和人才培养目标,制定教学资源建设的规划和目标。重点关注与行业需求和职业发展趋势紧密相关的专业核心知识和实践技能,注重实践教学和校企合作的要求。

2.教学资源库平台搭建

建设高等职业教学资源库需要搭建一个统一的平台,以方便教师和学生获取和使用教学资源。该平台应具备良好的界面设计、易于导航的功能,同时要支持多媒体资源的展示和交流,提供在线讨论、作业提交和评估等功能。还应考虑资源的安全性和可靠性,确保学校的教学资源得到有效的保护和管理。

3.教学资源共享与合作

高等职业教学资源库的建设应鼓励和促进教师之间、学校之间以及与行业企业之间的资源共享与合作。可以通过建立合作机制、签订合作协议,引入行业专家和企业实践者参与资源库的建设和更新,以确保教学资源的质量和实用性。同时,可以通过开展教师培训和交流活动,提高教师的教学能力和资源利用水平。

4.教学资源的更新与维护

教学资源库的建设是一个持续的过程,需要不断更新和维护资源内容。教师和专业人员应定期评估和更新教学资源,及时补充新的知识、技能和实践案例,以保持资源的时效性和有效性。此外,要建立完善的教学资源管理机制,包括资源的存储、检索和备份,确保教学资源的安全和可持续使用。

(二)教学资源建设的内容

高质量的资源,应根据课程需要具备如图5-1所示的资源建设内容:以虚拟图像式微课、实际操作的视频、视频宣传片、素材编排类的微课、慕课、金课以及课堂教学视频为基础的视频资源;以三维结构的分析动画、三维工业的流程动画、三维原理的演示动画、二维

Flash 图文动画、二维 MG 动画、二维 Flash 人物情景动画为基础的动画资源;以 Flash 虚拟交互、三维虚拟仿真交互为代表的虚拟交互资源。通过以上资源构成优质的教学素材,并可以将这些资源合理组合构成"微课",最终应用到日常教学及学习中,实现辅教和辅学的功能。

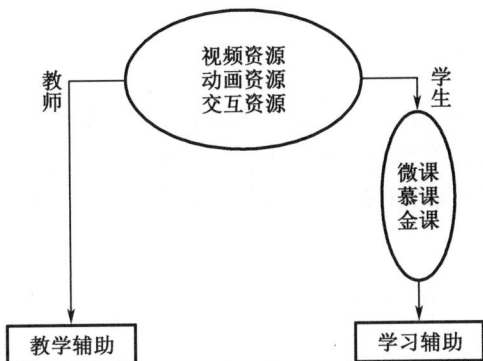

图 5-1　教学资源建设的内容

第二节　课程体系建设

一、课程体系建设的意义

"双高"背景下高等职业课程体系建设具有重要意义,对于推进高等职业教育的质量提升、适应社会需求、促进学生全面发展具有积极影响。

(一)适应产业发展需求

高等职业教育的核心任务是培养应用型人才,紧密结合产业需求开展课程体系建设,能够提供与市场需求相匹配的专业课程,培养适应现代产业发展的技能和素质。通过建设与产业紧密对接的课程体系,能够提高高等职业毕业生的就业竞争力和适应能力。

(二)强化实践教学环节

高等职业课程体系建设注重实践教学环节的设置,强调实践技能的培养。通过实践环节的设计,学生能够进行实际操作、实验和实习,提高实践能力和解决实际问题的能力。这有助于使学生更好地适应实际工作需求,并提升其就业竞争力。

(三)推动创新创业教育

"双高"背景下,高等职业院校的课程体系建设应重视创新创业教育,培养学生的创新思维和创业精神。通过引入创新创业相关的课程和实践项目,激发学生的创新潜能,培养其创新意识和创业能力。这有助于培养创新型人才,促进经济发展和社会进步。

（四）提升教学质量和效果

高等职业课程体系建设能够规范和优化教学过程,提高教学质量和效果。通过科学合理地组织课程内容和教学方法,增强学生的学习兴趣和参与度,提高教学效果。此外,建设完善的课程评估和质量监控体系,能够及时发现和解决教学中存在的问题,提升教学质量。

（五）实现教育教学的信息化发展

"双高"背景下,高等职业课程体系建设要充分利用信息技术,实现教育教学的信息化发展。通过引入数字化教学资源、在线学习平台和虚拟实验室等教育技术工具,提供多样化的学习资源和互动学习环境,拓展学生的学习渠道和方式,促进个性化学习和自主学习能力的培养。

（六）促进国际化教育交流与合作

高等职业课程体系建设也应注重国际化教育交流与合作。通过引进国际先进课程和教学模式,开展国际合作项目和交流活动,培养学生的国际视野和跨文化交流能力,增强他们在国际化背景下的竞争力和适应能力。"双高"背景下高等职业课程体系建设对于提升高等职业教育的质量、适应社会需求、促进学生全面发展具有重要意义。

二、课程体系建设的内容

高等职业课程体系建设的内容涉及多个方面,主要有专业课程设置、课程标准制定、课程时序、实践教学、跨学科和综合课程、教学资源支持、课程评价和质量保障等方面。这些内容的合理规划和有效实施,有助于培养适应现代职业需求的高素质专业人才。

（一）专业课程设置

核心专业课程在课程体系中占据重要地位。这些课程是培养学生所需专业技能和专业素养的基础。通过核心专业课程,学生能够深入学习与所选专业直接相关的理论知识和实践技能。拓展课程也是高等职业课程体系的重要组成部分。这些课程旨在拓宽学生的视野,培养学生的综合能力和实践能力。拓展课程包括创新创业教育、职业生涯规划、人际交往等内容,帮助学生发展自身的创新精神、团队合作能力和职业发展规划,以适应社会快速变化和职业发展的需求。

高等职业课程体系建设还应注重实践教学的深度融合。通过实践教学、实训基地和校企合作,将理论知识与实际操作相结合,使学生能够在真实的工作环境中学习和实践,提高他们的实际操作能力和问题解决能力。

（二）课程标准制定

课程与行业需求密切结合。通过与行业企业的紧密合作,可以充分了解行业发展趋势、职业要求和技能需求。在制定课程标准时,应确保课程目标与行业需求相匹配,确保学生毕业后能够适应和胜任职业岗位的要求。

课程标准应注重实践教学和跨学科的融合。课程标准应明确强调实践教学环节,确保学生通过实践活动能够实际应用所学知识和技能。同时,跨学科的融合可以培养学生的综合能力和创新思维,使他们能够在复杂的职业环境中灵活运用所学知识解决问题。

(三)课程时序

合理的课程时序设计可以提高学习效率,减少学习冗余,使学生能够有序地掌握所需的知识和能力,并为他们未来的职业发展打下坚实基础。图 5-2 是电气自动化专业的专业课(含公共基础课、专业基础课、专业必修课、专业选修课、集中实践课)的关系衔接图。

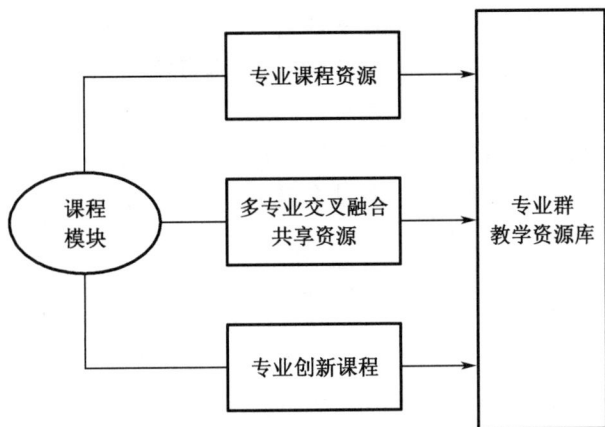

图 5-2 电气自动化专业课关系衔接图

课程体系建设逻辑大体可分为顺行的结构与开发及逆行的资源重构与集成两个方向,如图 5-3 所示。

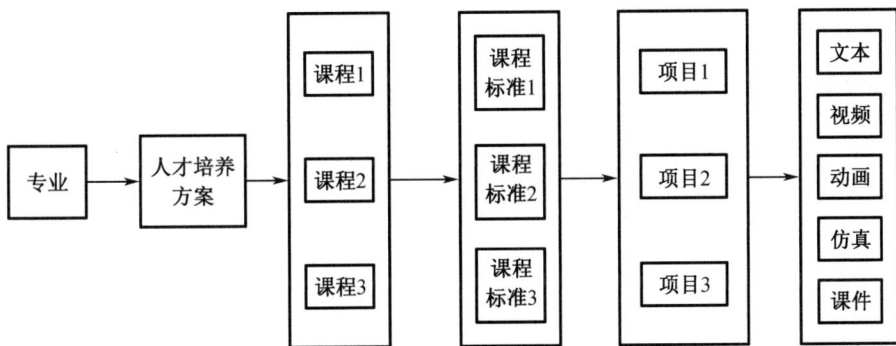

图 5-3 课程体系建设逻辑图

三、课程体系建设的实施过程

(一)课程体系建设要促进课程教学与信息技术的深度融合

深度融合要求在课程设计和教学内容上充分考虑信息技术的应用。教师应结合专业特点和教学目标,将信息技术融入课程的教学内容和教学活动中,例如利用多媒体教具、教学软件、在线资源等,使课程内容更加生动有趣,提高学生的学习积极性和参与度。

"双高"背景下高等职业课程体系建设要促进课程教学与信息技术的深度融合,通过充分应用信息技术,提升教学效果和学生学习体验。这将为高等职业教育提供更灵活、个性化的学习环境,培养学生的信息素养和创新能力,促进他们适应信息社会的发展要求。

(二)课程体系建设要遵循工学结合、知行合一的原则

当前,职业教育领域的课程建设理论非常丰富,其中最具影响力的包括"能力本位教育"和"学习领域课程模式"。不论采用哪种课程模式和开发方法,都应坚持工学结合和知行合一的理念。这意味着学校和企业要共同参与课程资源、教材和教学的开发,确保教学标准和内容及时融入新技术、新工艺和新规范。此外,还应采用模块化和结构化的教学方法,使用活页式和工作手册式的教材,以提供更实用、可操作的学习材料。通过这种方式,可以使职业教育的课程体系更加贴近实际工作需求,促进学生的实践能力和职业素养的全面发展。

(三)课程体系建设要依托高素质"双师型"教师和高水平实训基地

高水平的教师团队和实训基地是课程体系建设的关键支撑。教师在课程设计、实施和评价中起着重要角色,他们应该具备高尚的师德和卓越的学科专长,形成高素质的"双师"和"大师"教师队伍。为了建设高水平的高等职业学校课程体系,需要培养具备理论和实践教学能力的"双师型"教师,并建立由兼职教师和专职教师组成的"双师双结构",甚至具备"双师双语"能力以适应职业教育服务"一带一路"倡议,与行业和企业实现合作与交流。

第三节 教 材 建 设

一、教材建设的意义

教材是教学的核心资源,它直接影响着学生的学习效果和能力培养。高等职业教育教材建设的意义在于提高教学质量,培养符合社会需求的高素质人才,促进教育与产业的深度融合。

(一)把好方向,坚持党对教材建设的全面领导

把好方向意味着教材建设要符合党和国家的教育政策和发展要求。教材内容应当贴近党的理论和指导思想,传达正确的价值观和道德观,培养学生的社会主义核心价值观和爱国情怀。把好方向还意味着教材建设要贴合时代需求和社会发展。把好方向还需要加强教材的管理和监督。建立健全教材审定、评估和更新机制,加强对教材的质量监控和评价,及时调整和更新教材内容,确保教材的时效性和教学效果。把好方向、坚持党对教材建设的全面领导,是教材建设的根本要求。只有确保教材内容正确、科学、适应时代、符合教育发展需要,才能更好地服务于人才培养和社会发展的需要,为培养德智体美劳全面发展的社会主义建设者和接班人做出贡献。

（二）抓好管理，全面落实教材建设的各项制度

抓好教材建设的管理工作，全面落实相关制度，对于确保教材的质量和教学效果至关重要。教材管理是教育系统中的重要环节，它涉及教材编写、审定、评估、更新和使用等方面的各项制度。

教材编写制度的落实是关键。要建立健全教材编写的组织机构和工作流程，明确编写人员的职责和要求，确保教材内容的科学性、准确性和权威性。同时，要注重对教材编写的质量进行评估和监督，及时纠正和改进不足之处。

（三）编好教材，持续推出优秀教材

编写教材需要注重科学性和准确性。教材应基于深入的学科研究和教学实践经验，准确反映学科的最新发展和知识体系的完整性。编写教材要注重理论与实践的结合，使其能够满足学生学习需求和实际应用的要求。

教材的编写还要注重适用性和灵活性。教材应根据教学目标和学生特点，合理组织和安排教学内容，使其具有层次清晰、结构合理的特点。教材的编写要注重在教学过程中的灵活运用，鼓励教师根据教学实际进行适当的调整和创新，以满足不同学生的学习需求。

（四）做好保障，形成新时代教材建设合力

保障教材建设需要加强对教材编写团队的组建和培养。建立一支高素质的教材编写队伍，提供专业的培训和指导，培养编写教材的专业能力和创新能力。保障教材建设需要完善相关政策和制度。制定教材建设的规范标准和评估指标，明确教材编写的程序和要求。建立健全审核和评估机制，对教材进行严格的质量监控和评估，确保教材的准确性、科学性和适用性。

二、教材建设的内容

高等职业院校教材的编写，要结合企业行业需求，与实践生产紧密结合，务必要企业行业技术专家参与编写，才能将企业行业的新技术、新规范、新工艺囊括其中，满足产学研贯通的培养模式。

（一）精选精编精用"纸本+活页+工作手册"式教材

高等职业教育活页式教材具有灵活性。由于高等职业教育的特点是注重培养实践能力，教学内容常常需要根据企业行业需求和技术变化进行更新和调整。活页式教材的设计理念就是将教材内容划分成独立的单元或模块，通过活页的形式，可以根据教学需要随时添加、替换或更新教材内容，保持教学资源的时效性和针对性。

工作手册式教材还鼓励学生进行合作学习和团队协作。教材中的实践任务和项目设计可以促使学生之间进行合作、交流和互助，培养他们的团队合作和沟通协作能力。通过合作学习，学生可以相互学习、共同探索问题，提高解决问题和协作的能力。

（二）说明书式教材

说明书式教材是一种以提供详细指导和操作说明为主要特点的教学资源形式。它以清晰、准确的语言和图示，对知识点、技能和操作过程进行系统的说明和演示，帮助学生理解和掌握相关内容。说明书式教材注重解答学生在学习和实践过程中可能遇到的问题，提供详尽的步骤和方法，使学生能够按照指导进行学习和实践，达到预期的学习目标。

（三）案例式教材

案例式教材是以实际案例为基础的教学资源形式。它通过引用真实或虚拟的案例，提供具体的情境和场景，用于学生的学习和分析。案例式教材旨在培养学生的问题解决能力和分析能力，通过案例的分析和讨论，帮助学生理解理论知识的实际应用，并培养学生的批判性思维和决策能力。案例式教材通常包含案例描述、问题分析和解决方案等部分，使学生能够通过实际案例来探索和学习相关领域的知识和技能。

第四节　在线课程建设

一、在线课程的开发流程

在线课程的开发流程包括以下关键步骤：需求分析、课程设计、内容开发、技术支持、测试与评估、发布与运营等。通过这个流程，可以高效地开发和提供优质的在线课程，满足学生的学习需求。

（一）进行需求分析，了解学习目标和目标学生群体

进行需求分析是在线课程开发的重要步骤之一。它涉及了解学习目标和目标学生群体的过程。在需求分析阶段，教育者通过调研、访谈和调查等方法，获取学习者的背景信息、学习需求和兴趣爱好等。同时，教育者还会确定课程的学习目标，明确学生应该在课程结束时具备的知识、技能和能力。通过深入了解学习目标和目标学生群体，教育者能够更好地设计和定制课程内容，使其与学生的需求和期望相匹配，提高课程的针对性和有效性。

（二）进行课程设计，确定课程结构和学习活动

进行课程设计并确定课程结构和学习活动是在线课程开发的重要环节。在这一阶段，教育者将根据需求分析和学习目标，制定课程的整体框架和组织结构。

课程设计涉及确定课程的主题、目标和大纲、学习活动和教学资源等。教育者需要选择合适的学习活动和教学方法，以促进学生的主动参与和深入学习。这可能包括在线讨论、小组合作项目、实践任务、案例分析等各种学习活动。此外，教育者还需选择和提供适当的教学资源，如教材、多媒体资料、模拟实验等。

（三）资源在线测试与诊断阶段，完成的资源可进行在线测试

围绕"双高"项目教学资源库课程的建设，完善更新以创新理念、创新思维为主体的公

共基础精品在线开放课程。尝试在课堂中使用,在测试阶段发现资源存在的问题并进行自诊断,将诊断信息进行反馈,重新修整资源,最终达到高质量、高水平的教学资源的标准。图 5-4 所示为某一门课程的开发流程图。

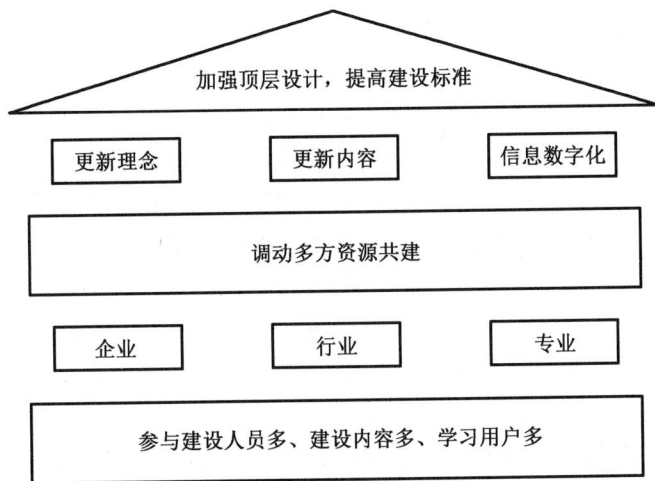

图 5-4 课程开发流程图

二、校企共建课程资源

(一)校企共建课程资源的意义

校企共建课程资源可以促进校企之间的紧密合作与交流,实现产学融合。通过与企业合作,学校能够更好地了解行业的需求和趋势,从而调整和优化课程设置,使教育内容与实际工作需求更加贴合。通过与企业的紧密合作,学校可以深入了解行业的实际需求和趋势,将实践经验和先进技术融入课程设计和教学过程中。这种紧密的合作可以打破传统的教学边界,使教育内容与实际工作需求更加贴合,培养出更具应用能力的人才。

(二)校企课程资源建设内容

1.课程选择
(1)学校课程

为了更好地满足新时代对应用型人才的需求,学校课程的教学安排也应该包括一些能够提高等职业业发展能力或增强学生职业竞争力的课程。这样可以为学生在日益严峻的就业市场中获得更大的优势,为他们未来的自我发展奠定基础。学校课程是传统的教学模式,由学校教师负责教学任务,旨在培养学生的专业理论知识和未来职业发展能力,学校是主要的教学场所。

(2)企业课程

企业课程与学校课程也有所不同,它更加紧密地与企业联系,通过学习相应课程,学生可以直观地了解未来就业岗位的技术要求。专业课程包括专业知识理论学习和实际操作学习两个部分。实际操作使学生能够更加扎实地掌握专业知识,并确保他们在未来的竞争中具备更强的职业竞争力。学校可以安排一定的实习时间,让学生真实了解工作环境并获得实际工作经验,这有助于他们更好地掌握课本上的理论知识。

(3)校企共建课程

校企共建课程的授课方式更加多元化。除了基本教学内容外,还增设选修课程,以提升学生的学习兴趣、辅助专业知识学习和提高综合素质为目标。这些选修课程根据企业的实际发展需求设定,由学校教师和企业管理人员共同授课。校企共建课程的教学内容由学校教师和企业管理人员分别负责,分别讲授理论知识和实践知识。企业提供实习机会和资源支持,使学生能够在实际操作中更好地应用所学知识。这种合作方式促进了学校和企业之间的紧密合作,为学生提供了综合素质和实践能力的培养机会。

2.资源要求

课程资源建设涵盖了基本资源、拓展资源和生成性资源三个方面。基本资源包括课程教学目标、教学大纲、教案、教学课件、作业答疑以及全程教学录像等与课堂教学活动相关的基础资源。拓展资源则包括网络课程、试题库系统、学科知识检索系统、作业系统、在线自测/考试系统、同步/异步交流平台、演示/虚拟/仿真实验系统等,这些资源能够扩展学习的范围和方式,提供更丰富的学习资源和工具。生成性资源是指在教学活动中产生的资源,同时也是课程共享中用户使用后提供和反馈的资源。

3.课程内容

课程应该覆盖相关领域的基本问题、典型案例、综合应用和热点问题等核心内容。全面考虑内容的基础性、科学性、先进性和针对性,并恰当处理传统经典和前沿创新的关系。课程的主要目标是培养学生的知识、技能和素质。注重培养学生的批判性思维和解决问题的能力。

(三)校企合作课程体系建设的具体措施

基于针对课程安排体系中存在的实施难点的针对性分析,可以更加高效且有针对性地提出相应的应对措施。

1.对于课程的数量进行合理的取舍

深入调研行业需求和学生就业情况是校企合作课程体系建设的重要措施。通过调研,可以了解当前行业的发展趋势和用人需求,从而准确把握培养目标和课程内容的定位。同时,了解学生就业情况可以帮助确定课程的职业导向和实践要求,以确保课程与就业市场需求相匹配。这样的调研为课程体系的建设提供了科学依据,使教育培养与实际需求相结合,更好地满足学生和社会的需求。

2.建立校企合作有效的监督管理机制

建立校企合作机制是促进双方密切合作、共同制定课程目标、内容和评估标准的重要举措。通过建立机制,学校和企业可以加强沟通与协作,确保课程的设计、实施与行业需求紧密对接。双方共同制定课程目标和内容,可以充分考虑企业的实际需求和学生的发展需求,提高课程的针对性和实用性。同时,共同制定评估标准可以确保评价体系的公正性和准确性,为学生提供真实有效的学习反馈。这种校企合作机制的建立将促进教育与产业的有机融合,提升教育质量和就业竞争力。

3. 增加校企合作课程建设过程中的资金投入

提供教师培训和支持是为了加强教师专业知识和实践能力的培养,以适应校企合作模式的需求。通过专业培训,教师可以更新自己的知识和技能,了解行业最新发展趋势和需求,以便更好地指导学生。同时,教师还需要获得实践经验和教学资源的支持,以便在课堂上有效地将理论与实践结合起来。这样的教师培训和支持措施有助于提升教师的教学水平和专业素养,为校企合作模式的实施提供坚实的基础。

第五节　教学资源建设融入"四新"技术

一、"四新"技术的简介

"四新"技术是指信息技术、生物技术、新材料技术和新能源技术。这些技术是当代社会发展中的重要创新领域,对于推动经济增长、提升产业竞争力和改善人民生活质量具有重要作用。

信息技术是指计算机科学、通信技术和互联网等领域的技术。包括人工智能、大数据分析、物联网、云计算等,广泛应用于各个行业,提高了生产效率、加速了信息传播和交流。

生物技术是指涉及生命科学和遗传工程等领域的技术。包括基因编辑、生物制药、生物育种等,可用于新药研发、农业生产和环境保护等方面,为人类健康和可持续发展提供了新的可能。

新材料技术是指在材料科学领域的创新技术。包括纳米材料、功能性材料、复合材料等,具有优异的性能和特殊的功能,广泛应用于能源、环保、电子、航空、航天等领域。

新能源技术包括可再生能源和清洁能源等领域的技术。包括太阳能、风能、水能、核能等,具有低碳、环保、可持续的特点,对于解决能源问题和减少碳排放具有重要意义。

这四个领域的新技术在经济社会发展中具有重要的应用前景和推动作用。它们的不断创新和应用将进一步推动科技进步、产业升级和可持续发展,对于解决人类面临的各种挑战具有重要意义。

二、"四新"技术在教学资源建设中的应用

新工科专业是为适应新时代发展的必然产物,国家产业的升级需要大量的新工科专业人才的支撑,发展空间广阔,人才需求旺盛。目前,作为供给侧的高等职业院校则在人才培养方面相对不足,高等职业院校在这些领域人才培养导向性不强,学科缺乏深度融合,缺乏科教、产教协同育人的机制,不仅是培养数量上的不足,关键还在培养上存在碎片化、空心化的问题,课程内容设计与人才需求也有较大的距离,相关教学资源短缺,师资水平亟待提升。因此,以这些领域为突破口,将引领带动高等职业院校优化专业结构、促进专业建设质量提升,推动形成高水平人才培养体系。信息技术通过应用互联网、计算机和软件等技术,提供在线学习平台、教学资源共享平台和数字化教学工具,为教学资源的获取、交流和管理提供便利。

生物技术应用生物技术手段,开发与生物学相关的教学资源,如生物实验视频、虚拟实

验室和基因工程模拟软件,为生物学课程的教学提供丰富的实践环境和案例分析。新材料技术利用新材料技术,开发具有创新性和实用性的教学材料和装备,如 3D 打印机、智能化实验仪器和材料科学交互式课件,提升学生对材料科学的理解和应用能力。新能源技术应用新能源技术,为学校提供清洁能源供电系统,推广节能技术,并在课程中引入新能源的原理、应用和可持续发展等内容,培养学生的能源意识和环保意识。

通过将"四新"技术应用于教学资源建设中,可以提升教学的交互性、实践性和创新性,满足学生多样化的学习需求,促进教学的高效性和质量提升。同时,也为学生提供了更加现代化和前沿化的学习环境,培养他们的科技素养和创新能力。

第六节　教学资源建设案例

下面以内蒙古化工职业学院"双高"建设背景下"化工装备类"专业群教学资源建设为例进行说明。

一、适应岗位需求,构建共享化课程体系

(一)专业群课程体系

基于职业需求为导向,通过企业一线生产操作岗位任务和岗位能力的分析,通过企业调研,从化工企业自动生产线入手,以专业技术和服务领域分析与归纳作为专业群课程体系构建的切入点,确定相应的岗位群以及人才培养规格与目标,归纳出岗位群对应的行业企业专业基本技能,兼顾学生的可持续发展基本需求,动态调整适应化工企业发展方向需要的课程,增设专业自选课程,如安全生产及环境保护、绿色可持续发展等,形成融入新技术、新工艺、新规范的专业群共享课程体系。

(二)现代职教体系初步构建

一是联合开展职业本科教育。与内蒙古工业大学合作开设了煤化工专业和化工专业的职业本科班。与鄂尔多斯应用技术学院和内蒙古民族大学达成联合培养协议,即将合作开展"3+2"本科培养。二是积极开展社会服务,发挥示范引领作用。承接内蒙古工业大学、内蒙古农业大学等院校化工专业本科生的实训任务;承接中煤集团、伊泰集团、准旗水务局等企业和单位开展培训和职业技能鉴定。三是发挥专业领域优势,开展国际交流合作。与蒙古国乌兰巴托大学、蒙古国科技大学、马来亚大学等国外大学签署了校际合作框架协议,为蒙古国乌兰巴托大学学生开展了煤化工技能培训,并达成双方合作协议。与内蒙古工业大学、内蒙古民族大学等 6 所院校合作试办本科职业教育以及"专升本",与区内 21 所中职学校建设生源合作基地,形成了以高等职业教育为主,中高等职业、本科相衔接的办学格局。

(三)建设理实一体项目工作室

根据教学、科研、生产、培训、学生课余活动开放的需要,构建工作室资源。理实一体项目工作室资源建设总原则是共享共建、高效利用,如图 5-5 理实一体工作室资源系统图所示。

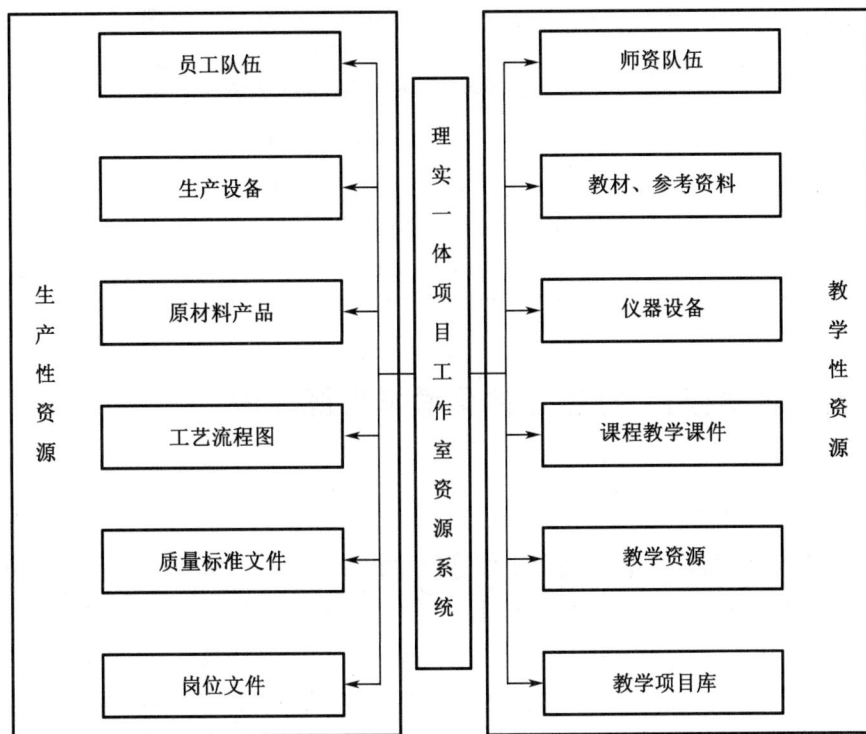

图 5-5 理实一体工作室资源系统图

（四）课程资源库建设

课程资源库建设包括企业调研报告、岗位职业能力分析、回访学生对课程的评价、课程教学改革资料、人才培养方案、课程标准、教学情景设计、电子教案、教学案例、试题库、多媒体课件、规范标准、工艺技术文件、操作手册、动画、视频、慕课、设备模型、展板、多媒体仿真软件、职业标准、设计图纸等内容。

以"传感器与检测技术"课程资源库建设为例，见表 5-1。以自动化生产线检测装置为基础，联合企业专家，基于工作过程设计学习情境，开发与之对应的专业群内核心课程资源。

表 5-1 "传感器与检测技术"课程教学资源建设内容

序号	资源项目	建设要求简述
1	教学文件	课程标准、学习情境设计、多媒体课件等
2	数字化教材	结合企业岗位技能要求，校企共同编制工作手册式教材
3	视频资料	传感器故障诊断、维修过程视频资料
4	动画素材	化工企业典型工艺流程、传感器工作原理动画演示
5	图片素材	教学模型图、企业工艺流程图、仪表实物图、安装图

表 5-1(续)

序号	资源项目	建设要求简述
6	组态软件	设计模拟企业实际生产的工艺图,进行组态
7	虚拟现实	虚拟企业、虚拟自动生产线相关实训项目等
8	测评系统	包括专业水平测试、知识、能力测试。 对教学资源库本身的评价,以习题集、问卷形式进行调查
9	课程思政	融入工匠精神、辩证思维、工程伦理、科学精神的课程思政单元设计资料

二、改革教学模式,推进立体化教学资源建设

(一)教学模式改革创新

突出"以学生为主体"的思想,以"工作过程"为主线,以能力培养为目标,递进式技能训练贯穿教学全过程,在项目化教学的基础上,借助信息化手段不断深化教学模式改革,探索并实践了多种教学方法。开展线上线下混合式教学,丰富项目教学、案例教学、研讨式教学、工作过程导向等教学手段,提高学生的学习兴趣,学生通过学习和训练,充分锻炼了职业规范能力、快速岗位适应能力、持续学习能力、综合应用能力和求新思变能力。

1. 线上线下混合式教学

将在线教学和传统教学的优势结合起来,充分发挥网络共享课、专业教学资源库、在线课程等数字化资源的优势,大力开展线上、线下混合式教学改革,使学生的学习由浅到深地引向深度学习。

2. 翻转课堂

利用学校专业教学资源库平台、智慧职教、微知库、蘑菇丁、超星学习通等数字化学习平台,开展翻转课堂教学改革,延伸课堂空间,提高教学效率。

3. 开放式教学法

通过校企合作不断更新完善本课程的教学内容,使教学内容保持开放;利用学校已有资源进行网络课程建设,学生的训练活动不再局限于实训室,学生可在课外完成资讯收集与项目技术报告,形成开放的教学时空;学习项目的选择不是由指导教师指定,学生可以根据自己今后的就业意向采用开放式择题方式。开放的教学方法锻炼了学生的发散性思维,进一步提高了学生的持续学习能力和综合应用能力。

例如编制理实一体项目工作室"教、学、做"合一教学方法流程,如图5-6所示。

4. 注重行为导向教学法

在课程教学中,教师营造"真实的虚拟"职业情境,引导学生怎么做,怎样做更好。学生在教师的指导下,拟定工作方案,实施工作方案,检查并评价。教师要引导学生整理收集到的各种信息、实验数据,并应用科学的思维和方法进行分析,通过分析和归纳,找出规律,从而得出结论。学生通过动手操作、发现问题、表达与交流等探究性活动,获得知识、能力和职业素质,获得理智和情感体验、积累经验知识和科学知识。

（二）立体化教学资源建设

利用"VR+化工产学研科技创新平台"开发服务化工装备技术专业群的仿真实训软件，从个性化、移动式、碎片化教学的角度设计和建设教材，形成以化工装备技术专业最新工艺技术为特征的立体化教学资源库。

1.开发职业教育"课堂革命"教学案例

深入推进教育教学改革，在总结培养学生创新精神和实践能力方面的创新实践成果基础上，开发职业教育"课堂革命"教学案例。

2.探索新型活页式教材建设

专业群承担了国家级"化工设备维修技术教学资源库"建设，"电工基础"课程被立项自治区在线课程，具备丰富的教学资源。以现代信息技术为依托，运用多种技术手段将动画、微课、虚拟仿真实验与纸媒结合起来，使教材形式更新颖、内容更丰富、立体化程度更高。统筹规划教材建设，紧跟时代发展，不断改革创新，加速新型活页式教材的编写与使用。

3.开发职业教育规划教材

结合机电一体化技术专业"1+X"证书试点工作，以在校生、农民工、复转军人和其他社会人员为服务对象，校企双元合作分岗、分级开发职业教育规划教材，满足企业用工和技能人才成长的需求。

三、深化校企合作，建设共享实训基地

高等职业院校以培养技术技能型人才、科学研究和社会服务为主要办学目标，校内实训基地是专业及专业群发展的基石，是培养技术技能型人才的平台。建设具有辐射引领作用的高水平专业化产教融合实训基地。推进"1+X"考证工作，为在校生取得相应职业技能等级证书提供便利，优化现有校外实习实训基地，丰富校外实训基地的合作形式。加强职业技能培训，提升职业院校教师服务企业能力。

（一）创设"一体化、融合型"实训模式

根据专业群融合发展和复合技能培养的要求，学校通过改建、扩建、整合，同时按照具备"教学讨论区、技能操作区、作品展示区、安全保障区"的五区集成建设标准，对实训空间进行提档升级，将"化工装备技术专业群实训基地"打造成设施先进、功能完善、特色明显、示范引领的开放型、服务型、创新型虚拟仿真实训基地，能够同时为"机电一体化、工业机器人、电气自动化、化工自动化"等专业的学生提供实训项目。

（二）校企深度合作，共建生产性实训基地

紧密结合现代化工产业建立校企共建"双师型"教师培训基地和教师企业实践基地，创办校中厂一个，引企业入校，共建生产性实训基地，充分调动学校、企业两个主体的积极性，可以降低企业的生产成本，大大提高学生的操作技能，对岗位强度适应有很好的促进作用，实现校企双赢。"双高"背景下，基于优化高等职业院校学生的职业竞争能力，通过产教融合与校企合作，对学生的文化教育与职业技能培养进行统筹管理。本着行业企业与学院共建的原则，形成人才共育、过程共管、成果共享、责任共担的紧密型校企合作办学体制机制，

通过校企联动和产学研紧密结合,已与中海石油天野化工股份有限公司、乌兰水泥集团、呼和浩特市纳顺设备制造厂、呼和浩特市金山水泥厂、呼阀科技控股股份有限公司,呼和浩特市飞鹰齿轮厂等大中型企业签订实训及用人合作意向。尤其通过校企联动和产学研紧密结合,中石油呼和浩特公司、中海石油天野化工股份有限公司等国有特大型企业为专业资源库建设提供了强有力的支撑。

(三)职教集团化创新能力显著提升

内蒙古化工职业学院十分重视毕业生的就业工作,牢固树立"职业教育就是就业教育"的观念。建立健全毕业生就业指导中心,完善毕业生就业管理制度。适应经济建设发展的需求,紧紧依托化工、建材两大行业,积极主动开拓毕业生就业市场。2006—2007年学院在与中国海洋石油公司内蒙古天野化工分公司、中国石油新疆独山子公司等60多家企业合作的基础上,新拓展了如北京大唐国际煤化工公司、山西富士康电子有限公司、上海氯碱化工公司、辽宁恒威水泥有限公司、内蒙古亿利化学公司、亿利公司冀东水泥厂、伊泰集团煤制油项目、内蒙古锡林河煤化工有限责任公司、呼盟大雁矿务局煤化工项目部、中国盐业集团吉兰泰分公司、四川泸州天然气化工总公司等区内外多家用人单位。并建立了长期稳定的校企合作关系,毕业生遍布全区各地,很多已成为技术骨干和高级管理人员,在全区化工行业发展中发挥了重要作用。签订多项"定单式"培养协议,部分企业还为学生提供企业专项奖学金。自2006年至今,已举办12届校企合作洽谈会,近3年毕业生就业率平均达到95%以上,在全区同类院校中名列前茅。

四、对接行业岗位,搭建技术技能平台

立足化工产业转型升级向"绿色化、工业化、自动化"高端发展的需求,搭建"产教融合、校企合作"平台,以技术技能为纽带,聚焦"绿色设计、智能控制、智能检测与运维"关键技术,建设以"人才培养、团队建设、科技创新、技术服务"为主要功能的技术技能平台,加大力度促进教学实践创新和科研成果、实用新型专利的转化。成立专业特色创新工作室,开展业务学习、技术指导、导师带徒、经验交流、创新增效,形成师生你追我赶、力争上游的良好氛围,获取专业群的技能大赛参赛成果。

五、依托校企资源,提升社会服务能力

立足内蒙古自治区化工支柱产业,依托校企优质资源,多方位开展社会服务。

(一)培养高素质技术技能人才

为产业提供技术技能人才支撑,为区域企业不断输入新鲜人力资源。主动承担高等职业扩招任务,扩大优质教育资源受益面。依托学院多年开办化工类专业的师资力量和实训条件,为企业员工开展职业技能培训及鉴定和生产安全培训,建设示范性职工培训基地。

(二)助力企业技术攻关

围绕化工企业发展的关键技术问题,参与企业技术攻关与研发,开展横向课题研究,技

术服务和科技咨询,利用科研成果和发明专利为企业创造较大的经济或社会效益,助力区域化工企业升级发展。

（三）提升师生技能水平

承办自治区级职业技能竞赛,组织全区高等职业学生"工业机器人大赛"。进一步积极申请承办各类赛事,提升为行业、企业及相关院校服务的能力。

（四）服务全区中职院校

积极承接自治区教育厅招标的全区教师培训项目,利用专业群优质的实训基地为全区中职院校的专业带头人、骨干教师、青年教师、新入职教师等提供培训和发展服务,培训内容包含职业教育基本理论、专业技能、师德师风、创新创业、信息化教学、课程思政、实践操作等模块,提升教师理实一体教学能力、专业实践技能、创新创业等能力。

（五）服务发展能力明显增强

专业群4次承办内蒙古自治区人社厅、自治区总工会、石化协会主办的"中国梦·劳动美"企业职工技能大赛,多次代表自治区教育厅组织承办全区高等职业学生"化工生产技术"技能大赛和"工业分析检验"职业技能大赛。学生多次在全区职业院校"化工生产技术"技能大赛和"工业分析检验"职业技能大赛中获得一等奖;曾获全国"工业分析检验"职业技能大赛二等奖和"化工生产技术"技能大赛三等奖;多次获"石油化工技术"全国技能大赛三等奖和"现代化工 HSE"技能大赛二、三等奖。多次在"挑战杯""创新创业""互联网+"等各项比赛中获奖。

专业群承担了"创新行动计划（2015—2018）"应用化工技术、工业分析技术骨干专业建设任务以及煤化工专业教学资源库建设任务,参与了"国家职业教育工业分析技术专业教学资源库"和"煤化工国家级教学资源库"建设。

六、加强对外合作,助力"一带一路"建设

扩大与"一带一路"沿线国家的职业教育合作,与蒙古国、俄罗斯等沿线产能国家及国内沿海发达地区合作,依托虚拟仿真和生产性实训基地,培养适合国际化水准的技术技能人才,促进中外技术交流,提高中国职业教育对周边国家的辐射力、影响力。同时,借鉴现有的蒙古国乌兰巴托大学留学生的教学经验,依据不同学习主体量身定制各种语言、不同层次、不同岗位的个性化资源包,打造中国职业教育国际品牌,吸引"一带一路"沿线国家学生来校留学。

选派专业教师赴国外(境外)进修访学国际学术交流,开展调研引入国际先进的职业教育模式和教学标准,打造适应化工行业需求的专业标准和课程体系。

七、建立"三对接"机制,保障专业群可持续发展

建立产业群与专业群的对接机制,提升专业群与产业的契合度。通过就业调查,产业契合度调研,形成专业群与产业契合度调研报告,分析区域产业群的发展方向和动态,对接

产业和岗位技能需求,完善专业群专业动态调整制度。通过不断调整优化,实现专业群设置与产业结构相适应。

建立产教供需对接机制,对接院校与企业供需。同企业共同质地编写人才培养标准,共管学生岗位实习制度,完善校企合作长效机制。

建立教师培养对接机制,培育双师型教师队伍。专业群教师通常每年有 1 个月的时间到下企业或培训基地提高技能,或者聘请行业企业技术骨干、能工巧匠担任兼职教师。

八、教学资源库的建设效果

化工装备技术专业群紧密结合区域产业发展方向,深化产教融合,构建与产业紧密对接的创新专业群人才培养模式体系。开发多种具有新技术、新规范的数字化教学资源,探索多种教学方法。打造一支素质优良、具有国际视野的专兼结合的"四有四师型"师资队伍。建设具有辐射引领作用的高水平专业化产教融合实训基地,搭建"产教融合、校企合作"平台,面向多元化教育对象开展学历教育、技能培训,培养德技并修的高素质技术技能型人才。

(一)人才培养质量再上新水平

全面实施"立足北疆发展战略",建设"德技并修,多元协同,绿色创新"的人才培养模式,分级分类,针对中职、高等职业、职业本科、招生招工一体化、"1+X"、学徒制、订单班等不同培养对象创新专业人才培养方案。

(二)教学资源建设再现新成果

创新专业核心课课程标准 10 个,借助信息化手段和方法,建设专业群内核心课程资源5 门。建设自治区级职业教育精品在线课程 1 门,建设教学录播演播多功能平台 1 个,使线上、线下混合式教学常态化,突出职业能力培训,提高学生自主学习兴趣和能力。

(三)教材教法改革再增新思路

校企双元合作,开发职业教育规划教材。广泛使用信息化手段开展教学方法改革,大力推行线上、线下混合式教学模式,以项目实战教学、案例教学、研讨式教学、工作过程导向教学等为教学方法,借助教学录播演播多功能平台展开教学。鼓励教师申报自治区教学成果、自治区级以上创新创业类大赛,打造具有职业教育特点的课程思政教育案例。

(四)教师教学团队再上新层次

创新校企"专业双带头人"模式,造就一支以名师引领、专兼结合的"四有四师型"教学团队,建设稳定的兼职教师队伍。培训德育骨干管理人员 1 名,培训"双师型"教师70 人次,聘请行业中具有影响力的企业专家与校内专业教师组成教师教学创新团队 1 个,建立自治区级创新工作室 1 个,通过交流学习,开阔视野,更新教育教学理念,积极开展教学研究、教学改革和课程资源开发,申报科研课题、开展技改横向研究,在教育教学领域取得更多成果。

（五）实践教学基地再创新功能

建设具有辐射引领作用的高水平专业化产教融合实训基地 1 个，校企共建"双师型"教师培训基地和教师企业实践基地 1 个。

（六）技术技能平台再破新度

建设开放型共享实践技能提升平台，搭建"产教融合、校企合作"平台，利用"VR+化工产学研科技创新平台"开发服务化工装备技术专业群的仿真实训软件。

（七）社会服务功能再创新突破

开展职业培训 800 人/天，承办自治区级职业技能竞赛 1 项，承担师资培训 500 人/天，开展横向课题 7 项。

（八）国际交流合作再添新内涵

开展调研引入国际先进的职业教育模式和教学标准，选派专业教师赴国外（境外）进修访学国际学术交流。积极参与"一带一路"倡议建设。

（九）专业群可持续发展再创新机制

内蒙古化工职业学院作为全国"诊改"试点院校，在"双高"项目的基础上，完善专业群的专业动态调整制度，完善专业群建设管理制度，完善多方协同管理机制，为化工装备技术专业群的改革发展保驾护航。教学资源库建设的标志性成果见表 5-2。

表 5-2 标志性成果

序号	成果名称	国家级	自治区级	院级
1	创新专业人才培养方案	—	—	5 个
2	创新专业核心课课程标准	—	—	10 个
3	创新专业群人才培养模式体系	—	—	1 个
4	"1+X"证书取证率	—	—	≥75%
5	建设教学录播演播多功能平台	—	—	1 个
6	建设自治区级职业教育精品在线课程	—	1 门	—
7	建设专业群内核心课程资源	—	—	5 门
8	校企双元合作，开发职业教育规划教材	—	—	2 本
9	获取自治区教学成果奖	—	1 项	—
10	打造具有职业教育特点的课程思政教育案例	—	—	2 个
11	获取自治区级以上创新创业类大赛奖项	—	5 项	—
12	培训德育骨干管理人员	—	—	1 名
13	培训"双师型"教师	—	—	70 人次

表5-2（续）

序号	成果名称	国家级	自治区级	院级
14	聘请行业中具有影响力的企业专家与校内专业教师组成教师教学创新团队	—	—	1个
15	建立自治区级创新工作室		1个	
16	建设具有辐射引领作用的高水平专业产教融合实训基地	—	—	1个
17	校企共建"双师型"教师培训基地和教师企业实践基地	—	—	1个
18	搭建"产教融合、校企合作"平台	—	—	1个
19	利用"VR+化工产学研科技创新平台"开发服务化工装备技术专业群的仿真实训软件	—	—	1个
20	开展职业培训	—	—	800人/天
21	承办自治区级职业技能竞赛	—	1项	—
22	承担师资培训	—	—	500人/天
23	开展横向课题	—	—	7项
24	开展调研引入国际先进的职业教育模式和教学标准	—	—	1院校
25	选派专业教师赴国外（境外）进修访学国际学术交流	—	—	1人次

第六章 师资队伍建设

第一节 建 设 思 路

一、高等职业院校师资队伍建设存在的问题

(一)师资队伍建设存在的问题

为了满足经济发展的需求,我国高等职业教育事业迅速壮大。在政府政策法规的积极推动下,各地对高等职业教育的关注程度日益提升,规模不断扩大。然而由于多种因素的影响,师资队伍的建设远远无法满足高等职业教育发展的需求。这主要体现在以下几个方面:

1.“双师型”教师远低于实际需求

随着我国高等职业教育的快速发展,出现了师资队伍数量不足和师资素质与高等职业院校评估标准相差较大的问题,这对教学质量和实践教学深化改革产生了影响。高等职业院校普遍存在与“双高”建设项目要求相差甚远的情况,这不利于实现高等职业培养目标。专业教师的实践能力亟待提升,在动手能力、知识传授力、现场指导和实践教学等方面存在一定的弱势。整体结构还不够合理,培养渠道也存在阻塞的情况,这导致尚未从根本上改善现状。与社会需求的“双师型”教师相比,教师在理论基础知识和实践工作经验方面明显存在差距。

2.教师专业发展极不均衡

我国的高等职业院校在成立时间较短的情况下,注重迎合市场和考生需求,强调规模的快速发展。然而,教师来源渠道相对单一,主要依赖应届毕业生。这导致招聘过程无法满足考生对专业需求的要求,形成了无计划的招聘和专业安排现状。目前,大多数高等职业院校仍主要从师范院校和对口高校引进应届毕业生作为教师,这导致某些专业教师数量迅速膨胀,甚至占据了整个教师队伍的三分之一甚至一半,给师资和实习岗位带来了巨大压力,而从企业调入的教师数量相对较少。

3.师资队伍结构不合理

我国高等职业院校存在着专任教师数量严重不足的问题,普遍低于评估规定标准。尤其是一些热门专业的教师供应非常紧张,需求量很大。教师的年龄结构呈现中青年骨干教师较少的断层现象。目前,聘请优秀的兼职教师变得困难,而大量外聘教师会增加经费开支,同时兼职教师的教学工作难以有效管理,这些客观原因以及主观认识偏差导致我国高等职业院校外聘教师比例较低。此外,教师的学历学位层次普遍偏低,还存在着提升空间。高学历者主要集中在中级以下职称层面,特别是初级层面。职称结构不均衡,高级职称的

专任教师比例较低且年龄普遍偏大。

(二)师资队伍建设现存问题的原因

目前,许多职业院校面临人才流失和争议纠纷现象逐渐增加,师资队伍的稳定性和和谐性受到了影响。尽管一些高职院校已通过了国家示范、国家骨干、省示范等建设单位的评估验收工作,并对师资队伍进行了明显的优化和提升,但由于多种因素的影响,这些转型院校仍然面临师资队伍问题。造成这种问题的主要原因包括以下几个方面:

1. 教育观念不适应

我国目前的高等教育办学与招生体制直接导致了对职业教育的普遍偏见和歧视观念存在。由于职业院校是从成人教育中转型而来,很多人认为职业教育处于高等教育的较低层次,师资水平低下,办学条件差,生源质量低,人才培养质量不高,教学科研能力弱等。因此,教师对于职业教育规律的认识不足,不愿意长期从事职业教育,缺乏成就感、自豪感和尊重感。

2. 教师待遇的问题

高等职业院校存在着陈旧的管理考核机制,导致绩效工资分配不公平,收入分配差距严重,进而引发教师心理失衡现象。工作业绩和贡献度与收入挂钩不够紧密,排资论辈和权力职位的现象仍然普遍存在。收入分配差异过大造成了教师心理失衡和不健康心理的严重问题,成为师资队伍中的潜在危机和不和谐因素。福利待遇较低,部分教师因为招生减少、专业发展不平衡、教学工作量不满而心不在焉地寻求外校兼职和代课,这严重影响了主要工作精力,对师资队伍建设的发展产生了负面影响。

二、高等职业院校师资队伍建设的思路

目前,职业教育已全面进入注重质量效益和市场经济运作的阶段,激励高等职业教育不断自我发展和完善。市场经济体制为高等职业教育的改革和发展注入了活力,推动了内涵建设的关键阶段,引入竞争机制和效益原则,促进了办学资源的合理配置。高等职业院校充分认识到以服务为宗旨、以就业为导向的办学要求,更高程度地认识市场经济规律的作用,并对师资队伍建设提出了更新和更高的要求。然而,与高等职业教育运行机制之间存在的差异也会对其发展产生一些消极影响。高校师资队伍建设如何应对新的挑战,适应当前教育教学改革的新需求,是高等职业院校面临的重要课题之一。在"双高"背景下,高等职业师资队伍建设需要遵循以下思路:首先,加强师资培养,注重教育理论和实践相结合的培训模式,提升教师的专业素养和实际操作能力。其次,鼓励高等职业院校与行业企业合作,建立师资共享机制,引进实践经验丰富的行业专家,提高师资队伍的专业水平和行业适应能力。此外,加强教师的职业发展支持,提供培训、晋升机会和激励措施,增加教师的职业吸引力和发展动力。最后,建立健全的教师评价和激励机制,重视教师的教学成果和学术研究,促进师资队伍的不断成长和提升。

（一）"双高"项目对高等职业院校教师队伍建设的新要求

1. "双高"项目对高等职业院校校内教师的新要求

高等职业教育作为高等教育的重要组成部分,需要师资队伍的质量满足高等教育人才培养的标准。根据《中华人民共和国高等教育法》的规定,高校教师必须具备高等学校教师资格。了解高等职业教育的规律以及高等技术应用型人才培养规律,是成功管理高等职业教育师资队伍的必要条件。高等职业教育的人才培养目标、专业设置、培养模式和教学基础设施都与普通高等教育的学术性导向有所不同。因此,高等职业教育的教师队伍需要具备"双师型"、专兼结合、一专多能和强调实践等显著特点,而管理模式也必须具备相应的特色。"双高"项目对高等职业院校校内教师提出了新的要求,即在知识和教学能力两方面达到高水平。教师需要具备扎实的学科知识和广泛的实践经验,能够将理论知识与实践应用相结合,培养学生的实际操作能力。同时,教师还应具备创新精神和教育科研能力,积极参与科研项目和教学改革,提高教学质量和教育教学水平。这些要求促使高等职业院校校内教师不断提升自身能力,适应高等职业教育的发展需求。

2. "双高"项目对高等职业院校兼职教师建设的新要求

兼职教师具备深厚的学科知识和行业经验。熟悉所教授的专业领域,了解最新的学科发展动态,并能够将学科知识与实际工作经验相结合,为学生提供实际应用的指导。这要求兼职教师不仅要具备广泛的学科知识,还要具备在相关行业中积累的实践经验,能够向学生传授实用的技能和解决实际问题的能力。

兼职教师还应具备对创新能力和教学方法的灵活运用。高等职业教育要求学生具备创新思维和实践能力,因此兼职教师作为学生的指导者和榜样,也应具备创新能力,引导学生开展创新实践,培养学生的创新意识和创新能力。多样化的教学方法和教学策略,能够根据学生的不同需求和学习风格,灵活调整教学方式,提高教学效果。

（二）高等职业院校教师队伍的建设思路

高等职业院校教师队伍的建设是高等教育质量和发展的关键因素之一。在构建高质量、适应职业教育需求的教师队伍时,需要明确一些建设思路。

高等职业院校应注重提升教师的学科素养和专业能力。教师应具备扎实的学科知识和丰富的行业经验,能够将理论与实践相结合,为学生提供实际应用的指导。通过持续的专业培训和学科研究,教师的学科素养和专业能力能够得到不断提升。

高等职业院校应加强教师的教育教学研究和科研能力培养。教师应积极参与教育教学改革和科研项目,探索适应职业教育需求的教学模式和教育理念。通过开展教育教学研究,教师能够不断提高自身的教学水平和科研能力,为学生提供更优质的教育资源和创新的教学方法。

高等职业院校教师队伍的建设需要关注教师的学科素养、教学能力、教育教学研究和管理激励等方面。只有建立起一支高素质、专业化、富有创新精神的教师队伍,高等职业院校才能更好地适应职业教育的发展需要。

第二节 教师培养

一、组建高水平教学创新团队

组建高水平教学创新团队是为了推动教学的创新和发展。这样的团队由优秀的教师组成,具备丰富的教学经验和专业知识。积极探索教学方法和策略,引入新的教学技术和工具,不断提升教学效果和学生的学习成果。通过团队合作和协同努力,相互借鉴、共享资源,共同解决教学中的难题,促进教学改革和教育质量的提升。高水平教学创新团队的建设对于高等教育的发展和学生的成长具有重要意义。常见的教学团队组织模式如表6-1所示。

表6-1 几种常见的教学团队组织模式

	教师"1+X"	教师2	教师3	教师4	典型课程
模式一	资源开发/组织	在线直播	辅导互动	实践活动	如思政课、通识课
模式二	资源开发/组织	理论教学	实习实训	……	如多数专业课程
模式三	资源开发/组织	通用模块	专用模块1	专用模块2	如跨专业技能课程

(一)组建高水平、结构化教学创新团队

高水平教学创新团队注重团队合作和协同工作,通过定期的研讨会、教学观摩、教学交流等方式,共同分享教学经验和教学资源,互相学习和借鉴。关注学生的学习需求和特点,探索并应用创新的教学方法和策略,积极运用现代教育技术和教学工具,以提高教学效果和学生的学习成果。

通过组建高水平、结构化教学创新团队,学校能够推动教学改革和教育质量的提升。团队成员的共同努力和协作将为学生提供优质的教育教学服务,培养创新精神、实践能力和终身学习的意识,为学校的可持续发展和教育事业的繁荣做出积极贡献。

(二)合作共赢、打造校企"双师"团队

1. 合作共赢、打造校企"双师"团队

打造校企"双师"团队需要双方共同努力和支持,学校应加强与企业的合作交流,建立长期稳定的合作关系,并提供必要的支持和资源。在合作共赢的校企"双师"团队中,双方共同研制人才培养方案和课程标准,将最新的产业技术和规范纳入教学内容,建设一批课程教学资源和实践教学基地。通过实践教学、技艺传承、项目合作、技术研发、成果转化等方式,"双师"团队能够培养更多符合社会和市场需要的复合技能型人才,为产业发展提供源源不断的高素质人才支持。企业也应积极参与校企合作,提供实践场所和实践机会,为学校教师的专业发展提供支持和指导。只有通过合作共赢,校企"双师"团队才能有效促进教育教学的创新和高素质人才的培养,实现教育与产业的有机结合,共同推动社会经济的

可持续发展。

2. 聘请企业专家作为兼职教师

建立专兼教师互助交流平台,旨在推动教学创新和引领"三教改革"。通过构建教学创新团队,探索模块化课程标准开发和项目化教学模式改革。团队把校内教师与兼职教师结合起来,共同讲授课程,合作开发教学资源库,并协作完成企业技术服务项目,还可以建立大师工作室等形式。通过这些合作形式,"双师"团队成为联系纽带,实现"结构专兼结合、培养专兼互助、发展专兼协同"的目标,从而提升团队的能力水平。

(三)"四有四师型"教学创新团队建设

在"双高"背景下,高等职业教育要求构建具备"四有四师型"素质的教学创新团队,以适应职业教育的发展需求和社会经济的变革要求。这一目标旨在培养具备理论素养、实践能力、研究能力和教学能力的教师团队,同时形成拥有学科带头人、技能带头人、实践带头人和创新带头人的教师类型。

培养"四有四师型"教学创新团队需要采取多种途径和策略。高等职业院校应加强教师培训和进修制度建设,鼓励教师参与学科研究、教学研讨等活动,提升其学术水平和教学能力。通过开展教学团队的集体备课、教学观摩和评课活动,促进教师之间的交流和共享教学经验,提高教学水平和教学效果。

在培养"四有四师型"教学创新团队的过程中,高等职业院校要加强对教师的评价与激励机制。建立科学合理的教师评价体系,重视教师的教学成果和教学反馈,注重对教师的教学质量和教学效果进行量化评估。同时,要建立激励机制,通过奖励优秀教师、提供职业发展晋升机会等方式,激发教师的创新热情和教学激励。

高等职业教育在"双高"背景下建设"四有四师型"教学创新团队是提高高等职业教育质量和适应社会需求的关键举措。通过注重团队建设、培养教师的"四有"素质,以及加强校企合作和教师评价与激励机制的建设,可以实现教师队伍的专业化、实践化和创新化,为高等职业教育的发展注入新的活力和动力。

(四)建立名师工作室,引领教师高效成长

在"双高"背景下,高等职业院校应当积极建立名师工作室,以引领教师的高效成长和提升教学水平。

名师工作室为教师提供了专业发展和研究的平台。教师可以在工作室的支持下,开展教学研究和课题研究,深入探讨教学理念和方法,寻求教育教学领域的创新和突破。工作室还可以组织教师参与学术研讨会、教育培训和专业交流活动,促进教师的学术成长和学科发展。

名师工作室提供了教师专业发展的支持和资源。通过工作室,教师可以获得专业培训、研究经费、教学资源和设备支持等资源,有利于提高教师的教学能力和教学质量。同时,工作室还可以邀请行业内的专家和学者来校交流授课,为教师提供学术指导和专业支持,加强教师的学科背景和实践能力。

高等职业院校在"双高"背景下建立名师工作室,可以引领教师的高效成长和提升教学水平。名师工作室提供了教师互相交流和合作的机会,为教师专业发展和研究提供支持和

资源,同时也为校企合作和科研合作提供了平台,促进教师队伍的结构优化和能力提升。通过这种方式,高等职业院校能够建立起一支充满活力和创新精神的教学团队,为培养适应社会和市场需求的高素质技能人才做出积极贡献。

二、建设高素质"双师型"教师队伍

在"双高"背景下,高等职业教育需要建设高素质的"双师型"教师队伍。"双师型"教师既具备高等学校教师的学术素养和教学能力,又具备行业经验和实践能力。将理论知识与实践技能有机结合,为学生提供全面的教学指导和职业培养。

建设高素质的"双师型"教师队伍需要学校和相关部门共同努力。学校应加大对教师培训和发展的投入,提供良好的教学环境和资源支持。相关部门应加强对教师的政策引导和支持,鼓励教师参与行业实践和研究,提供更多的合作机会。只有建设高素质的"双师型"教师队伍,才能适应"双高"背景下高等职业教育的需求,培养出更多符合社会和市场需求的高素质技能人才,为国家经济社会发展做出更大的贡献。

(一)提升师德素养,践行"双高"建设

高等职业教育的发展离不开教师的师德素养提升,而师德素养的践行又是实现"双高"建设的关键。教师应树立正确的职业理想和道德情操,将教育事业视为一项崇高的事业,秉持为人师表的职业操守,为学生树立良好的榜样。教师要具备高尚的品德和道德情操,注重培养学生的品德修养和社会责任感。

教师应扎实掌握专业知识,不断提升自身的学术水平和教学能力。保持学习的热情,积极参与教育教学研究,更新教学内容和方法,提高教学质量和效果。教师要具备社会服务能力,关注区域经济和社会发展的需求。积极参与校企合作,将学术研究和技术开发与产业发展相结合,为行业企业提供专业支持和服务,推动产学研一体化的发展,为社会创造价值。

通过提升师德素养,教师能够更好地履行教书育人的职责,培养出具有良好品德和专业能力的高素质人才。能够引领学生积极向上、扎实进取,助力学生在职业道路上取得成功。

(二)提升思政教育能力,健全思政教育教学体系

高等职业教育的提升需要高等职业教师提升思政教育能力,并建立健全的思政教育教学体系。思政教育在高等职业教育中具有重要地位和作用,关系到学生的思想道德素质和综合素养的培养。

高等职业教师应加强思政教育能力的提升。具备较高的政治素养和思想理论素养,深入了解党的方针政策、国家大政方针和社会发展动态。教师要通过学习和研究,不断增强自身的思政教育理论水平,了解学生的特点和需求,掌握有效的教学方法和手段,能够引导学生正确树立人生观、价值观和世界观。

教师要注重教育与实践相结合,通过案例分析、讨论、互动等方式,培养学生的思辨能力、判断力和解决问题能力。教师要积极参与教育教学研究,加强教学方法的创新和改进,提高思政教育的实效性和针对性。高等职业教育应重视高等职业教师思政教育能力的提

升,建立健全的思政教育教学体系,以确保思政教育的有效实施。

(三)建设高素质"双师型"教师队伍

高等职业教育的发展离不开高素质的"双师型"教师队伍的建设。高等职业教师既要具备扎实的学科专业知识和教学技能,又要具备丰富的行业实践经验和职业素养。将理论与实践相结合,培养学生的专业能力和职业素养。高等职业教育建设高素质双师型教师队伍是提高教学质量和培养适应社会需求的专业人才的关键。通过加强教师培训和提供发展机会,高等职业教育可以吸引优秀人才加入,并为教师提供职业发展的平台和激励机制,以不断提升教师队伍的整体素质和专业能力。

(四)提升专业建设能力,探索专业群人才培养模式

建立职业教育教师资格认定制度,构建多元化的教师任教资质范本,充分运用职业教育课程开发方法,灵活调整专业内涵以适应产业变化。通过岗前培训、教学技能测试和企业实践考察,使企业技术人员和新进教师获得任教资格。进行人才需求调研,调整专业定位,开展职业分析,修订人才培养方案。专业群组织产业线和人才线双向发展。深入研究职业技能等级证书与专业群的相关性和适应性。探索有效评估学习者学习成果的方法。结合各级技能比赛和创新创业大赛,将课程与比赛相融合,推进专业创新改革,纳入人才培养模式规划。

(五)提升社会服务能力,增强服务实效

积极承接国家、地区和行业企业委托的项目,特别是与重点行业和支柱产业相关的技术研发项目和横向课题。主动参与国家重大战略行动,如"一带一路"、大众创业万众创新、互联网+、精准扶贫和京津冀协同发展。与行业企业的领军人才和大师名匠共同为中小微企业提供技术研发、产品升级和技术咨询服务。通过应用技术解决实际问题,提升企业生产效率、产品质量和服务水平,取得社会和经济效益。推动研究成果在实践中的应用,促进产品升级和技术成果的推广转化,将研究成果与实际案例转化为教育教学资源。

第三节 保障机制

一、师资保障机制的内容

(一)完善高等职业教师职称评聘制度

高等职业教师职称评聘制度是师资队伍建设中的重要环节。应该建立科学、公正、透明的评聘机制,根据教师的学历、教学水平、科研成果、职业发展等方面进行综合评价。评聘标准要符合高等职业教育的特点和需求,注重实践能力的培养和应用性科研成果的评价。同时,要为教师提供相应的职业晋升通道和培训机会,激励不断提升自身素质,为高等职业教育的发展贡献更多的力量。

（二）建立教师培训与进修机制

教师培训与进修是提升师资队伍水平的重要途径。高等职业学校应该制订具体的培训计划,组织教师参加各类培训课程、研讨会和学术交流活动,提升学科知识和教学能力。同时,学校应该积极支持教师申请进修、攻读硕士、博士学位,不断提升自己的学术造诣和专业水平。通过持续的培训和进修,教师能够与时俱进,不断更新教学理念和教学方法,提高教学质量和效果。

（三）提供优良的工作环境和发展机会

学校应该为教师提供良好的工作环境和发展机会,包括舒适的教学设施、先进的教学技术支持、丰富的教学资源等。同时,要注重教师的职业发展规划和个人成长空间。学校可以制订个人发展计划,为教师提供晋升机会和职业发展通道,在教学、科研和管理等方面有更多的发展机会。此外,学校还应鼓励教师参与学术研究、教学研究和行业交流,提供参加学术会议、研讨会和专业培训的支持,帮助教师拓宽专业视野,提升学术造诣和教学能力。

（四）加大对教师的岗位培训和指导

高等职业教育加大对教师的岗位培训和指导是提升教师教学能力和实践能力的重要举措。学校制订全面的岗位培训计划,根据教师的专业背景和教学需要,设计培训课程和培训内容。培训内容可以涵盖教学理论、教学方法、教学设计、课堂管理等方面,帮助教师掌握教学技能和教学策略。

高等职业教育加大对教师的岗位培训和指导,有助于提升教师的教学能力和实践能力。通过系统的培训、导师制度、教学观摩和交流活动,以及教学研究的参与,教师可以不断提升自身的教学水平和专业素养,为高等职业教育的质量和发展做出积极的贡献。

（五）加强教师职业发展规划和指导

高等职业教育加强教师职业发展规划和指导对于提升教师的职业素养和发展意义重大。学校应该与教师密切合作,制定个性化的职业发展规划,帮助教师明确自己的职业目标和发展方向。这可以通过与教师进行面对面的交流和定期的职业规划会议来实现。

教师职业发展规划应该包括教学技能的提升、学术研究的发展、管理能力的培养等方面。学校可以提供各类培训课程和资源,帮助教师学习和掌握新的教学方法和技术,提升自己的教学水平。学校还可以鼓励教师参与学术研究项目和科研成果的转化,提供必要的支持和资源。

（六）提供丰富的教学资源和支持

在"双高"背景下,高等职业师资队伍建设中的师资保障机制对于提供丰富的教学资源和支持至关重要。学校应该建立健全的机制,确保教师能够获得必要的支持和资源,以提高教学质量和教学效果。

学校可以通过建立教学资源库和共享平台,为教师提供丰富的教学资源。这可以包括教材、课件、实验设备、实践场地等方面的资源,帮助教师进行教学设计和准备。学校还可以鼓励教师开展教学研究和教学创新,提供相应的资金和支持,促进教学资源的更新和丰富。

(七)加强对教师的关怀与支持

学校可以提供多样化的福利和奖励措施,增强教师的工作满意度和归属感。这可以包括提供良好的工作环境和设施,合理的工资待遇,以及额外的福利,如健康保险、培训津贴等。学校还可以组织教师交流和合作活动,促进同事之间的互动和支持,营造良好的工作氛围。

通过增加对教师的关怀与支持,高等职业学校可以提升教师的工作满意度和教学效果。有助于留住优秀教师,激发其工作热情,提高教学质量和教育水平。同时,也能够建立起稳定的师资队伍,为高等职业教育的可持续发展提供坚实支撑。

二、师资保障机制的建设

在"双高"背景下,职业教育师资保障机制的建设具有重要意义。这一机制能够保障职业教育师资队伍的稳定性和连续性。通过建立合理的招聘、选拔和培养机制,职业教育能够吸引和留住高素质的教师人才,减少教师流动性和空缺现象,确保教学工作的正常开展。

建设师资保障机制还能够促进教师的职业发展和成长。通过规范的晋升渠道和职业发展通道,教师能够有更多的发展机会和更大的提升空间,激发工作动力和积极性,进而增强职业教育的整体实力和竞争力。这一机制能够为职业教育提供丰富的教学资源和支持。通过加强与行业企业的合作和交流,教师能够获取最新的行业动态和技术发展,将其融入教学实践中,提供更贴近实际的教学内容和案例,培养符合产业需求的高素质人才。

"双高"背景下职业教育师资保障机制的建设对于提升教师队伍素质、提高教学质量、促进职业发展以及与行业融合具有重要意义。这一机制的有效运行将为职业教育的改革与发展提供坚实的基础和支持,实现职业教育与经济社会发展的良性互动。

(一)建立健全师资保障机制

建立健全的招聘与选拔机制,确保职业教育师资队伍的专业性和素质。通过科学的选拔程序,选拔具备行业经验、专业知识和教学能力的人才,确保师资队伍的合格性和适应性。

加强对教师的培训与发展。提供全方位的培训机会,包括教育教学方法、行业技能、职业素养等方面的培训,提升教师的教育教学水平和行业实践能力。

建立稳定的激励机制,激发教师的工作动力和创造力。通过设立奖励制度,表彰教师在教学质量、学科研究、创新实践等方面的杰出表现,激励教师不断追求卓越。建立有效的师资评估与反馈机制,对教师的教学质量和职业发展进行评估和指导。通过定期的教学评估和反馈,帮助教师发现问题并加以改进,促进教学质量的提升。

通过以上措施,职业教育的师资保障机制能够确保师资队伍的稳定性和素质提升,提高教师的专业能力和教学水平,为职业教育的发展提供强有力的支持。

(二)创新师资队伍建设的引进机制

高等职业创新师资队伍建设的引进机制是为了引入优秀的教育人才,促进高等职业教育的创新和发展。引进机制可以通过广泛的招聘渠道和选拔程序,吸引具有丰富经验和专业知识的教育专家和行业精英加入高等职业教师队伍。这些引进的教育人才能够带来新的教学理念、创新的教学方法和先进的行业知识,丰富教师队伍的专业背景和教育水平。

引进机制还可以通过与国内外知名高校、研究机构和企业的合作,开展学术交流和人才共享。通过与这些机构建立合作关系,高等职业学校可以邀请专家学者来校开展讲座、指导教学或合作研究项目,进一步提升教师队伍的学术水平和实践能力。

引进高等职业创新师资队伍建设的引进机制对于推动高等职业教育的创新和发展至关重要。通过引入优秀的教育人才,加强与国内外知名机构的合作,以及提供良好的待遇和发展机会,高等职业学校能够建立一支高素质的师资队伍,为培养适应现代职业需求的高素质人才提供有力支持。

(三)形成科学的师资队伍建设的激励机制

激励机制可以通过建立科学的薪酬体系,根据教师的绩效和贡献程度给予相应的激励和奖励。这样可以激发教师的教学热情和专业发展的动力,使其在教学过程中更加投入和积极,提高教学效果和学生满意度。

激励机制可以为教师提供良好的职业发展通道和晋升机会,让教师能够在教育领域中不断成长和发展。通过设置不同级别的职称评审和晋升机制,教师可以在不同阶段获得相应的职业认可和发展机会,进而提高自身的专业水平和影响力。

高等职业教育形成科学的师资队伍建设的激励机制是提高教育质量和推动教育创新的重要手段。通过合理的薪酬激励、职业发展通道和专业发展机会,可以激发教师的积极性和创造力,更好地履行教育使命,为培养高素质职业人才做出积极贡献。同时,激励机制也能够吸引更多优秀人才加入高等职业教育领域,为师资队伍的建设提供持续的动力和保障。

(四)构建师资队伍建设的约束机制

高等职业教育构建师资队伍建设的约束机制,可以有效监督和管理教师的工作行为,保证教学质量和学生的权益。约束机制可以建立完善的教师考核评估制度,对教师的教学质量、课堂表现、学生评价等进行定期评估和监测。通过设定明确的指标和标准,对教师进行量化评价和绩效考核,及时发现和纠正教学中存在的问题,提高教学质量和教师的责任意识。

约束机制可以加强教师的专业发展要求,要求教师参加教育培训、学术研究等活动,不断提升自身的专业素养和能力。通过制定规范的培训计划和学术要求,约束教师在专业发展上保持持续学习的状态,确保其具备最新的教学知识和技能。

高等职业教育构建师资队伍建设的约束机制是确保教育质量和学生权益的重要手段。通过教师考核评估、专业发展要求和职业道德约束,可以有效约束教师的行为,确保其履行职责和使命。这样可以建立一个有纪律、有责任心的教师队伍,为高等职业教育的发展提供有力的保障。

第四节 师资队伍建设案例

下面以内蒙古化工职业学院"双高"建设背景下"化工装备类"专业集群师资队伍建设为例进行说明。

一、师资力量

内蒙古化工职业学院"化工装备技术专业群"拥有一支实力雄厚的高水平师资队伍,围绕办学定位和人才培养目标,不断优化师资数量与结构,逐步完善教师发展与服务。现有专任教师50人,其中教授9人,副教授15人,硕士及以上学历教师40人,中青年教师占比约84%,"双师型"教师61人;企业兼职教师70余人;另有思政专业教师以及基础课教师参与教学。全国化工职业院校教学名师1人,自治区教学名师1人,自治区青年教师课堂教学技能大赛一等奖2人、三等奖1人,化工装备技术专业自治区级师资培训基地1个,自治区教坛新秀3人,自治区师德先进个人2人。

师资队伍素质精良,在化工领域发挥重要作用。学院拥有具有良好的职业道德、治学严谨的高素质教师队伍。学院现有教职工563人,其中专兼职教师399人,副高以上职称189人,中级职称123人,具有"双师"证者85人,硕士研究生60人。有全国"万人计划"教学名师1人,享受国务院政府特殊津贴专家3人,自治区突出贡献专家2人、自治区级劳模3人、"五一劳动奖章"获得者2人,自治区级教学名师14人,自治区优秀教师3人,自治区级教坛新秀12人,全国石油和化工行业教学名师3人,自治区级专业教学团队14个,"双师素质"教师占专业课教师的81%。

二、师资队伍建设

内蒙古化工职业学院坚持以提高师资队伍的师德素质和"双师"素质为目的,以重点专业师资队伍建设为引领,坚持"校企共培、专兼结合"方针,通过制度保障、经费投入、严把入口、绩效评价、分配激励、校企共培等六大举措,创新师资队伍管理。多元发展的教师培养机制如图6-1所示。"双高"建设中教师的角色可以分为专业群建设带头人、专业带头人、骨干教师、专职教师,涵盖了建设主体。

(一)"专业群双带头人"培育

实行校企"专业群双带头人"模式。专业群带头人要带领团队研究不同生源的基础条件、学习习惯和能力特点,针对不同类型的学习者提出不同的学习方案。对于校内专业带头人,通过校企合作、行业锻炼、国内外进修培训、参与技术服务等方式,提升其专业领军水平,使其在专业领域具备坚实的理论基础、系统的专业知识和较高的技能水平,能够准确把握专业发展方向,有效指导和从事专业建设和社会服务。聘请具有行业影响力和"工匠精神"的行业、企业专家作为校外专业带头人及客座教授,指导、组织教师开展校内外实训基地建设、企业横向课题研究、人才培养方向定位、人才培养方案和课程体系制定等,"双带头人"共同带领教师开展专业建设。

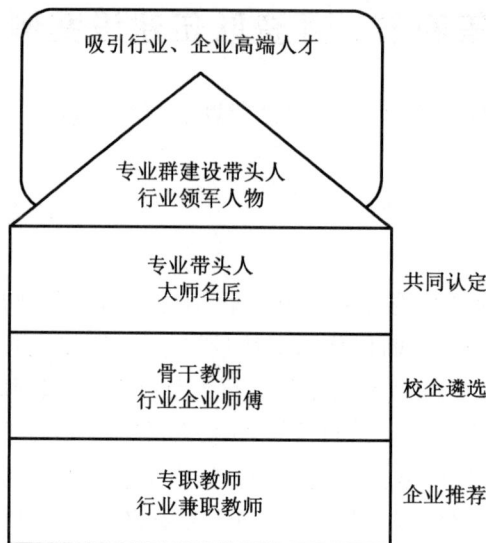

图 6-1 多元发展的教师培养机制

(二)骨干教师培养

积极打造工匠之师——德技兼备、育训皆能。提升骨干专业教师的教育教学、课程开发、横纵向科研创新及实践操作能力。选派骨干教师到高校以及培训机构进行学习、培训,有计划地安排骨干教师到企业接受累计不少于 6 个月的实践锻炼。参加企业生产工艺技术开发和项目改造,参与教学改革和课程建设。专任专业教师承担专业核心课程教学,企业兼职教师主要负责岗位的新技术、新应用、综合性、项目化的课程教学,专任专业教师与企业兼职教师依据学习者的特点、职业场景和类型教育规律,选择慕课、SPOC、微课、精品在线课程、网络学习空间等与课程内容相适应的资源呈现方式,应用人工智能、云计算、大数据、物联网等现代信息技术,共同开发与职业活动内容融合、与行业企业的新技术新发展相融合的资源。

(三)青年教师培养

加强青年教师的职前培训与教师职业能力培养,实施青蓝计划,新老教师结对,老带新,充分发挥老教师的传帮带作用。

(四)兼职教师队伍建设

完善聘任与建设机制,建立兼职教师资源库。加强以企业高技能人才为主的兼职教师队伍建设,将行业企业新装备、新技术、新工艺等引进课堂,提升学生在未来就业岗位上的竞争优势。

加强兼职教师教学技能职业培训。鼓励、吸收兼职教师参与教学研究、专业建设及科研项目等,使兼职教师的教育教学能力得到持续提高。

（五）打造专业群高水平双师队伍

结合教师队伍的年龄结构、技术职称、实践经历、教育资质、综合素养等，发挥专兼职教师的优势进行互补，各显所长，互为影响，促进队伍结构趋于合理化；同时学校、企业要协同做好专兼职教师的更迭补充和后续培养，保持教师队伍知识、技能的自我更新，促进教师队伍"双师""双能"素质的持续提高。通过国家顶层设计和地方政策支持，加强校企合作共赢意识，认识人才共育的重要性和必要性。同时，从传统的"一元主体"转变为现代"多元治理"理念，发挥政、校、行、企的整体协同作用，拓宽校企合作路径，营造校企合作氛围，调动校企双方积极性和能动性。校企共同建立教师团队，在此之前需要明确校企双方的职责和权益，制定符合校企双方利益、契合专兼职教师特点的管理和运行制度；实行专兼互助，加强过程控制和质量管理，构建科学的团队考核和合理的绩效分配体系，创新互兼互聘和双向流动机制，保障教师队伍管理规范、高效运行。

通过外引内培，打造"双师"教学团队。着力打造一支"有理想信念、有道德情操、有扎实学识、有仁爱之心"的"双师素质型"专业教学团队和教师教学创新团队。

办学主体多元化是职业教育发展的大趋势，行业、企业将更多地参与职业教育办学和教学的实施，校企混编、联合培养的"双师型"教师具备了双重身份（学校教师+企业师傅），在此基础上建设一支既能教学又能实践的高水平双师队伍，有助于促进高等职业教育产能与产业人才"供给侧"的无缝对接，进而实现高等职业教育深化产教融合，适应产业转型升级、服务区域经济社会发展的办学使命。

（六）实施师资国际化提升计划

实施境外培训计划，分批选派专业群的专业带头人、骨干教师赴国外访学及研修，学习借鉴职业教育先进经验；建设双语资源精品共享课，深化校企合作，团队教师 5 年内到企业实践累计不少于 6 个月；加强团队的信息化水平建设。鼓励教师积极应用现代信息化教学手段，开展多种方式的教学改革，满足信息化教学要求。引进有海外学习经历或者工作经历的人才。组织教师参加信息化教学大赛，不断提高教学质量及管理水平。建设教师教学创新团队，聘请行业中具有影响力的企业专家与校内专业教师组成教师教学创新团队。

三、政策支持

1. 教育部、财政部关于印发《中国特色高水平高等职业学校和专业建设计划项目遴选管理办法（试行）》的通知，教职成〔2019〕8 号。

2. 教育部、财政部关于实施中国特色高水平高等职业学校和专业建设计划的意见，教职成〔2019〕5 号。

3. 国务院办公厅关于深化产教融合的若干意见，国办发〔2017〕95 号。

4. 国务院关于印发国家职业教育改革实施方案的通知，国发〔2019〕4 号。

5. 中共中央、国务院印发的《中国教育现代化 2035》。

6. 关于印发《内蒙古自治区职业教育改革发展实施方案》的通知，内教办发〔2019〕211 号。

四、建设成果

(一)组建专业群建设专业师资团队

内蒙古化工职业学院积极探索"校中厂""企中校""混合制产业学院"等多种教育模式,完善、健全"双高"专业群管理实施内容。学校、企业通过人才共育、技术共研、困难共担、成果共享,逐渐形成校企命运共同体。教师队伍作为新时期产教融合的具体实施者,在教育教学各个领域各个环节的协调合作,保障"双高"专业群建设有序进行,顺利实现,形成联动,将学校专业理论学习和企业职业技能教育相结合,健全《内蒙古化工职业学院内教师教学质量考核办法》《内蒙古化工职业学院教师企业实践管理办法(试行)》等,加强专业群的人才培养模式创新和教育教学改革,打造高水平"双师"队伍。促进教学链与岗位链匹配,有助于加强人才培养的专业性和针对性,大大提升复合型技能人才培养质量。

内蒙古化工职业学院实行项目负责人制度,组建包括全体专业群专任教师和兼职教师的团队,划分为多个分项项目小组,分工协作,责任明确,具体落实各分项的实施工作。

建立教师培养对接机制,培育"双师型"教师队伍。专业群的教师每年1个月下企业或培训基地提高技能,聘请行业企业技术骨干、能工巧匠担任兼职教师。

(二)教师教学团队再上新层次

创新"行业-产业-企业-专业-就业"五业联动的产教融合长效机制,聚焦产业转型升级和人才岗位能力新变化,创新校企"专业双带头人"模式,积极推进校企之间资源共享、师资共培、文化共融、教学共管、课程共研、基地共建,优化专业人才培养体系,造就一支以名师引领、专兼结合的"四有四师型"教学团队,将产业链的各环节技术流程再造和人才供需对接,拓宽技术技能人才成长通道,建设稳定的兼职教师队伍,以服务区域经济社会发展为依归,努力建成复合型技能人才培养的现代化高地。内蒙古化工职业学院"化工装备技术专业群"培训德育骨干管理人员1名,培训"双师型"教师70人次,聘请行业中具有影响力的企业专家与校内专业教师组成教师教学创新团队1个,建立自治区级的创新工作室1个,通过交流学习,开阔视野,更新教育教学理念,积极开展教学研究、教学改革和课程资源开发,申报科研课题、开展技改横向研究,在教育教学领域取得更多成果。

第七章 "双高"背景下教学模式改革

第一节 教学模式改革的必要性

所谓"双高"建设,主要就是围绕着新时期背景下的职业教育新要求,集中力量建设高水平高等职业院校以及高水平专业群,积极打造技术技能创新平台和人才培养高地,目的在于为国家支柱产业和重点产业发展提供支撑和保障,引导着新时代的职业教育朝着更高质量、更高水平方向发展。

随着"双高"建设计划的提出,我国各大高等职业院校纷纷加入高质量发展行列,而教学模式改革是高质量发展的重中之重,主要是因为以往的教学模式已无法适应现代化教育发展需求,因此必须要与时俱进,不断创新。"双高"建设理念的提出,为高等职业院校教育改革指明了方向,同时也为其提供了快速高效发展的动力,因此,高等职业院校必须要抓住机遇,勇往直前,在"双高"建设的引领之下,促进高等职业教育全面改革。

教学模式是在一定的教学思想或教学理论指导下建立起来的较为稳定的教学活动框架和活动程序,它不仅能反映教育者的教育理念与教育思想,也能影响和体现学习者的学习成效。

第二节 教学方法的改革

教学方法是教学改革最关键、最核心的一部分。之前开设的很多专业课程,虽然也开展信息化教学手段,建设线上线下混合教学资源,但从总体来看,仍然存在以下问题:

一、理实一体化的课程理论教学与实践教学任务指导不对称,理论和实训常常因项目一体化不到位而形不成合力。

二、专业基础课教学改革与专业实践课程教学改革程度不平衡的问题。基础理论课旧有的教学模式、教学方法和教学评价等缺乏创新,无法激起学生学习的积极性和参与度。

三、专业实践教学的信息化运用不够规范、流于表面,没有充分利用信息平台和实际的实训设备的相互结合,结合度不够,仍依赖传统教法,致使课程教学延伸度不够,创新转化力不强。

四、专业教学对知识目标、岗位能力目标和职业素养目标不能准确区分和把握,使人才培养与岗位需求脱节。

五、评价考核方式过于单一,不能形成长期有效的评价体系,不能全面反映和突出高等职业学生专业素质和综合能力。

六、忽略"学生是主体"这一根本原则,对学生学习能力的差异性缺乏具体的分析,根据个体差异实施不同的教学方法。

高等职业教育需要紧跟时代潮流,更新教学理念和方法,使其更加符合学生的需求和时代的发展。下面简单介绍几种适合于高等职业理工科学生常用的教学方法。

一、混合式教学

混合式教学最早是由印度国家信息学院 NI-IT 提出的。2002 年,NI-IT 在美国培训与发展协会网站上发表的《混合式学习白皮书》(*Blended Learning*)中提道:混合式教学应该被定义为一种学习方式,这种学习方式包括面对面、实时的 E-learning 和自定步调的学习。目前高等职业院校的混合式教学还主要集中在传统的"线上+线下"相结合的授课模式中,即通过看视频预习,课堂练习复习的方式展开。

高等职业教育的总体培养目标是培养德、智、体、美、劳全面发展,具有一定的科学文化水平,良好的人文素养、职业道德和创新意识,能够快速胜任生产、建设、管理或服务等各类一线工作的高素质技术技能应用型人才。

根据该培养目标,高等职业教育的教学目标侧重应用能力的培养,更强调学习者应当具备直接上岗的实际工作能力。主要任务不仅仅是知识的传授,更重要的是帮助学生实现对应用型知识的具体实践,并通过具体实践实现对所学知识深入理解并进一步升华,乃至在知识应用领域进行不同程度的创新。因此,如果我们将高等职业教育混合式教学模式的内涵仅仅局限于具有丰富课程资源的在线学习模式与具有情感温度的课堂教学模式的结合,是无法真正达成当前高等职业教育注重实践性的教学目标的。

混合式教学可以从以下几个维度进行应用型知识传授和实践性技能培养的交替混合。

(一)线上+线下的混合

线上+线下混合式教学,是依托计算机、网络技术、智能终端设备,将线上网络教学与线下课堂教学有机结合的一种教学模式。线上教学主要是指教师、学生通过在线网络平台实施的教学活动,线下教学主要是指师生面对面地进行传统课堂教学的活动。

线上+线下混合式教学的优势:

1. 打破学习时间和空间限制

把线下传统课堂教学的优势和线上互联网学习方式的优势结合起来,将课堂教学与信息技术进行有效融合。调动学生学习的积极主动性,保障学生学习的有效性,提高教学质量。

2. 充分利用优质课程资源

线上+线下混合式教学优化了学校课程教学资源。高等职业院校教师可根据课程需要,将网络课程教学平台上丰富优质的教学资源引入课堂,快速构建自己课程资源,实现线上名师全程参与教学过程。根据学情,线下动态调整授课方式,实现个性化的指导。

3. 实现"教"与"学"的统一

在线上+线下混合式教学中,实现课前线上学习阶段,教师将本堂课的教学内容上传至网络教学平台,让学生明确学习目标、学习任务、学习要求。课中线下面授阶段,教师根据网络教学平台学生学习情况,有选择、有重点地进行讲解。课后线上巩固阶段,课程结束后,教师在网络教学平台上发布作业和知识拓展,供学生巩固知识,加深对知识的理解与运用。在混合式教学中,学生是学习的主体,是完全主动地学习,真正实现了教与学的统一。

（二）应用型知识传授和实践性技能培养的交替混合

教学过程中要充分实现"理实一体,工学结合"的理念,以任务为驱动,充分利用高等职业院校的实习实训环境,实施项目化教学,紧贴工作岗位要求,将知识引导实践,实践验证知识,在实践中应用知识,内化知识,使二者有效的融合在一起。如让学生设计制作一个家用自动浇花系统,学生在制作过程中要根据实际需要设计一个闭环系统,选择系统的控制器、传感器、执行器的过程必须具备相关的专业理论知识,属于知识引导性讲授过程;在选择控制系统的组成部分之后需要通过编程、接线、调试来完成实际系统的组装、调试和运行,在此过程培养学生的实践性技能。在实际应用中,可以进行进一步的改进,理论知识的拓展可以推动实践的创新。

（三）碎片化知识点和知识重构的有机混合

学习过程不只是让教师把知识简单地传递给学生,而是要由学生自己去建构知识,形成自身的知识体系。因此,在高等职业教育混合式教学模式中应该将包含碎片化知识点的单个课程的学习和系统性知识结构重新构建的有机混合。教师在整个课程教学过程中应该通过将课程分解、重构,帮助学生构建课程知识的框架,然后将碎片化的知识和技能填充到整体框架中去。

如高等职业院校电气自动化技术专业的课程体系,推行学分制以来,每门课程的课时数增均被缩减,课程的主要内容无法详细讲授,而且教材内容无法及时反映现代机电、控制技术的发展,导致学生毕业后在实际工作中对由可编程控制器技术(PLC)、变频器等构成的复杂系统不能全面掌握与灵活应用。

近几十年以来,机电技术向数字化、智能化方向快速发展,PLC 是现代工业控制中的杰出代表,它的应用几乎涉及了所有的行业,已成为工业控制的标准设备。PLC 技术在现代企业的应用常常与变频器技术、传感器技术、电力电子技术、网络通信等多项技术构成自动控制系统。在现代企业实际的 PLC 控制系统中,传感器作为一个复杂控制系统的检测单元,是实现自动检测和自动控制的首要环节,变频器作为 PLC 的重要执行机构,三者紧密相连,技术人员需要有综合应用方面的知识与技能。采用基于"学习领域",以项目课程为主体的模块化设计思路,将传统学科体系的课程"PLC 技术""变频器控制技术""过程检测仪表"等通过解构、重构的方式,整合成行动体系的课程"现代电气控制技术",课程设置传统电气控制、单个 PLC 控制、联合控制系统、综合控制系统,由浅入深,分成不同的学习领域和培训模块,所有课程教学与训练项目全部在实训室进行,实现理实一体化教学。让学生对现代电气控制系统有全新的认识,将传统教学中孤立的课程教学联系成一个整体。便于学生在一段时间内集中学习训练相关知识和技能。

二、翻转课堂

翻转课堂也称颠倒课堂,通过对知识传授和知识内化的颠倒安排,改变了传统教学中的师生角色并对课堂时间的使用进行了重新规划,实现了对传统教学模式的革新。翻转课堂的核心在于通过对传统课堂的翻转,把大量的课堂讲授移出到课外,从而解放了宝贵的课堂时间用来进行有意义的深层学习。在翻转课堂中,信息技术和活动学习为学习者构建出个性化协作式的学习环境,有助于形成新型的学习文化。

翻转课堂是教育理念的"翻转",教育观念决定教学行为。"翻转课堂"蕴含的教育观念是"学生本位"和"学习主体"。学生是学习的主人,确定在课堂教学中学生的主体地位,并让他们自主地学习,是教育工作者共同的追求。翻转课堂是教学观念的"翻转",要让"翻转课堂"得以实现,教师的教学观念必须翻转,其中教师对信息技术价值的认识和利用,师生的关系及其定位的转变尤为重要。翻转课堂是教学方法的"翻转",教师除了对课程标准和教学内容有科学深透的把握外,还必须根据学生的基础和需求对教学内容做新的构建,教授方法除了讲究科学、精准外,还必须注重多样和适合。要求教师的教授方法适合学生的实际、适合视频课堂的要求、适合课外学习的特点。

三、BOPPPS 教学模式

BOPPPS 教学模式源于加拿大的教师技能培训,是一种以教育目标为导向、以学生为中心的新型教学模式。

BOPPPS 六要素:

(1)导言(bridge-in)。导言的作用是为了吸引学生的注意力和提高学生的学习兴趣,让学生知晓课程主题和重要性。可以采用有趣图片、引经据典、经验分享、新闻报道和简短影片等方式来导入。

(2)学习目标(objective/outcome)。学习目标要从学习者的角度出发,明确、适当、可达成、可测量,涉及认知、技能和情意等三方面目标。

(3)前测(pre-assessment)。前测的作用是了解学生的兴趣与先备知识,调整后续的难易与进度,让课程的目标更加聚焦。可以采用提问应答、是非选择、匿名表决、开放问题、经验分享等方式开展。

(4)参与式学习(participatory learning)。参与式学习的目的在于让主动学习、深入思考、强化印象,要以学生为中心,教师切勿长时间的单方向讲授,可以采取师生、生生互动的方式进行,如问答、讨论、案例、演示等,也可以使用微助教等高科技教学工具开展互动答题来激发学生参与的积极性。

(5)后测(post-assessment)。后测的目的在于验收学生学习成果,检测是否达成学习目标。如果后测与前测对应,并且教育目标层次进行了升级,那将会是极好的。可以采用知识点测试、应用写作、操作演示、感受体会等形成开展。

(6)总结(summary)。总结是对教师对课程教学内容的摘要回顾、知识点总结,也可以让学生来进行总结,进一步巩固学习效果,还可以布置延伸思考、家庭作业以及后续课程的预告等,直至顺利完成本节课的教学目标。

BOPPPS 教学模式要求教师必须针对每次课堂教学专门开展教学目标的设计,即谁在什么情况下将学到什么知识、达到什么标准;并通过引言环节重点激发学生的学习积极性;在摸底环节重点了解学生的学习兴趣与学习能力,帮助教师调整教学内容的深度和教学进度;在讲课环节重点考虑如何鼓励学生积极参与;并在课内采用测试或提问方式来掌握学生是否达成教学目标;进一步通过课堂内容的总结,帮助学生复习讲课内容、重新整理思路并预告下堂课的讲课内容。

BOPPPS 教学模式不是一成不变的,关键看各个老师的运用。但不管安排一定要符合教学规律,从培养学生的角度出发,让学生成为学习的主动者,让课堂提质增效。

四、OBE 成果导向教学模式

(一)OBE 成果导向教学模式简介

成果导向教育(outcomes-based education,OBE),又称其为结果导向教育、产出导向教育。OBE 强调于确定学生预期学习成果、实现方式以及评价达成程度。OBE 强调从需求开始,由需求决定课程的教学目标。这个"反向设计、正向实施"的过程保证了教育目标与结果的一致性,符合以学生为中心的教育思想。

学习成果是学生最终取得的学习成果,是学生通过某一阶段学习后所能达到的最大能力,与教学目标紧密关联。成果必须是可评估的,不能用"提升了""增加了"这些不可评估的短语作为结果。设定的教学成果要融入探索、创造、创新、创业的理念和内容。最终学习成果既是课程教学的终点,也是它的起点,即学生学习完本课程具备什么样的能力,能够产出什么样的学习成果。如图纸、购买清单、说明书、产品、实验结果、创业规划等。学习成果的设计如何体现"两性一度":"高阶性",即知识能力素质的有机结合,培养学生解决复杂问题的综合能力和高级思维;"创新性",即课程内容反映前沿性和时代性,教学形式呈现先进性和互动性,学习结果具有探究性和个性化;"挑战度",即课程设计具有一定的难度,需要学生跳一跳才能够得着。

(二)教学案例

以内蒙古化工职业学院机电工程系电力系统自动化专业"电力系统继电保护"课程为例。

1. OBE 成果导向教学模式实施架构

"电力系统继电保护"专创融合课程的设计主要采用基于成果导向的专创融合六步法建设,以我院机电工程系电力系统自动化技术专业学生为研究对象,依据行业、产业发展和职场需求、学生发展、家长及校友的期望、学院的办学定位及电力系统自动化技术专业的人才培养方案,确定本课程的课程目标;以成果为导向,根据学生的岗位需求,确定专业成果、课程成果、单元成果,这三个成果依次递进,前一个成果是后面成果的依据。在前两个基础上,确定后面的课程内容、教学方法,教学评价等。同时,这样建立的课程体系需要进行持续诊断改进。

(1)在教学设计上,以学生为中心、依照成果导向理念进行教学设计,注重案例分析教学,加强实践教学环节;

(2)在教学内容上,将创新创业知识合理、有序地融入专业课程设定的情景项目的子项目中,培养学生专业+三创能力;

(3)教学方法上,采用混合式教学法,同时灵活启发式、探究式、案例式、项目驱动式教学方法;

(4)在评价体系上,建立多元化学习评价体系,尝试建立非标准答案考核体系和在详细的学情分析基础之上的多元化的评价体系。

2.实施方法

基于 OBE 的教学理念,采用专创融合六步法,采用先进的教学方法和策略。OBE 成果导向实施架构图如图下 7-1 所示。

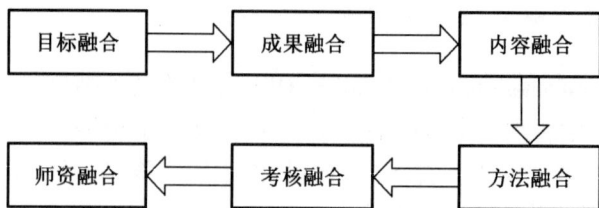

图 7-1　OBE 成果导向实施架构图

(1)制定课程目标

内蒙古化工职业学院依托区域经济发展,坚持以市场需求为求导向,不断优化"订单培养,工学交替"的人才培养模式,以培养专业创新复合型人才为主。结合学院的办学定位和本专业的课程体系,培养的岗位主要有厂用电值班员、送电线路工、配电线路工、电力电缆工、内线安装工、变电站值班员、变压器检修工、直流设备检修工、变电检修工、电气试验工、高压电气安装工、二次线安装工、厂用电安装工、电缆安装工、变电一次安装工、变电二次安装工等。需具备的职业能力有识绘图能力;电机、电气设备安装接线;电力安全规程和规定;电气安装工艺;电力试验相关规程及规定;设备的调试;文字表达与计算机应用能力;资料收集与组织协调、交流沟通能力;触电急救;各类电气设备故障判断、分析及修复能力。课程目标必须要满足本专业学生的毕业要求及岗位要求。

(2)设计学习成果

学习成果的设定必须是在学生毕业要求的基础之上,课程目标设定之后,按成果导向的原则(由于目前我院还没有全面开展成果导向,所以可根据项目成员自身的经验、参阅相关资料,专家建议),在"电力系统继电保护"课程中,学习成果有以下几种。

1)通过调查单位或调查网站完成一份调查问卷;

2)针对教学项目中典型继电保护方法写一份评价报告(包括工作原理,整定方法,优缺点等);

3)根据设计要求,小组随机抽取设计一种或几种继电保护方法,绘制相应的原理图和接线图;

4)对于典型的三段式电流保护能够通过模拟现场工作环境试验台设置故障点、查找故障原因;

5)根据原理图和查找报价表,绘制设计成本的核算表及采购报表。学习成果的实现与否或质量的高低,最终能够评估学生是否真正实现了课程的目标,同时也为学习任务的设计提供了依据。

(3)设计学习任务及情景

根据社会和企业对本专业人才的要求,选取电力系统先进且典型的五种保护方法,设定了五个项目:

1)单侧电源输电线路三段式电流保护设计与原理图的绘制;

2）双侧电源输电线路阶段式电流保护设计与原理图的绘制；

3）输电线路距离保护设计与原理图的绘制；

4）输电线路的全线快速保护设计与原理图的绘制；

5）电力变压器保护设计与原理图的绘制。

这五个项目的设定,难度上从简单到复杂,依次递进教学。采用任务驱动式项目化教学。这五个子项目下,再设定相应的子任务,每个子任务设计相应的任务情境,情境必须结合电力系统的实际应用,并进行详细的描述。教学子任务的设计要体现专创融合,在子任务设计中选取一项或几项内容。教学子任务设计图如图7-2所示。

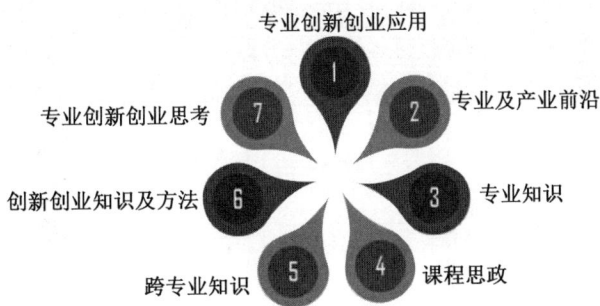

图7-2　教学子任务设计图

教学方法的使用并不是一成不变的,也不是单一的使用某一种教学方法,有时需要几种方法的综合应用,优化改进。高等职业学校应该在教学内容、教学方法等方面建设"高水平专业群",整合优质教育资源,优化课程设置,提高教学质量。

第三节　教学模式改革案例

一、规划教学设计,全面进行教学分析

(一)融通岗课赛证,重构教学内容

"电力系统继电保护"是一门专业核心课程。在电力系统自动化技术专业课程体系中处于承上启下的地位。它前接"电力工程基础",后续"顶岗实习""毕业综合技能训练"等课程,在第四学期开设。毕业后可从事电气运行、二次回路安装、调试与维护、事故分析、技术服务等方面工作。

教学内容的确定,参照国家标准、内蒙古超高压供电局等企业标准、人才培养方案及岗课赛证的内容,从原有四十学时的内容中选取了连续的四个项目,对项目内容进行了整合和重构,分为八个递推的教学任务:依据我国目前电网输电线路常用的保护原理,选择了电流保护、接地保护、距离保护和全线快速保护。依次设计的四种保护,技术难度不断提升,对继电保护人员能力的要求也不断提高。课程整体设计图如图7-3所示。

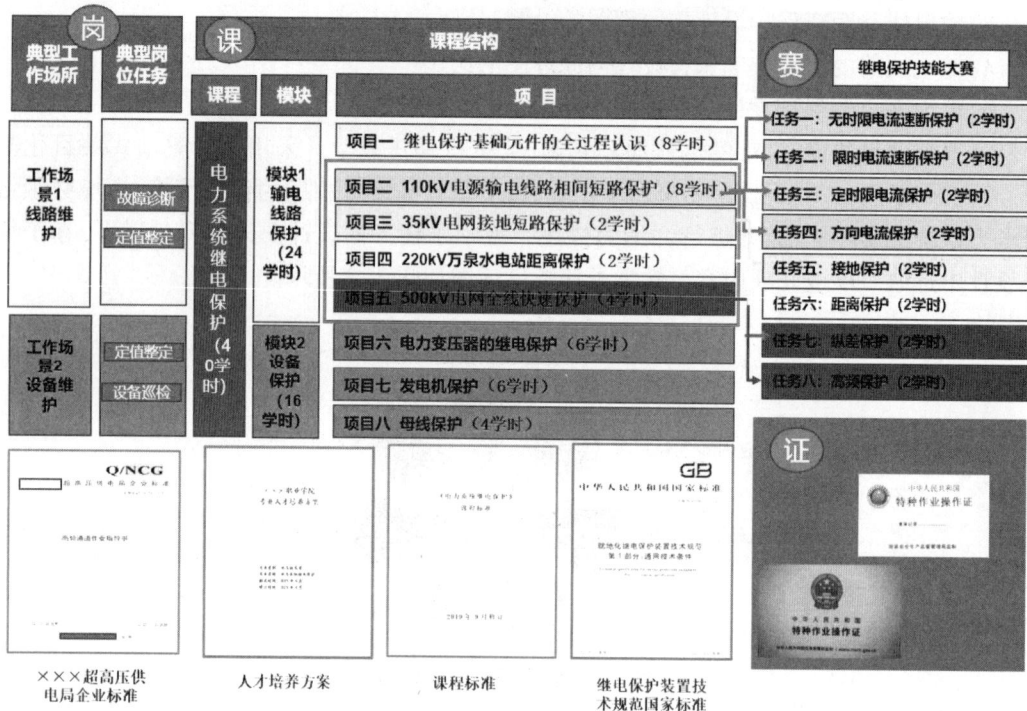

图7-3　课程整体设计图

(二)分析多维数据,精准把握学情

电力系统自动化专业学生的生源为普高生、中职、职业高中毕业生。学生基础水平参差不齐,但相对其他专业录取分数较高,有一定的优势。

知识和技能基础:通过先修课程"电工基础"和"电力工程基础"的学习,学生已具备电路基础知识的分析能力;普招文科占多数,理科基础较弱。

认知和实践能力:对未来从事的职业岗位没有清晰的认识,不理解所学课程在未来岗位的作用,学习的内驱力需要通过外部激发。

学习特点:喜欢操作手机、电脑或实训设备,不喜欢纯理论讲授;不善于思考和钻研,很在乎每次老师给的分数;依靠团队合作,完成任务。

学生学情分析如图7-4所示。

(三)根据学情与目标,明确教学重难点

依据电力系统自动化专业人才培养方案和课程标准,确定教学内容,在学情分析的基础上,制定教学目标,把握教学重难点,采取有效的解决策略。

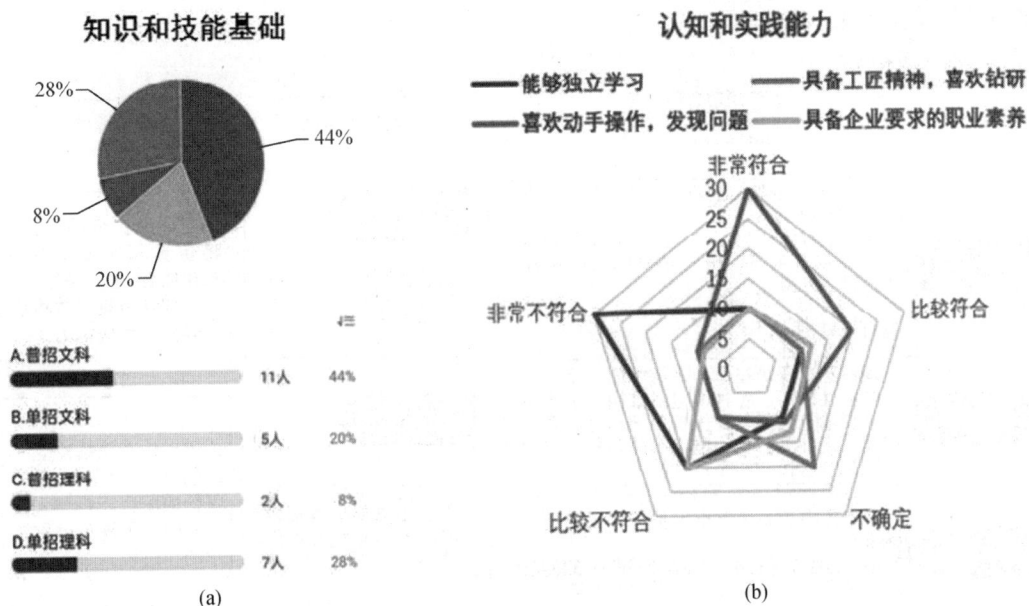

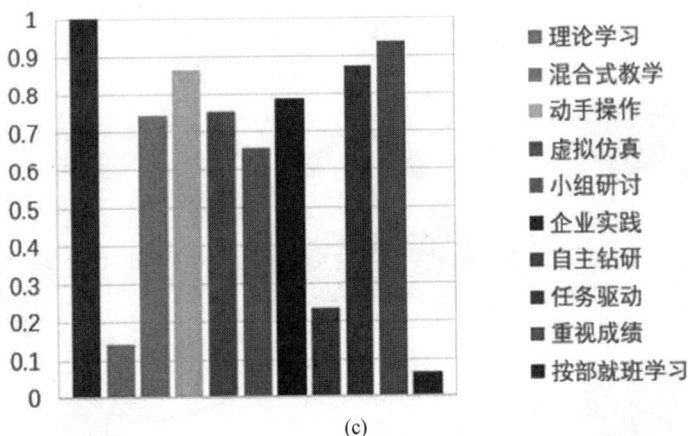

图7-4 学生学情分析

(四)以学生为中心,精心设计教学策略

1.基于学生发展,确定教学理念

(1)学情分析是实现"以学生为中心"教学理念的基础,通过学情和重难点的分析,能够更好地实现教学目标,通过平台建立教师和学生的互动,做到学生是参与者,教师是指导者。设定教学目标如图7-5所示。

(2)教学理念与教学设计注重的是行业和企业对人才职业能力的要求,以真实工作任务及过程为依据,参照内蒙古超高压供电局企业标准(Q/NCG)整合、序化教学内容,采用理实虚一体化,任务驱动式教学模式。教学理念如图7-6所示。

（3）结合课程特点，深入挖掘课程的思政内涵。将爱国情怀、马克思哲学原理、工匠精神等潜移默化地融入教学环节中。

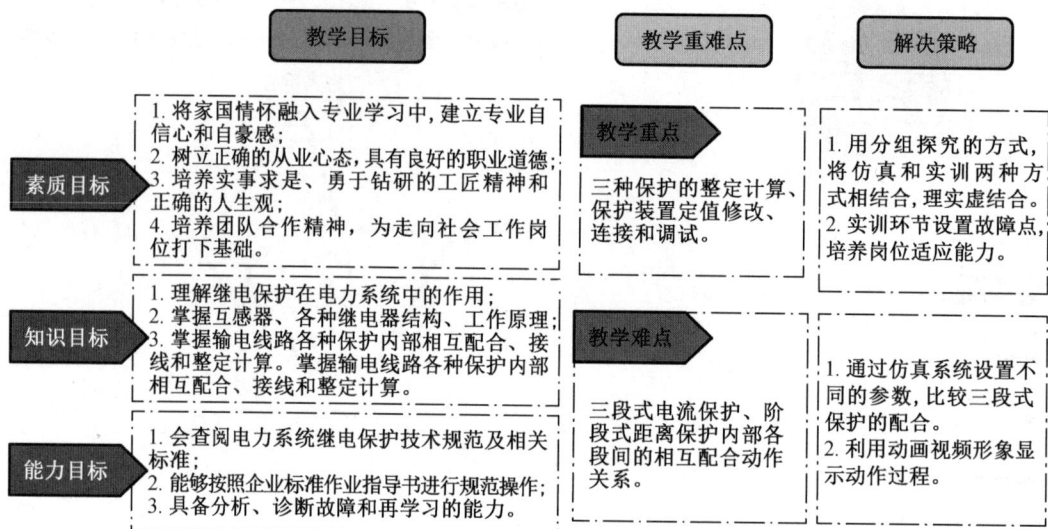

图7-5　设定教学目标

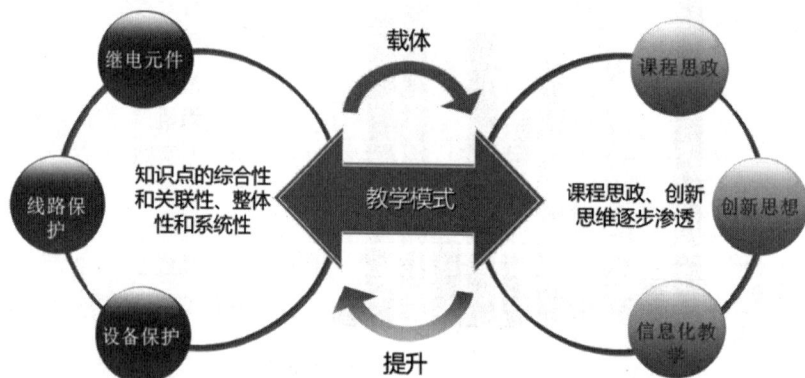

图7-6　教学理念

2. 根据学生特点，选取教学方法

教学过程中，根据电力系统电压等级的不同，结构的复杂程度和对系统稳定性的要求，引出不同线路保护方法，教师有目的地引入教学案例，利用情境教学法和任务驱动法设计教学内容。学生以小组探究、角色扮演等形式积极完成教学内容，实现教师和学生的有效互动。

3. 激发学生兴趣，挖掘教学资源

（1）现代信息和多媒体技术：本课程多媒体课件丰富，内容包含电力工匠视频、工作原理动画、教学视频，专业知识拓展视频，视频资源以声像集合的形式使学生直观地了解继电保护的动作过程及原理；具有交互性的演示动画可以提高学习的趣味性。

（2）MATLAB/Simulink 建模与仿真系统:对故障特征和保护原理进行仿真,帮助学生更为方便、直观地掌握较为抽象的继电保护原理及配合关系。

（3）现场教学:应用智慧教室、继电保护综合实训中心理实一体化教学、校外电厂认识实习,加深知识的理解和技能的提升。结合最新版×××超高压供电局企业标准(Q/NCGZY 06—2021)继电保护作业指导书,实现岗课赛证的结合。

（4）开展教学讨论和网上交流:利用超星学习通签到、选人、主题讨论、抢答、课前单元预测、课后作业、讨论等环节实现了线上+线下的混合式教学,为教师的"教"和学生的"学"提供了互动平台。

（5）微课、慕课等线上学习:爱课程网、中国大学慕课网、电力出版社公众号、思仿继电保护公众号等拓宽学生视野,了解专业领域最前沿的知识。

教学手段及资源如图 7-7 所示。

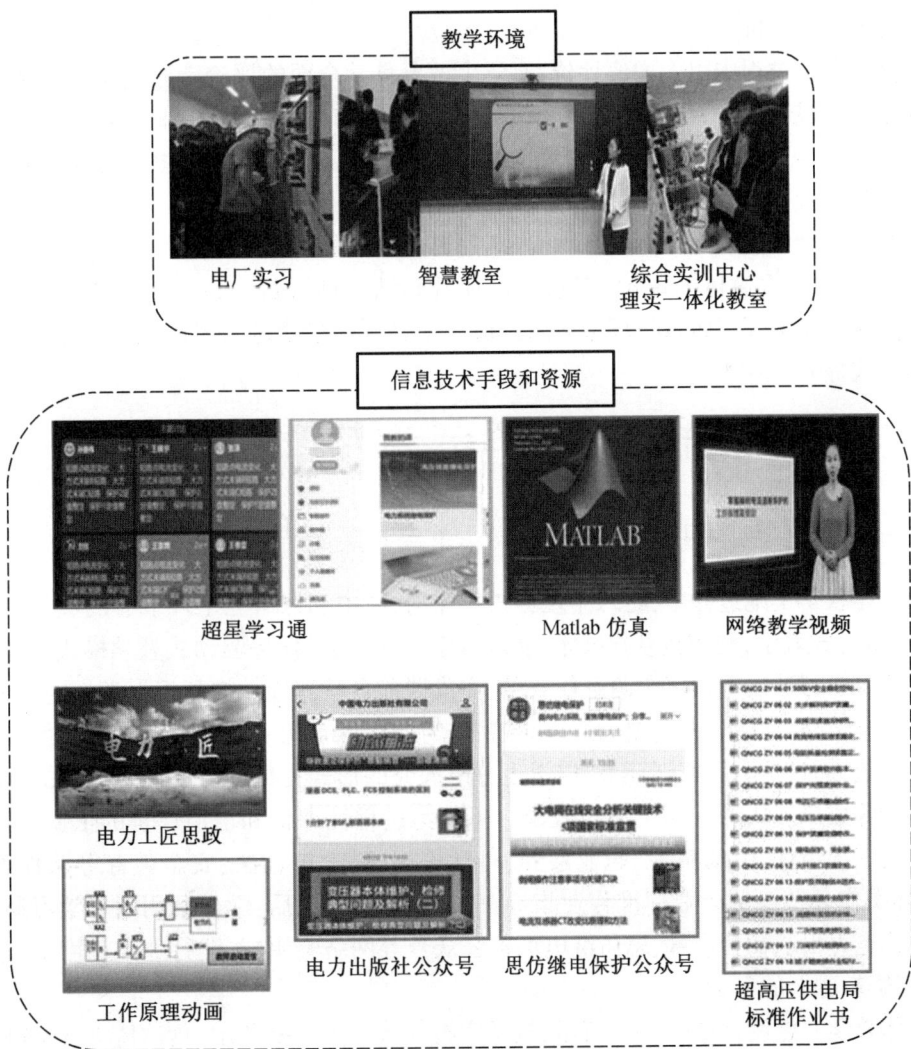

图 7-7　教学手段及资源

（五）紧扣教学目标，合理构建评价方案

1. 强化过程评价

发现问题，及时改进；突破难点，及时鼓励；复盘过程，及时巩固。考核评价内容设计课前、课中和课后的所有环节。具体包括：课堂练习、互动、小测验、作业、学习表现等；识读图纸、仿真软件的使用、线路连接、查找故障、提交成果等；考勤、专注力、规范操作、团结协助能力。职业素养、劳动精神、工匠精神。

2. 改进结果评价

本课程采用过程考核和终结性考核相结合。按照理论测试、仿真、实际操作分别进行考核，课程考核成绩则是笔试和项目实训考核成绩的加权计算，每项考核都是从知识、技能、态度三方面考核。项目考核借助信息化手段，依据学生预习情况、讨论问题的积极性、解决问题的能力、提交的成果、学生工作任务书、项目知识考试、平时表现等完成情况打分。

3. 引入增值评价

在课程评价过程中引入增值评价，对学生做出科学全面的评价。通过学习通平台数据和其他过程形成性成果分析，在专业知识与技能、认知与实践能力、专业素养、安全素养、问题解决能力、学习适应能力、学习习惯的养成、职业素养、工程伦理等方面，全方面监测学生，实现对学生的准确定义和科学评价。

4. 健全综合评价

通过全方位、多主体的评价，将过程性评价和结果性评价均计入最终的评价体系中。完善的评价体系保证了各教学环节有效形成一个具有反馈功能的闭环系统，实现了学生能力的螺旋式提升。

二、教学实施过程

（一）课前自主学习，课中任务驱动，课后拓展延伸

在整体教学实施过程中，将八个任务按照课前、课中和课后三个环节有的放矢，依托线上+线下混合式教学，利用信息化技术，实现以学生为中心，任务驱动式教学模式。课前：教师通过超星学习通发布学习资源及任务单，完成课前自学测验。教师根据学生的完成度及时调整教学策略。课中：精选电力工匠事迹，作为课程思政切入点和典型工程案例，以学习情境为主线，通过仿真和实训环节，以学生分组探究的形式完成任务。以思维导图、绘制线路连接图等成果形式展现学生学习效果。可作为过程性评价和增值评价的依据。教学环节中渗透家国情怀、劳动精神、职业素养、科学伦理、科学辩证法、安全教育等课程思政元素，实际操作环节参照企业标准作业指导书，规范操作。课后：学生利用超星学习通平台、关注中国电力出版社公众号、思仿继电保护公众号等网络资源，关注行业岗位需求，达到以赛促学、赛教融合的目的。

整体教学实施设计如图7-8所示，教学实施环节如图7-9所示，具体情境、任务根据学习内容特点进行适当调整。

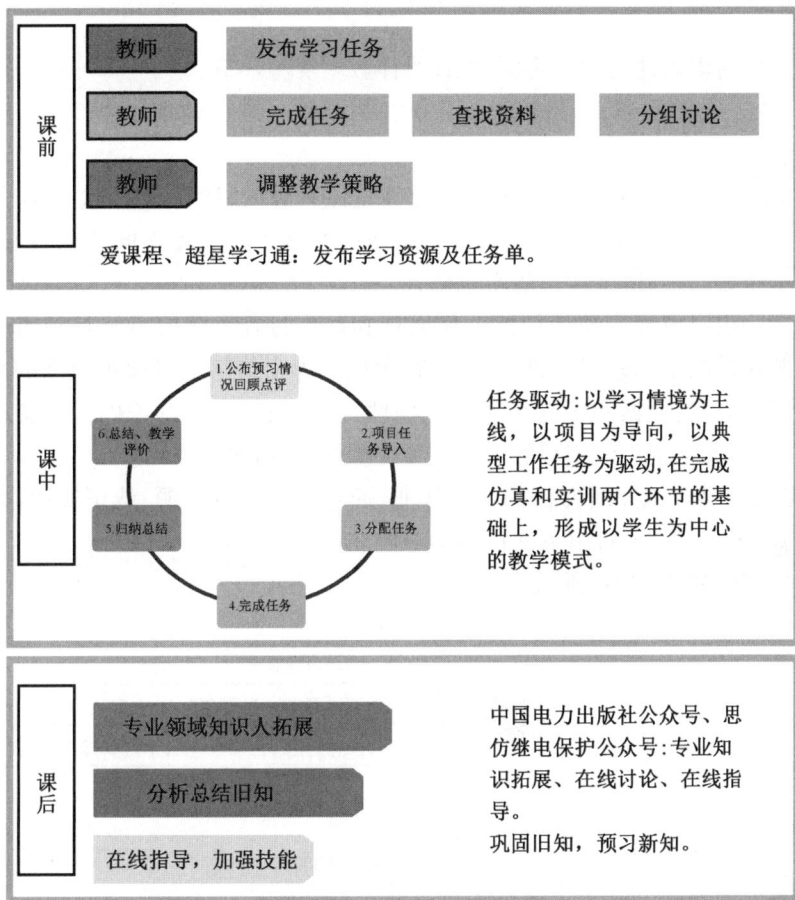

图 7-8 整体教学实施设计

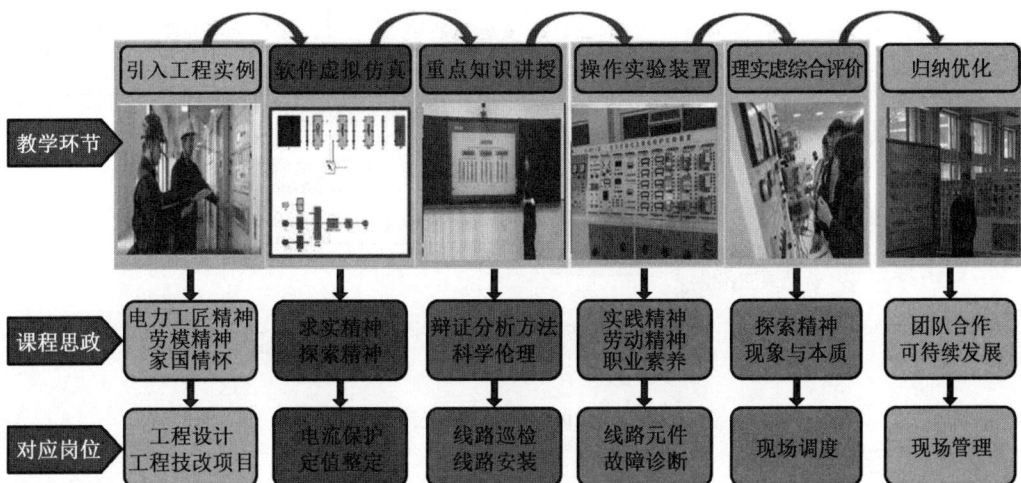

图 7-9 教学实施环节

(二)课程思政润无声,岗位能力在提升,教学过程在推进

以任务二限时电流速断保护为例,设计具体教学实施环节。

课前:学生完成学习通下发的教学任务单并测验。结合课前学习效果,对学生进行分组。

课中:围绕"两中心六环节",两个中心分别是课程思政,职业岗位;六个环节是指教学过程中的六个教学环节。为了实现教学目标,需结合学生特点在不同环节激发学生兴趣,实现以学生为中心,教师适度参与的教学模式。

教学重点为限时电流速断保护的工作原理和动作过程。解决措施是利用动画演示无时限电流速断保护的工作原理、动作过程。教学难点为定值整定对保护范围的影响。利用实操,验证计算的整定数据和仿真结果的正确性,讨论引起误差的原因。在实践操作中采用角色互换的方法,强调正确流程的重要性和误操作的危害性。

课后:完成限时电流速断保护的相关作业,通过线上查找资源,线下实操,完成专业知识的拓展,为任务三定时限过电流保护的学习做准备。

考核评价流程如图 7-10 所示。

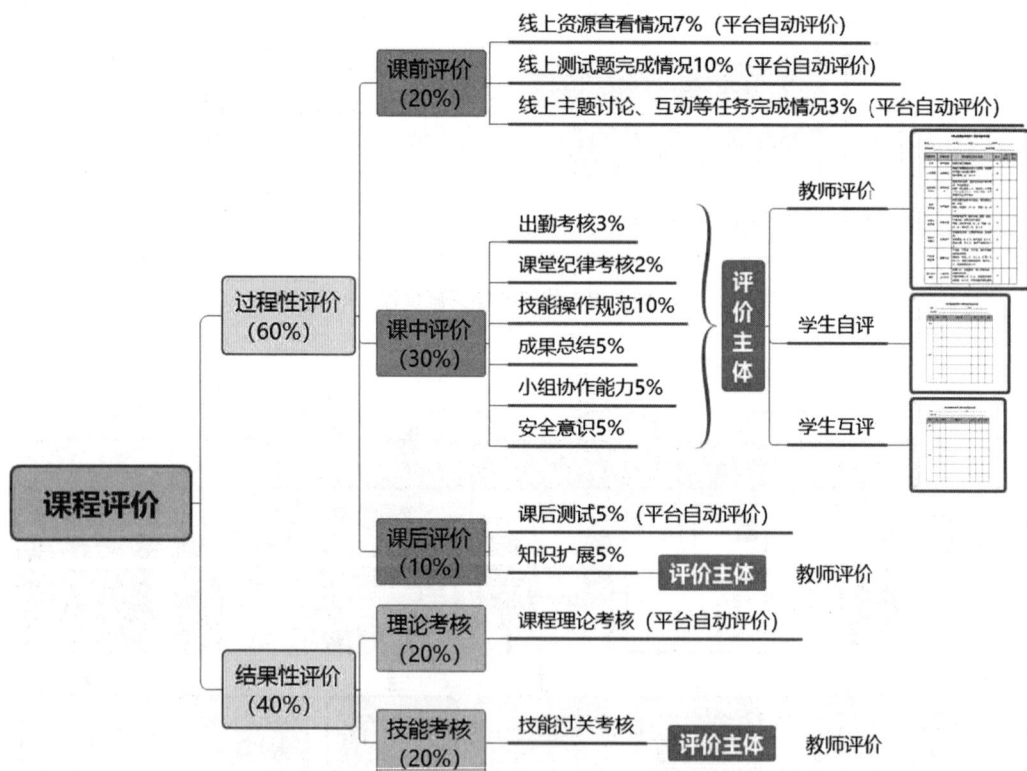

图 7-10 考核评价流程

三、学生学习效果

(一)素质提升明显,工匠精神植根心里

本课程的思政要素是——确立民族自信,培养家国情怀,弘扬创业创新,培养电力工匠精神。具体体现为:问题导向,让学生明白其学习的最终目标是"服务社会,为人类社会经济系统、文化系统、政治系统的安全运行提供保障";创新创业,通过剖析核心技术及装备,不断引导学生的辩证思维,提升发现、分析、解决问题的能力;课程教学配套相应专业实践环节,为学生将来走向工作岗位打下坚实基础。围绕技术在工程中的应用,鼓励和支持学生走进企业,切身体会工匠精神,工程伦理,专业素养。从学习前和学习后两个阶段的五个维度进行了分析,职业荣誉感和责任心潜移默化地融入每个学生的心里。学生素质能力评价对比如图 7-11 所示。

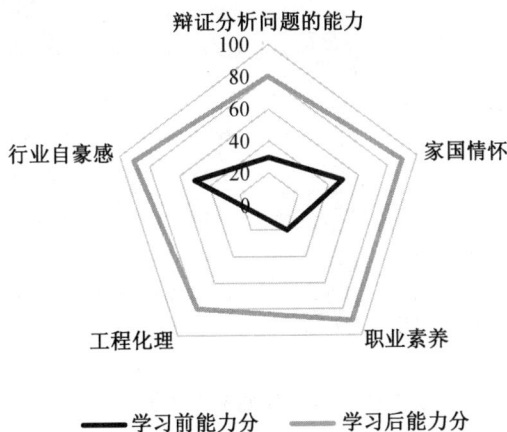

图 7-11 学生素质能力评价对比

(二)知识内化良好,课堂有效互动提高

丰富的教学方法,合理化的小组划分,多样化的教学活动,让课堂生动有趣,提高了学生的学习积极性;团队合作和小组竞赛穿插整个学习过程,使学生在合作与竞争中,快乐学习;学生学习频率明显提升,平均每次主动参与课堂讨论的人次由 10 人增加到 30 人,学生的参与度不断提升,最终达到了 100%。

(三)技能掌握扎实,实践能力显著提高

参照内蒙古超高压供电局企业最新制定的标准作业指导书,通过信息化平台,对操作步骤、故障诊断、作业规程等技能,随机进行测验答题考核,给予一定的成绩权重。既培养了学生操作步骤的规范化,也激发了学生的学习兴趣,使学生获得成就感。学生技能考核通过率在 95% 以上。学生参与度评价对比与学生实践能力评价对比如图 7-12 和图 7-13 所示。

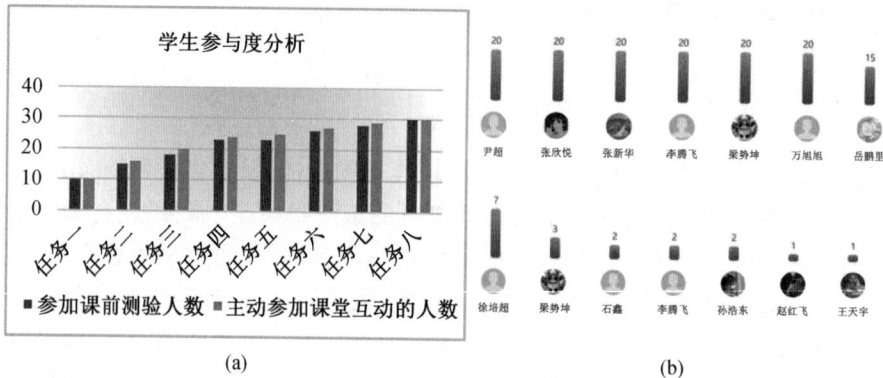

(a)

(b)

图 7-12　学生参与度评价对比

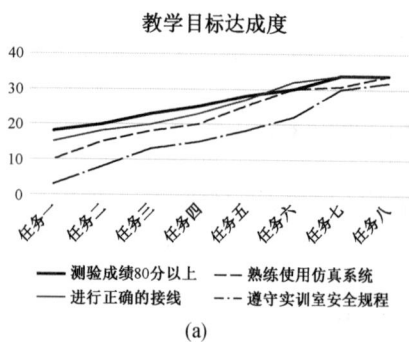

(a)

(b)

图 7-13　学生实践能力评价对比

第八章　校企共建高水平产教
融合实训基地

根据国务院《国家职业教育改革实施方案》(国发〔2019〕4号)、教育部《职业教育提质培优行动计划(2020—2023年)》(教职成〔2020〕7号)及《关于公布职业教育示范性虚拟仿真实训基地培育项目名单的通知》(教职成司函〔2021〕35号)要求,为指导职业教育示范性虚拟仿真实训基地培育项目单位高效率、高质量开展建设工作,切实推进虚拟现实技术与职业教育教学的深度融合,赋能职业教育高质量发展,教育部科技发展中心(正筹建教育部高等学校科学研究发展中心)受教育部职业教育与成人教育司委托,研究制定了《职业教育示范性虚拟仿真实训基地建设指南》。

明确提出建设目标:适应国家战略和数字经济发展要求,紧盯产业转型升级,融合新《职业教育专业目录》规定,将职业教育示范性虚拟仿真实训基地打造成集教学、实训、培训、科研、竞赛、科普等功能于一体的综合性实训基地、虚拟仿真实训教学资源校企协同开发平台和虚拟仿真实训技术成果展示与应用推广平台;解决实训教学过程中高投入、高损耗、高风险,以及难实施、难观摩、难再现的"三高三难"痛点和难点;服务新时代复合型技术技能人才培养、服务"双师型"教师队伍建设、服务企业员工和各类人员就业培训、服务区域经济转型升级和乡村振兴、服务行业企业技术创新、服务"一带一路"沿线国家和地区发展;发挥示范、引领、辐射、带动作用,为推动现代职业教育高质量发展增效赋能。

高等职业院校以培养技术技能型人才、科学研究和社会服务为主要办学目标,校内实训基地是学校各专业及专业群发展的基石,是培养技术技能型人才的平台。建设具有辐射引领作用的高水平专业化产教融合实训基地势在必行。

产教融合实训基地建设模式如图8-1所示。

第一节　建设原则

一、科技引领,虚实结合

不断提升虚拟现实和人工智能等新一代信息技术在实训教学中的应用水平,将信息技术和实训设施深度融合,构建具有感知性、沉浸性、交互性、构想性、智能性的虚拟仿真实训教学场所,搭建以实带虚、以虚助实、虚实结合的虚拟仿真实训系统,配置相应的虚拟仿真实训设备,有效解决实训教学过程中的"三高三难"痛点和难点。

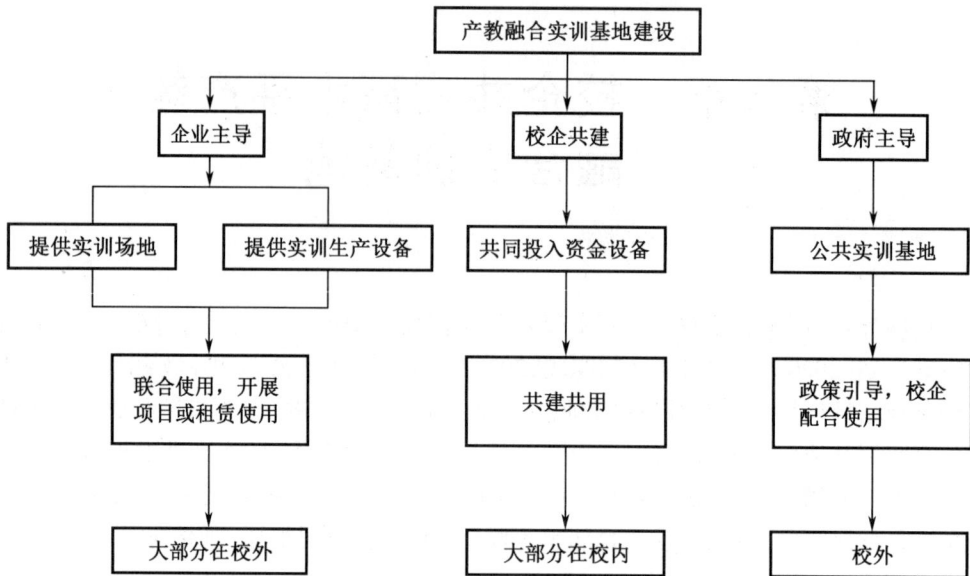

图 8-1　产教融合实训基地建设模式

二、一校一策，因地制宜

坚持"一校一策"，结合职业院校人才培养实际需求与区域经济和行业企业发展需要，有针对性地制定建设规划和实施方案，将职业教育示范性虚拟仿真实训基地建设与智慧校园整体设计相融合，探索符合学校实际需要和当地产业需求的创新路径与方法，突出专业特色，面向区域、面向行业、对接产业，服务企业人才需求，助力经济社会高质量发展。

三、共建共享，优势互补

坚持资源融通、辐射共享。实现跨校及校企共建实训基地联合体，建立共建共享机制，实现地域和资源的优势互补，在尊重保护院校和企业知识产权与资源版权的前提下，保证优质虚拟仿真实训资源的开放共享和持续应用，提高其利用率和应用效益，助力乡村振兴及教育均衡发展，服务带动周边院校以及"一带一路"沿线国家和地区院校办学水平的整体提升，面向内蒙古自治区化工企业，实现"走出去，引进来"的原则，建立良性循环的"校中厂，厂中校"。

四、育训结合，教学创新

考虑跨专业实训教学和职业培训的特点不同，兼顾实训课程设计的专业性和兼容性，合理确定虚拟仿真实训教学内容，研究开发虚拟仿真实训教学资源，打造高水平虚拟仿真实训教学和资源开发团队，有机结合"1+X"证书制度和学分制度改革试点，优化人才培养方案和职业培训方案，改革实训教学体系，创新实训教学模式，科学安排虚拟仿真实训教学体系所需课程时长、教学要求和考核标准等。

五、科学管理，规范考核

建立健全专门的管理机构，设置专门的管理人员，制定完善的管理制度、运行机制、考核规定等实训基地维护与可持续发展的保障措施。建立有利于增强学生自主学习和创业能力、提高各级各类实训教学和职业培训质量的教学效果考核、评价和反馈机制。

第二节　实训资源

一、与岗位技能对接

根据高等职业学生认知特点，创造性、创新性试行"分层模块培养"，提升学生的品德素质、职业素养、就业能力以及职业迁移能力。以操作训练为主的产教融合实训基地实训资源应根据实际工作岗位的核心技能要求，设置若干典型任务，每个典型任务又按照技能要点或操作步骤展开为若干模块或单元。模块或单元的设计应契合虚拟仿真实训教学模式，使学生能在真实教师或虚拟教师指导下掌握技能要点或完成操作步骤且通过考核评价，并最终完成典型任务，取得相应成绩。

二、与人才培养方案和职业培训方案对接

产教融合实训基地实训资源应符合专业人才培养方案和职业培训方案的要求，将"产教融合、校企合作、工学结合、知行合一"等重要理念转化到人才培养体系中，与产教融合实训基地教学体系和职业培训体系所需的课程时长、教学要求和考核标准等相适应。还应针对通识教育课程、专业基础课程、专业核心课程等必修、选修或拓展课程的特点，选择合适的实训资源类型及交互方式。积极融入区域创新生态系统，跟踪产业发展动态，面向高端装备、高端汽车、智能制造等技术技能人才紧缺领域，与政府、行业协会、相关企业联合组建"产教融合平台"，健全人才、技术、项目、设备等校企资源与信息供需对接机制，为技术技能人才的培养、科研、技术服务、社会培训提供资源共享和服务平台。

三、与实习实训对接

产教融合实训基地实训资源应能有机融入实习实训的多种形态，比如认识实习、跟岗实习、顶岗实习、创业实践等，用作实习实训的补充或拓展资源，实训基地产教融合的方式包括以下三点：一是构建现代学徒制人才培养基地，实现工学结合；二是通过整合政府、学校、企业、行业、课程专家的资源，培育跨校企职业教育与培训中心，一方面保证专业与区域产业的有效融合，另一方面为专业课师资的专业实习、实训创设条件（企业外）；三是设立职业教育"学习工厂"，训练学生应用新知识和科技解决工程实践问题的能力。学生通过自主选择、自行操作，提高或补充实习实训中所需的特定技能。

第三节 建设具有辐射引领作用的
高水平专业化产教融合实训基地

2019 年国家发布职教 20 条,其中对于实训基地建设给出了明确标准,要求实训基地建设要面向先进制造业等技术技能人才紧缺领域,统筹资源整体规划,产教融合、开放共享,并且要有一定的引领辐射作用。为全面贯彻落实国家职教发展部署,适应"双高"计划建设,全面提升高等职业院校社会服务功能,助力企业转型升级和快速发展,高等职业院校建设具有辐射引领作用的高水平、专业化、创新型产教融合实习实训基地势在必行。

一、建设途径

(一)以校企互利为基础,共同探索基地建设模式

按照智能制造产教融合实训基地承载的专业人才培养需求与技术服务需求,联合合作企业共同探索基地建设合作模式,一是以地方支柱产业输送高质量人才为目标,建立"订单班""工匠班",引入企业文化、先进的生产工艺配套设备、专业的企业导师,共同完成技术技能型人才培养;二是以企业员工、下岗工人、新型农民等重点人群职业培训为目标,比如企业班、职业技能培训班等,促进终身学习体制的建立;三是以为企业扩大产能为目标,比如与成立产业学院,校企共同建立"互融互补互促"的合作共赢机制。将企业生产场所引入校园,校企共同建设校内生产性实训基地,打造新型资源共享型校内生产性实训基地和培养高素质技术技能人才的产教合作平台。不断推进校企合作人才培养模式改革,建立"互融互补互促"的合作共赢机制,切实发挥"校中厂"在"合作办学、合作育人、合作就业、合作发展"中的作用;四是以为企业提供技术研发和技术应用推广为目标,协助企业在校工厂解决在本地产品加工、售后及生产工艺、技术难点等问题,同时提升专业教师的科研能力,促进"双师型"团队综合素质整体提高。

以内蒙古化工职业学院机电一体化专业为例,利用校企共建数控基地共同完成第三方企业蒙兴建筑机械公司"防坠安全器板"订单任务加工,从签订协议到产品验收交货有 3 名教师、2 名师傅、5 名学生全程参与指导和生产加工,实现教师和师傅联合指导、教学和生产互相融合、学生和学徒身份转化、理论和实践有效结合的探索,体现了"现代学徒制"培养模式的精髓。校企共建中 5 名教师和 1 名学生也积极参与到企业课题《新一代全金属密封蝶阀 D363H-25CDN500 设计》的研发中,为企业解决了难题,为课程建设寻找了好素材,学生的专业能力也得以提升。

(二)以"1+X"证书制度为切入点,共同搭建技能服务平台

学历证书+若干职业技能等级证书制度(简称"1+X"证书制度),"1+X"证书制度是国家发布的职教改革方案中一项重要创新制度,其中"1"为学历证书,"X"为若干职业技能等级证书。"1"和"X"的有机衔接和融合代表的就是产教融合。以"1+X"为切入点研究产教

融合型实训基地建设,将"1+X"证书制度试点落实到位,学校教育是全面贯彻党的教育方针,落实立德树人的根本任务,也是培养德智体美劳全面发展的高素质劳动者和技术技能人才的主要渠道。按着这条主线完善设备实施建设,完善教学及考核资源建设,是符合国家发展方向、满足产业发展需求,提高院校发展速度的优选。

内蒙古化工职业学院机电工程系为了培养高端技能型人才,带动数控技术应用发展,助力国家职业教育改革,利用数控实训基地,完成首批"1+X"数控车铣加工培训及取证任务。数控技术基地是2006年由教育部、财政部批准,中央财政专项资金支持建设的数控技能人才培养基地。该基地占地面积1 000平方米,设备总投资500万元,各类数控设备33台。另配有30平方米创新工作室办公室作为日常办公场所、18平方米库房用于储备数控耗材、20平方米培训室作为技术培训场所。一流的实训场地和教学研究设备,为高质量教学活动提供了坚实的物质基础和前提条件。在完成首批"1+X"数控车铣加工培训及取证任务过程中,制订了"三个阶段走"的实施计划。第一阶段,以机电2019级各班选出的学生为基础,集中进行基本功实操强化训练,强化并提升学生的基本功,包括应用斯沃数控仿真软件和CAXA制造工程师进行手动编程和电脑自动编程方法,熟悉数控加工工艺和控制加工精度的方法,强化加工工艺选择和加工精度控制能力,以及小组沟通协作能力、刻苦钻研及积极探索的能力。第二阶段,机电2019级进入综合强化训练阶段,同时吸纳机械2019级、机电2000级各班学生加入训练组。本阶段,通过机电2019级上一阶段的培养,数控技能水平进一步提升,带动新加入的同学学习,查漏补缺的同时,也培养出了新人的成长。第三阶段,考前模拟及心理辅导训练阶段,针对"1+X"取证具体要求,模拟实操考题和理论考题,进行专项训练。进一步提升学生综合能力。根据学生实际训练情况,确定最终参加初级工和中级工取证名单,同时进行考试前的心理辅导及应变能力培养,调整学生考前心态,增强学生心理素质,适应取证要求。主要的实操集中培训内容为:数控车削、数控铣削的加工技巧和熟练程度,包括数控车铣工艺、数控软件编程技巧、手动编程技巧,在保证加工效率的基础上,逐步掌握各种表面的切削参数、实现快速、精确加工,在保证最终零件的尺寸精度、位置精度和装配精度。

学院以数控技术基地为中心,结合化工设备实训基地、电工电子自动化实训基地,组建了智能制造产教融合实训基地,基地建设根据地方产业特点和专业方向,搭建机械制造、自动化、城市轨道交通等专业群技术技能服务平台,打造技术技能人才培养的高地。面向化工装备、轨道交通装备等智能制造领域,培养思想政治坚定、德技并修,能够从事机械、电气设备数字化设计、制造、调试、装配、维修、改造、检测、数据分析等岗位的高素质劳动者和技术技能型人才。基地按照各个证书所含考核内容,与企业对接,共同商讨完善设备设施建设、文化内涵建设等。

(三)基于行动领域岗位核心技能考核要求,构建基地实践教学体系

以"双高"建设为契机,进一步围绕企业发展、传统企业智能化转型升级,校企共同组建科技创新团队,依据企业实际需求,开展应用技术研发、企业技术攻关和解决技术难题、新产品和新工艺开发,并实现科技成果在企业生产环节落地转化应用,为企业创新发展提供质量效益和经济效益,全面提升基地社会服务功能。学校在企业设立教师工作站,企业在学校建立实践专家工作室,企业专家与学校教师一同进行课程开发、教学资源建设,校企合

力形成发展共同体。

（四）建设产教协同应用技术研发服务中心，校企合力形成发展共同体

理工科院校可以以智能制造实训基地为载体，根据教师专业领域，围绕区域经济发展需求，对接智能制造相关企业，汇聚学校和企业科技创新人才组建教师科技创新团队，开展科技创新活动，推动职业教育与区域产业协同创新发展。通过科技创新团队，教师参与到各企业，以小组形式深入中小微企业，与企业技术人员一起着力自主创新和研发，破解企业发展过程中的现实问题与行业前沿问题。团队实现跨专业、交叉学科专业之间联合研发，促进专业之间交叉融合，实现产品创新和技术创新，促进科技成果转化和应用，促进专业之间交叉融合，实现产品创新和技术创新，促进科技成果转化和应用，为创新人才培养提供保障，打破双创人才成长天花板，加大产教协同深度与广度。

二、建设内容

（一）产教融合实训基地环境建设

产教融合型生产实训项目的选取来自企业的生产项目，按照企业真实的生产车间进行设计与建造，实训过程严格根据企业生产的操作规程进行，控制工艺生产操作参数并能生产合格的产品，产生经济效益，实训过程就是产品的企业生产实际过程，生产环境真实化。能在浓厚的职业氛围中得到锻炼，及时掌握先进的设备和工艺，提高人才培养质量和适应社会生产的能力，为学生就业和发展奠定基础。

可以搭建多种拓展性强、多人同时培训的虚拟场景，通过 Web 端或手机 App，以游戏体验方式在线学习学科类实验室安全知识，包括仪器设备安全、用电安全基础知识，以及防护用品使用方法、医疗救助方法、应急处置方法，或在线查找学科类实验室安全隐患，通过反复学习和快速判断，掌握实验室基础知识，固化学习效果；也可以在实训基地通过 VR 虚拟仿真设备体验危险实验操作、体验危险场景、自学医疗救助知识、自学应急处置技能。对于危险实验操作体验，主要途径是将具有火灾、爆炸、中毒、腐蚀、生物感染危险的实验操作，使用虚拟仿真的形式展示，受训者可通过 VR 虚拟体验等方式进行体验。

（二）企业工作项目实战培养

校企双方共建的产教融合型生产实训基地，必须具备多功能性。选择区域内典型产品的生产工艺建设实训基地，营造真实的职业环境与职业氛围，学生可真实操作、真实生产。让产教融合型生产实训基地成为实践教学和生产的主要场所，成为企业培训、技术交流与服务的平台，成为职业技能大赛项目训练场所，成为学生进行创业创新的基地，真正实现学校与企业互利互惠。通过企业级高标准的实战项目开发，能够切实培养学生的劳动态度，磨炼意志，树立职业理念，培养创新精神。同时，职业教育尤其注重培养精益求精的"工匠精神"。学生在从事企业的生产和服务的实训过程中，通过"老带新"、团队协作等模式，树立起对职业的敬畏、对工作的热情以及对产品服务追求完美的价值取向。校企联手、资源整合、全方位育人，不仅要重视技术技能培养，更要德智体美劳全面发展。

三、信息化视角下实训基地管理

(一)通过信息化改善教学条件

1.实训基地网络管理平台信息化

依靠校园网为基础建设产教融合实训基地网络管理平台,进一步完善实训车间、实验室及办公室等公共办公区域的网络,打造一个信息畅通的网络环境,为实现信息化实训基地建设打好基础。同时,要做好网络正常运行的维护工作,保证信息系统的良好运行。

2.虚拟仿真实训基地的建立

在信息化背景下建设实训基地需要建设虚拟仿真实验室。教师可以在虚拟仿真实验室当中进行一些无法在现实中开展的教学。在模拟仿真的教学环境中,教师可以利用信息技术创设情境,引导学生学习。教师还可以非常方便地利用现代教育思想,利用仿真软件和现代科学技术开展教学有效提高教师自身的实践教学能力,实现师生互动。虚拟的教学环境不仅能够实现教学资源共享,还能够有效地弥补实践教学中的一些不足,节约大量的设备资金,避免实践操作中一些不安全事件的发生。

(二)通过信息化实现实训基地优质资源的共享

1.实训基地资源库管理信息系统

建立校园资源管理系统主要是为了促进实训教学的开展,为信息化教学提供更多优质的共享资源。资源库管理信息系统包括实训设备资源库,还包括教学教研资源中心。设备资源库主要是完善学校的各种档案,对实训基地的各种设备使用状况进行记录。而教学教研资源中心则是收集各种教学信息,包括实训课程所需的教材及教学过程中的一些视频资源等。

2.实训基地远程教育系统

信息化背景下建设的实训基地能够通过多媒体技术、数据库、远程控制技术等开展教学。因此,教师与学生之间可以直接通过网络互动实现实训教学以及技能培训,在利用信息化教学模式开展教学的过程中实现优质教学资源的远程共享。

(三)通过信息化加强实验室安全管理

1.实训基地安全智能监控系统

为了能够更好地实现对信息化实训基地的管理。在建设过程中,教师应该注重安全智能监控系统的安装,通过安全监控系统实现实训基地各建筑防火防盗等安全管理的监控。监控系统不仅能够保证实训基地的安全,方便教师的管理,而且能够对实训教学内容进行监控和录像,能够有效地丰富学校资源库的优质教学资源,实现资源共享。

2.实训基地安全巡检信息化系统

常态化的安全检查是实训基地安全管理的一种常用手段,能够及时发现基地中存在的安全隐患并及时整改,使实训基地安全得到保障。利用信息化技术,结合实验室分类分级制度,建立起安全检查的信息化平台,能够合理有效地进行资源调配,有的放矢,加强对重点防护区域的检查,提高实训基地安全检查的精度和成效。

四、实训教学水平

（一）实训教学方法与组织

1. 教学方法的设计

改变传统的老师讲学生做的单一的实训教学方法。根据不同专业的岗位要求，创设真实情境，根据不同的项目和学生学习阶段的特点，选择合适的教学方法组织教学。在入门阶段采用导引方法，激发学生的学习兴趣和学习动力，使学生最大限度地参与到教学过程中；在强化阶段，采用学做练的方法，在练习过程中找到解决问题的办法，并按照企业正确的操作规程强化安全意识、工程意识、工匠精神等；在强化阶段，采用分组讨论的方式，形成不同的合作团队，共同设计工作方案并实施，培养学生的维权意识、团队合作意识、沟通能力和创新意识。

2. 课程教学模式的设计

传统的实训教学方式是将实训课程安排在学期的中期或后半段时间进行，在固定的实训场地安排由两位老师负责其教学与练习指导，学生在学习环境和自我发展的空间内受到了约束。产教融合实训基地可以充分利用电子科技和数字文化龙头企业在行业领域中较强的影响力和号召力。将5G移动通信、云计算、人工智能、物联网、区块链等新一代信息技术以智能化、图形化、可视化的应用服务方式，作用于专业领域，通过高水平产教融合校内外实训基地的建设，实现校企五个合一——学生与学徒合一、教师与师傅合一、教学内容与工作任务合一、教学与科研合一、育人与生产经营合一。面向智能装备产业集群，校企共建高水平产教融合实训基地能将智能制造、数字信息通信、先进的控制系统开发的研究成果更快、更有针对性和广泛性地转化。专业学生也能更快捷、更准确、更全面地了解市场最新技术和工艺，在择业就业市场上，具有更高的视角和更具前瞻性的思路。

3. 考核办法的设计

学生实训课程的考核方法要与实训课程教学目标完全对接岗位要求。要拟定综合能力测试标准和测试办法，通过能力测试在规定的时间内完成指定项目的实际操作，根据操作的规范性、合理性、成果的实用性及掌握先进设备的熟练程度等实训全面的过程考核体系和考核的拓展性评价体系。学生实训成绩以达到规定能力目标的程度为评价依据，实训时的出勤情况和实训报告作为学生参加能力考核必须达到的基本条件。

（二）实训课程开发

1. 思政育人和技术技能育人相融合

立德树人是院校的根本任务，德才兼备是未来企业需要的真正人才。企业做事先做人，实训课程开发要从思政育人和技术技能育人方面融合设计，同向而行；思政指导技术技能提升，技术技能培养服务于思政建设。可以将优秀的企业文化、劳模精神融入实训课程开发环节，迭代新技术、新工艺、新材料、新设备等创新思维。

2. 专业教学和职业培训相融合

职业院校不仅要服务于职业教育学历教育，也要服务于社会终身教育的发展需要，满足职业教育两个功能需要，职业教育实训课程建设开发要有"双向"思维，既要满足学历教育需求,又能满足企业培训需要。立足两个目标的设计,特别是面向企业培训需要的课程建设与开发,能够较好地解决课程的职业性、开放性和技术技能适应性,极大提高全日制学历人才培养与企业之需的对接。

3.工作过程导向和成果导向相结合

在实训教学中,将企业工作真实案例、竞赛及项目研发内容融入教学,开发新形态教材,实施混合式课堂教学,拓展多样化教法改革,整合优质教学资源,实施推动"课堂革命"。将成果导向课与工作过程导向均围绕学生在情境中的行动所展现的能力这一目标来展开项目设计,并在学习结束时采用任务导向的表现性评价来让学生展示其学习到的能力。成果导向的实训项目在设计时,围绕学生预期学习成果来设计教学策略、教与学活动以及评价任务。工作过程导向的课程设计则是立足于企业的生产线或工艺,梳理与所学专业相关的典型工作任务,归纳出行动领域,再转化为学习领域,并设计学习情境进行教学的一套系统化的课程设计模式。二者的结合,将会更好地推动教学效果的开展。

(三)实训考核评价

高等职业实践教学强调利用专业知识解决实际问题,旨在提升技术技能和实际操作的能力,同时养成良好的职业习惯,激发创新思维,鼓励多元主体参与,实现过程考核制度。实践教学效果如何能让学生、企业和家长等各方评价主体满意,制定科学的实践教学评价标准是首要问题,以毕业生就业岗位所需的职业素养、技能要求和岗位考核标准为依据对实践教学进行考核评价是有效途径之一。

实践教学评价对接企业岗位职业技能的考核评价标准。包括职业素质要求,知识水平要求和技术能力要求。通过调研走访合作企业以及毕业生在岗企业,确定不同专业学生在不同企业中所从事的工作岗位,总结分析企业各类岗位的上岗条件、从事该岗位应具备的核心能力,结合企业岗位核心能力确定高等职业实践教学目标、教学要求,并依据企业岗位考核标准逐条制定实践教学考核标准,实现高等职业实践教学评价与企业岗位评价标准的无缝对接。

实践教学评价对接企业工作岗位职业素质的评价标准。通过对各类企业进行的人才需求调研,绝大部分企业普遍认为员工的职业素养非常重要,有的甚至认为职业素养比职业技能更重要。所以,结合高等职业实践,教学的实际,将企业岗位对职业素质的需求作为对高等职业实践教学职业素质的评价依据。将爱岗精神、劳模精神、劳动精神、工匠精神等思政内容融入高等职业实践教学评价和企业岗位职业素质考核标准使高等职业毕业生更具就业竞争力。高等职业实践教学岗位职业要求与实践教学考核指标对应关系,如表8-1所示。

表8-1 高职实践教学岗位要求与实践教学考核指标对应关系表

高职实践教学岗位职业要求	实践教学考核指标
岗位知识	行业企业标准、操作规程
安全、纪律、规范意识	安全规程、安全操作步骤、考勤
岗位核心技能	专业岗位技能、理论知识在实践的应用

表 8-1(续)

高职实践教学岗位职业要求	实践教学考核指标
劳动精神、工匠精神	劳动态度、钻研精神、精益求精、一丝不苟
创新意识	善于发现问题,有创新思维

（四）实训案例

内蒙古化工职业学院机电工程系,积极推进"1+X"证书制度,为在校生取得相应职业技能等级证书。优化现有校外实习实训基地,丰富校外实训基地的合作形式。加强职业技能培训,提升职业院校教师服务企业能力。

1. 创设"一体化、融合型"实训模式

根据专业群融合发展和复合技能培养的要求,学校通过改建、扩建、整合,同时按照具备"教学讨论区、技能操作区、作品展示区、安全保障区"的五区集成建设标准,对实训空间进行提档升级,将"化工装备技术专业群实训基地"打造成设施先进、功能完善、特色明显、示范引领的开放型、服务型、创新型虚拟仿真实训基地,能够同时为"机电一体化、工业机器人、电气自动化、化工自动化"等专业的学生提供实训服务。

2. 校企深度合作,共建生产性实训基地

紧密结合现代化化工产业建立校企共建"双师型"教师培训基地和教师企业实践基地,创办校中厂 1 个,引企入校,共建生产性实训基地,充分调动学校、企业两个主体的积极性,可以降低企业的生产成本,大大提高学生的操作技能,对岗位适应有很好的促进作用,实现校企双赢。

第四节　校企共建"双师型"教师培训基地和教师企业实践基地

2021 年,中共中央办公厅、国务院办公厅印发了《关于推动现代职业教育高质量发展的意见》提出,要强化"双师型"教师队伍建设,制定"双师型"教师标准,建设一支高素质"双师型"的教师队伍。《国务院关于印发国家职业教育改革实施方案的通知》(国发〔2019〕4号)要求"双师型"教师占专业课教师总数超过一半。《教育部等四部门关于印发〈深化新时代职业教育"双师型"教师队伍建设改革实施方案〉的通知》(教师〔2019〕6 号),要求各地结合实际,制定"双师型"教师认定标准,将体现技能水平和专业教学能力的双师素质纳入教师考核评价体系。

《职业教育"双师型"教师基本标准(试行)》

第一条　贯彻党的教育方针,热爱职业教育事业,具有良好的思想政治素质和师德素养,自觉践行社会主义核心价值观,弘扬劳模精神、劳动精神、工匠精神,为人师表,关爱学生。

第二条　落实立德树人根本任务,遵循职业教育规律和技术技能人才成长规律,践行产教融合、校企合作,做到工学结合、知行合一、德技并修。在教育教学和技术技能培养过程中落实课程思政要求,形成相应的经验模式。

第三条 具备相应的理论教学和实践教学能力,掌握先进的教学理念和教学方法,积极参与教学改革与研究。能够采取多种教学模式方式,有效运用现代信息技术开展教学。

第四条 紧跟产业发展趋势和行业人才需求,具有企业相关工作经历,或积极深入企业和生产服务一线进行岗位实践,时长、形式、内容、标准等应符合职业学校教师企业实践相关规定。理解所教专业(群)与产业的关系,了解产业发展、行业需求和职业岗位变化,及时将新技术、新工艺、新规范融入教学。

第五条 中等职业学校教师申报各层级"双师型"教师,在满足第一至四条标准的基础上,还应具备以下条件。

(一)初级"双师型"教师

1.具有较扎实的专业知识和技能,掌握所教课程的课程标准、教学原理,以及教学、生产实习实训方法等,教学经验比较丰富,教学效果好。

2.具有一定的指导和开展教育教学研究的能力,积极参与并承担教学研究任务,在教学改革和专业建设实践中积累了一定经验。

3.具有一定的企业相关工作经历或者实践经验,了解本专业工作过程或技术流程,积极承担实习实训教学和产教融合、校企合作等工作。获得相关的国家职业技能等级证书或职业资格证书,或具有本专业或相近专业非教师系列初级及以上职务(职称),或具有相应的能力水平。

(二)中级"双师型"教师

1.具有扎实的理论基础、专业知识和精湛的操作技能,了解本专业发展现状和趋势,掌握先进的教育理念、教学方法,教学业绩显著,形成一定的教学特色和可供借鉴的教学经验。

2.具有较强的指导和开展教育教学研究、实习实训教学研究、专业建设、技术革新的能力,在教学改革和专业建设实践中取得较突出的成果,起到带头人的作用。

3.具有较为丰富的企业相关工作经历或者实践经验,掌握本专业工作过程或技术流程,在实习实训教学、设备改造、技术革新等校企合作方面取得较突出成果。获得相关的国家职业资格中级及以上证书或职业技能等级中级及以上证书,或具有本专业或相近专业非教师系列中级及以上职务(职称),或具有相应的能力水平。

(三)高级"双师型"教师

1.深入系统地掌握本专业基础理论,具有丰富的专业知识和精湛的操作技能,掌握国内外本专业发展现状和趋势,掌握先进的教育理念、教学方法,教学业绩突出,教学特色鲜明,形成可供推广和借鉴的教学经验或模式。

2.在教育教学团队中发挥关键作用,担任地市级以上专业带头人、教学名师、教学创新团队带头人、技艺技能传承创新平台负责人等,具有主持和指导教育教学研究的能力,在教育思想、专业建设、课程改革、实践教学改革、教学方法等方面取得显著成果,发挥示范引领作用,在指导和培养其他教师方面做出突出贡献。

3.具有丰富的企业相关工作经历或者实践经验,熟练掌握本专业工作过程或技术流程,在实习实训教学、设备改造、技术革新等校企合作方面取得突出成果。获得相关的国家职业资格高级证书或职业技能等级高级证书,或具有本专业或相近专业非教师系列高级职务(职称),或具有相应的能力水平。

第六条 高等职业学校教师申报各层级"双师型"教师,在满足第一至四条标准的基础上,还应具备以下条件。

(一)初级"双师型"教师

1.具有较扎实的专业知识和技能,掌握所教课程的课程标准、教学原理,以及教学、生产实习实训方法等,教学经验比较丰富,教学效果好。

2.具有一定的组织和开展教育教学研究的能力,积极参与并承担教学研究任务,在教育思想、专业建设、课程改革、实践教学改革、教学方法等方面积累了一定经验。有发表、出版的学术论文、教学研究成果、著作或教科书等代表性成果。

3.具有一定的企业相关工作经历或者实践经验,了解本专业工作过程或技术流程,在实习实训教学、设备改造、技术革新、成果转化等校企合作方面取得一定的成果,取得一定的经济效益和社会效益。获得相关的国家职业技能等级证书或职业资格证书,或具有本专业或相近专业非教师系列初级及以上职务(职称),或具有相应的能力水平。

(二)中级"双师型"教师

1.具有扎实的理论基础、专业知识和精湛的操作技能,了解本专业发展现状和趋势,掌握先进的教育理念、教学方法,教学业绩显著,形成一定的教学特色和可供借鉴的教学经验。

2.具有较强的指导与开展教育教学研究、实习实训教学研究、专业建设、技术革新的能力。参与过重要教学研究或科研项目,在教育思想、专业建设、课程改革、实践教学改革、教学方法等方面取得较突出的成果,起到带头人的作用。有发表、出版的有较大影响的学术论文、教学研究成果、著作或教科书等代表性成果,受到学术界的好评。

3.具有较为丰富的企业相关工作经历或者实践经验,掌握本专业工作过程或技术流程,在实习实训教学、设备改造、技术革新、成果转化等校企合作方面取得较突出成果,取得较为显著的经济效益和社会效益。获得相关的国家职业技能等级中级及以上证书或职业资格中级及以上证书,或具有本专业或相近专业非教师系列中级及以上职务(职称),或具有相应的能力水平。

4.作为主要参与者获得技能竞赛类、教学成果类、科技发明类等代表本领域较高水平的奖项;或指导学生获得地市级及以上技能竞赛类、教学成果类、科技发明类等奖励。

(三)高级"双师型"教师

1.深入系统地掌握本专业基础理论,具有丰富的专业知识和精湛的操作技能,掌握国内外本专业发展现状和趋势,掌握先进的教育理念、教学方法,教学业绩突出,教学特色鲜明,形成可供推广和借鉴的教学经验或模式。

2.在教育教学团队中发挥关键作用,担任地市级以上专业带头人、教学名师、教学创新团队带头人、技艺技能传承创新平台负责人等,主持过重要教育教学改革项目、教学研究项目或科研项目,在教育思想、专业建设、课程改革、实践教学改革、教学方法等方面取得显著成果,发挥示范引领作用,在指导和培养其他教师方面做出突出贡献。有发表、出版的有重要影响的学术论文、教学研究成果、著作或教科书等代表性成果。

3.具有丰富的企业相关工作经历或者实践经验,熟练掌握本专业工作过程或技术流程,在实习实训教学、设备改造、技术革新、成果转化等校企合作方面取得突出成果,取得重大的经济效益和社会效益。获得相关的国家职业资格高级证书或职业技能等级高级证书,或具有本专业或相近专业非教师系列高级职务(职称),或具有相应的能力水平。

4.作为主要参与者获得技能竞赛类、教学成果类、科技发明类等代表本领域先进水平的奖项;或指导学生获得省级及以上技能竞赛类、教学成果类、科技发明类等奖励。

第七条 技工院校"一体化"教师可参照实施。

搭建、高等职业院校"双师型"教师培养平台,校企合作共建是最佳方式。为进一步提升"双师型"教师培养质量,使教师所教,学生所学,企业所需有机结合起来成为产教融合的新助力。教师通过到企业进行实践调研,通过"走进企业,接触岗位"的方式了解企业需求行业动态,完善教学内容、改进教学手段、促进产教融合。教师到企业学习锻炼,身体力行,学习企业的操作流程和实际操作规程,才能在教学过程中更好地做到教学做一体的有机结合。

教育部印发《关于公布国家级职业教育"双师型"教师培训基地(2023—2025年)的通知》,公布了170个职业教育"双师型"教师培训基地,旨在优化职业学校"双师型"教师培训基地布局,推进职普融通、产教融合、科教融汇。

一、"双师型"教师培训基地和实践基地建设的模式

(一)"学院+企业"模式

基地将采取"学院+企业"模式,即学院作为牵头单位和基地主体,吸纳校企深度合作企业参加的方式。在基地建设和教师培训过程中,学院与企业发挥各自优势,紧密合作,分工协作,共同完成教师提升教育教学理论、提高专业技术素质、提高实践操作技能的培养培训任务。

(二)大师工作室

利用大师工作室的优势,通过多维度培养目标、实施计划、全方位实施项目等方面为高等职业教师提供全面的专业培训,工作室的多维度培养目标体现在:

第一,要强调师德师风的核心价值,使教师具备高尚的教育道德与师德;第二,强调实践能力的提升,使教师具备更强的实际操作技能;第三,要涵盖理论水平、科研水平以及社会服务能力水平的提升,最终保障工作室的老师们能够在这三个方面共同取得能力提升。工作室可以采用"双师指导、双团队共育、螺旋式提升"的实施计划。"双师指导"是指教师受到来自两位不同背景的导师的指导。一位是教授型技能大师,另一位是企业高水平大师,这种结合是理论与实践相融合,可以为教师提供全面的培养支持;双团队指教师团队由高等职业院校教师与企业指导教师组成,学生团队由校内学生与企业员工组成,这种协作模式促进了知识传递和实践经验分享。"螺旋式提升"则体现了培养过程中逐渐深化和拓展的特点,确保了教师建立坚实的专业知识和技能基础。

二、"双师型"教师培训基地和实践基地建设的意义

(一)企业实践锻炼,深化教育教学改革

教师下企业锻炼,了解目前行业、企业对各类人才的需求、就业状况、岗位需求、用人机制等,通过自己亲身经历,掌握企业对本专业人才知识结构、职业能力、职业素养的要求,返校后有针对性地进行教学改革,培养出更符合企业需求的应用性人才。同时根据企业要求与工作过程特点,修订人才培养方案,改革课程体系,整合教学内容,按知识结构分模块,按能力结构分项目,按认知规律分任务,采用工学交替方式,教学一体化模式进行教学,切实提高教师学生的实际动手能力。

(二)企业实践学习,丰富专业教学资源

教师在企业调研的过程中,能更好地了解专业的发展趋势,能够及时把握行业发展动态,在教学过程中引入企业案例,使专业课不再枯燥单调。在企业学习期间,针对每个操作难点和重点,教师可以通过现场真实感受,做好翔实的记录,可以拍摄大量现场照片和视频资料。一方面,为生动教学提供了丰富而宝贵的资料,更为专业的实习提供了大量的实际、生动的素材,丰富了专业教学资源库;这些资料还可充分应用于专业核心课程建设和课程设计,以利于提高教学质量。另一方面,企业岗位的操作规程与规范、企业现行的相关标准、技术要求都可以使教学资源更具有实用性。

(三)企业实践学习,提升教师整体水平

在企业实践学习过程中,教师积极参与企业技改项目,针对工艺过程的重难点,共同寻找解决方案,与此同时教师可以在企业实践过程中,为企业员工提供技术服务和职业技能培训,帮助企业员工提高理论知识水平。与各位同行老师、企业专家相互学习,提高教育教学能力、专业操作能力,探讨职业教育教学方法及学生管理工作,取长补短,相互促进,共同进步。

(四)企业实践学习,提高对人才培养的认识

通过企业锻炼学习,收集企业一线生产的相关资料并了解了企业对学生素质和技能等方面的要求,通过企业锻炼对教育教学改革进行进一步的思考,对如何培养高素质高技能的应用型人才有更深刻的认识和理解,切实了解到教学与企业之间的差距,了解到当前人才培养与社会需求的差距,为以后在专业建设、课程开发、教学的工作中能有进一步提高打下良好的基础。

(五)企业实践学习,提高团队合作的意识

企业生产过程中各部门、各岗位分工合作至关重要,每个岗位每个人都有自己负责的工序内容和生产任务,他们之间相互独立,又相互配合,团队内部需要有很强的凝聚力,教师可以深刻体会到团队合作的重要性,因为只有把团队建设搞好,在良好的氛围中,才能让每个教师和每个学生在专业知识技能方面和做人方面都大有收获。

第五节　数字化虚拟仿真实训基地

2022 年 10 月,工信部、教育部等五部门联合发布《虚拟现实与行业应用融合发展行动计划(2022—2026 年)》,其中明确要求在中小学校、高等教育、职业学校建设一批虚拟现实课堂、教研室、实验室与虚拟仿真实训基地;服务国家重大战略,推进"虚拟仿真实验教学 2.0",支持建设一批虚拟仿真实验实训重点项目,加快培养紧缺人才。

根据国家职业教育虚拟仿真实训基地建设指导意见和专业数字化升级改造实际,为解决"看不见、摸不着、难再现、风险高、成本高"等现场实训教学难题,按照"以实带虚、以虚助实、虚实结合"理念。校企共建虚拟仿真实训基地,充分运用"VR/AR/AI+5G+云服务"等前沿技术手段,实施基于"VR+教学"的教师、教材、教法改革,将"三教"改革落到课堂、落在教学、落于实处,促进教师的主动发展和学生的全面发展,整体提升学校的教育教学水平。

以职业教育"理实虚"为中心,围绕虚拟仿真实训基地,重构教学实训环境、升级教学资源、创新教学模式。

一、重构教学实训环境

构建虚拟仿真实训基地,搭建智慧课堂。通过网络技术、通信技术、虚拟仿真技术以及科学规范的管理对课堂内的学习、教学、科研、管理和生活服务有关的所有信息资源进行整合,扩大优质教学资源利用率。

实训教学环境的重构需要从空间布置、任务生成、角色体验以及组织管理等多方面入手,多方协同,

1. 空间布置

在空间形态上直接以生产过程与服务现场作为设计基础,试图尽量贴近生产与服务的真实情景。在受到场地以及设施限制的情况下,采用虚拟的情景——在环境的局部"嵌入"真实情景,这样的虚拟是通过技术来实现的。

2. 任务生成

实训教学的载体是任务,通过任务实现能力与素质的培养。在实训教学环境的支持下,模拟任务的完成通过两条路径来完成:"实拟"与"虚拟",即通过实物的模拟与通过技术的虚拟,不管是哪条路径,都是为了一定程度上贴近真实的任务。虚拟和实拟融合的模拟任务支持教学的效果更好,因为其具有成本性低、安全性好、可控性强等特点。

3. 角色体验

实训教学环境要帮助学习者进入特定的角色,进入社会后能够快速地进入岗位。学习者的角色一般是相应生产与服务岗位中具有层次性的角色,"维修工""操作工""高级装配工"等就是岗位角色的层次表示。实训教学环境设计需要提供角色强化的标志物,工作服、标志牌是最常用的标志物,甚至专用工具都可以成为标志物,不同层级的学习者穿上不同颜色的衣服,如"蓝领""灰领""金领",戴上不同颜色的安全帽等,甚至在分配任务时被赋予不同的职位和管理权限,感受各种身份角色体验,强化学习者的角色认知,并进一步转化形成学习动机,建立职业和岗位的使命感。

4.组织管理

实训教学环境要求采用企业化的管理。企业化管理的最大特征是严密性,即它是一个严密的过程,从行为过程到绩效结果都有一系列严格的评价方法与指标。实训教学环境中的管理要充分借鉴企业的有效管理办法,对学习者施以准员工式的管理,目前最常见的是采用7S管理方式以及"工资化"绩效管理。实训教学是一种过渡教学,为学生进入企业工作做好技术与心理的准备,采用企业化的管理,能帮助学习者在角色认知的基础上,进一步明晰自己的责、权、利,促进自我的社会化发展。

二、升级教学资源

在虚拟仿真实训基地的基础上,丰富教学平台线上资源互动教材、教学实训软件等教学资源。校企师生共同优化、开发VR实训软件。将新技术、新工艺、新规范等元素融入实训内容,校企共同开发新型活页式、工作手册式实训教材,应用VR、AR等新技术建设配套的信息化资源,满足不同学习者和学习模式的需求。将硬件设施与软件设备相结合,为学生提供良好的学习环境,助力师生自主知识建构,有效促进教育教学质量的提升。

内蒙古化工职业学院数控实训基地采用斯沃数控仿真系统,提供了16个类别、65个系统和119个控制面板,还拥有编程和加工、手动编程、读入CAM数控程序加工等功能,软件的仿真模拟效果十分逼真,也是一个现代的CAD/CAM系统,先进的CNC编程编辑器,3D模型软件铣床,齿轮的创造者,一个训练工具等。功能强大,便于教学,可根据注册信息,记录学生操作过程,服务器远程控制和查询学生的登录和退出以及加工操作。另外,该仿真系统能直接进行考试数据管理、准考证管理,以及考试成绩管理,提供题库管理、试卷管理、考试过程管理以及试卷自动评分。更适合于"1+X"考核。

另外,电气控制技术虚拟仿真实训系统,采用各品牌PLC厂家所提供的虚拟PLC,结合职业院校自身特点,开发属于具有自身特点的虚拟实训设备,系统可以虚拟仿真气动机械手、工控按钮和指示灯作为被控对象进行PLC编程实训。使用虚拟仿真技术不仅可以实现被控对象的完全虚拟化,同时还采用PLC厂家提供的虚拟PLC作为控制器,实现了完全的虚拟化仿真,学习者只需要在电脑上安装软件和厂家提供的虚拟PLC软件即可进行PLC编程实训。解决了设备昂贵、占地大,台套数不足,以及只能在实训室进行实训的问题。开发与设备和实训项目匹配的教学资源,包括使用说明、程序代码、界面显示和总结拓展等内容。

三、创新教学形式与方法模式

借助完备的虚拟仿真实训基地与丰富的教学内容资源,结合信息化应用手段,达到线上与线下相结合的混合式教学,结合课程特点对课程进行科学合理的组织设计,突破时间与空间的限制,将线上、线下贯通,丰富教学形式与教学方法。结合教学设计理论和软件工程方法,设计实训模块,完成实训的教学目标。

(一)虚拟情境设计

虚拟仿真实训系统要依据学习者的经验、知识背景及需求呈现具体的实训目标、实训背景等信息。通过设置虚拟实训内容、对象和场景来设计情境,以激发学习者的学习动机和学习兴趣。

(二)模拟操作设计

模拟操作设计是虚拟仿真实训系统设计最重要的环节。学习者的虚拟实训就是通过对实训对象的模拟操作完成的。这部分的设计需要关注实训系统的逻辑性、响应性、稳定性等问题。

(三)评价考核设计

评价考核的设计应强调系统能够对操作过程和实训结果给予及时的评价和反馈。在实训过程中,系统自动记录相关操作,对其流程和规范进行及时纠正和指导。实训结束后,对实训结果进行评价和反馈,促进学习者的总结和反思。

第九章　技能及创新创业类大赛

第一节　职业技能大赛

为贯彻落实《中华人民共和国职业教育法》《关于深化现代职业教育体系建设改革的意见》等相关法规和文件精神,按照《全国职业院校技能大赛章程》相关要求,2023 年 3 月教育部办公厅印发了《全国职业院校技能大赛执行规划(2023—2027 年)》(教职成厅函〔2023〕13 号)的通知,通知明确提出了职业院校技能大赛的指导思想、基本原则、主要任务、保障措施等内容。

一、指导思想

以习近平新时代中国特色社会主义思想为指导,深入学习贯彻党的二十大精神,认真贯彻落实习近平总书记关于职业教育的重要论述和全国职业教育大会精神,以提升职业院校师生技术技能水平、培育工匠精神为宗旨,以解决生产一线实际问题、促进职业教育专业建设和教学改革、提高教育教学质量、培养高素质技术技能人才为导向,以优化职业教育类型定位为牵引,立足国内,放眼世界,持续提升大赛的质量、成效和品牌影响力,更好服务职业教育高质量发展。

二、基本原则

(一)坚持职教特色,育人为本

贯彻党的教育方针,落实立德树人根本任务,充分考虑大赛的教育教学属性,围绕职业教育国家教学标准、真实工作过程任务要求和企业生产现实需要设计比赛,重点考查和培养选手的职业素养、理论功底、实操能力、创新精神、合作意识,促进学生全面发展、终身发展,培养具备行业特质、中国情怀、国际视野的综合型技术技能人才、能工巧匠、大国工匠。

(二)坚持以赛促融,以点带面

推动职普融通、产教融合、科教融汇,适时推出职教本科组比赛,搭建职业教育与普通教育互通互联的立交桥;不断优化企业参与机制和形式,引入良性竞争机制,吸引更多产教融合型企业、龙头企业、跨国公司参与大赛,更好发挥企业在软硬件支持、技术转化、资金捐赠等方面的作用;将新的科技成果和企业技术融入比赛,推动职业教育与产业深度互动,推动职业教育提档升级。

（三）坚持问题导向，健全机制

针对执行中发现的制约大赛高质量发展的重点难点问题，通过问卷调查、赛后抽查、第三方评估等对赛事进行全面梳理和科学总结，及时完善相关制度，持续优化体制机制建设、赛项设置和规程、赛题设计，以改革促发展，不断激发大赛创新活力。

（四）坚持统筹协调，多元参与

坚持政府主导、学校主体、行业指导、企业支持、社会参与的办赛机制，推动合作办赛、开放办赛。调动组委会成员单位积极性，提升大赛质量和影响力；扩大赛项执委会、赛项专家组等团体中的行业组织成员占比，建强专家、裁判、监督仲裁队伍；完善世校赛的国际组织形式和工作协调机制。

三、大赛设备

（一）促进理实一体化课程的开展

职业院校技能大赛设备作为实验室装备的重要组成部分，购置时应从学校发展全局考虑，并将其纳入专业课程教学与实训环节。优化教学计划，合理安排实训与大赛培训时间，兼顾技能大赛与日常专业教学，统筹配置教学设备，提高设备的利用率，采用理实一体化授课方式，注重实操部分，增加实训课比例，避免设备长期处于闲置状态。

（二）实现设备的资源共享

实现资源共享是提高等职业业技能大赛设备使用率的有效途径，技能大赛设备"专款专用、封闭使用"的管理模式，不利于设备的高效使用，难以发挥设备的最大价值。高校实验室设备管理必须进行改革，建立共享机制，打破自我封闭，优化管理，以提高设备利用率。一是整合设备，建立校级共享服务平台或学科级共享平台，实行专管共用，彻底打破部门、学科、专业的界限和自我封闭的资源配置模式。二是对设备进行统筹安排，将多余的设备应用到日常教学中，使学生能尽早了解大设备，为以后参赛打好基础。三是对外开放，实现资源共享。在节假日和晚自习期间对外开放备场地与设备，可组建专业社团，吸引更多学生加入，在这里学生可以讨论学习，探讨切磋，既提高了技能水平，又最大限度地发挥大赛设备的使用价值。四是实训室对外开放，利用实训室进行科学研究，取得更多的教学、科研成果，提高学校整体科研和教学水平。

（三）提升教师实践教学水平

采购设备后，应及时联系企业派专业人员给相关授课教师开展系统的培训，让教师能完全掌握设备的使用及功能的拓展，以便在后续教学中能更好地指导学生；对教师开展定期培训，利用假期派遣教师到企业实践锻炼，以增加教师的实践经验与技能水平；可以定期开展教师技能大赛，既能提高教师的技能水平，又能取长补短相互学习；也可以利用先进的比赛设备，申请作为本省（自治区）、国家职业技能大赛的承办方，为更多的教师和学生提供学习和开阔视野的机会。

四、岗课赛证结合

"岗课赛证"融合视域下高等职业教师教学创新能力提升要求教师在教学改革中将岗位、课程、竞赛、证书四个要素进行系统整合，以提升课程改革的有效性。岗课赛证融通主要从以下五个维度来实施:1.以岗定标,教学目标体现职业前瞻度;2.以教适岗,教学过程体现职业融入度;3.以赛促教,比赛内容促进教学发展度。4.以证测学,教学评价体现职业共享度;5.以学定教,教学方法体现职业有效度。其中,以赛融教,参照各专业对应岗位的职业技能标准和技能竞赛标准将竞赛项目进行有效的教学转化,融入具体的教学中,依托技能竞赛的前瞻性和引领力,使课程内容与新理念、新技术、新工艺、新规范紧密对接,以活案例再现真情境,以活课堂贴近真任务,在各级竞赛项目对行业职业标准的仿真演练和真实情境的模拟中,提升技能学习的针对性和与岗位的匹配度。技能竞赛是对于行业职业标准的仿真演练,是课程综合化的高端呈现。结合学情设计竞赛类拓展课堂:要参照各岗位职业技能标准和竞赛标准中的考核要点完成竞赛类拓展课程的项目设计与实施方案,为学生搭建真实情境的竞赛平台,让学生在真实的竞赛情境中提升自己的技术技能。

五、机电类赛项

《全国职业院校技能大赛设赛指南（2023—2027年）》,通过科学规划、系统推进,到2027年,大赛的体制机制更加完善,赛事质量和专业化水平明显提升;纵向贯通、横向融通的职业院校竞赛体系基本形成。现归纳机电类装备制造大类高等职业组的13个赛项,从赛项的设置可以看出,本次赛项设置更加合理,实现了对2021版专业目录中装备制造大类的全覆盖,专业类覆盖率超过90%;与教学和产业需求衔接更加紧密;大赛成果在教学和生产一线得到广泛应用;对职业教育专业建设、教学改革、人才培养、对外交流的示范引领作用更加突出,彰显中国职教特色。全国职业院校部分赛项设赛指南见表9-1。

表9-1　全国职业院校部分赛项设赛指南

赛项编号	设赛方向	专业大类
GZ013	数字化设计与制造	装备制造
GZ014	数控多轴加工技术	装备制造
GZ015	机器人系统集成应用技术	装备制造
GZ016	工业网络智能控制与维护	装备制造
GZ017	智能网联汽车技术	装备制造
GZ018	智能飞行器应用技术	装备制造
GZ019	机电一体化技术	装备制造
GZ020	生产单元数字化改造	装备制造
GZ068	模具数字化设计与制造工艺	装备制造
GZ092	智能电梯装配调试与检验	装备制造

表 9-1(续)

赛项编号	设赛方向	专业大类
GZ093	智能焊接技术	装备制造
GZ094	数控机床装调与技术改造	装备制造
GZ095	船舶主机和轴系安装调试	装备制造

以"数控机床装调与技术改造"赛项为例,赛项设置的目的有以下几方面。

(一)服务工作岗位(群)

主要面向数控设备制造企业的数控设备电气装调、数控设备售后服务与技术支持,机械加工企业的数控设备维护维修等岗位,从事数控设备的电气安装与调试、数控设备故障检查分析与修理、数控设备 PLC 程序开发与诊断、数控设备功能调试与调整、数控设备精度检测与优化、智能制造生产线调试与维修等工作。

(二)服务高等职业院校相关专业领域

数控技术、数控设备应用与维护、机械制造与自动化、机电一体化、模具设计与制造、电气自动化、机械设计与制造、机电设备维修与管理等专业。

(三)能力目标要求

能对数控设备的故障分析,进行核心控制部件板卡的更换;能对数控系统的参数进行设置与优化;能结合外部设备故障和改造要求,进行 PLC 梯形图的逻辑分析、修改及开发;能结合智能制造生产线调试与维修要求,进行自动上下料、工业现场总线等功能的调试及故障处理;能结合数控设备精度与加工效率提升要求,进行伺服的优化与调整;能使用激光干涉仪和球杆仪对数控设备的精度进行检测,结合检测报告进行数据补偿;能对数控设备的界面进行二次开发。

(四)赛项设置目的

以赛促教,通过比赛——"数控机床装调与技术改造"大赛,检验高等职业院校人才培养、专业建设、课程改革和教学成果及成效,检验参赛选手的综合能力和临场随机应变能力,以及数控机床电气装调、数控机床机械装调、数控机床故障诊断和排除、工业机器人对接数控机床上下料虚拟仿真、数控机床功能开发、数控机床精度检验、工件试加工等技能。实现比赛与教学资源建设相结合,营造崇尚技能的社会氛围,促进产教融合和校企合作,引导高等职业院校适应当前制造业转型升级要求、适应智能制造发展,培养具有"匠人精神"的优秀技术技能人才,展示职教改革成果及师生良好的精神面貌。

职业技能大赛是检验职业院校教育教学质量的"试金石",是职业教学改革的"指挥棒"。有研究表明,从"产业-竞赛-教育"三系统的共同结构来看,需求融合、标准融合、过程融合与评价融合是职业教育"产、赛、教"机制的融合。因此,以相互切磋技艺的平台展示高端技能引领教学改革,加强赛课融通,才能充分发挥"以赛促教""以赛促学""以赛促改"

的作用。

1. 借鉴世赛理念,改革院校技能大赛

创办于1950年的世界技能大赛有"技能奥林匹克"之称,是世界技能组织成员展示和交流职业技能的重要平台。赛项设置依据社会职业和产业发展,有一定的前瞻性和引领性,对技能人才的培养具有促进作用。教育部发布《关于举办2020年全国职业院校技能大赛改革试点赛的通知》,明确要求改革试点赛检验教学成果,体现世赛理念,力求赛出新机制、高水平,基本形成"赛教融合""赛训融合"的大赛格局。借鉴世赛理念改革全国职业院校技能大赛,将其办成世界水平的赛事,坚持"引领人才培养,服务产业发展"理念,发挥大赛对职业教育改革树旗、导航、定标、催化的作用。赛项设计要强调德技并修、手脑并用,比赛内容要紧密对接行业标准和企业生产实际,要将职业素养纳入考核范围,注重团队建设的团体赛,加强对选手综合能力和变通能力的考核。

2. 着力赛课融通,引领教学改革

一是要以赛促学,开发赛项相应的教材和课件,以带动相关专业建设。将技能竞赛成果转化为教学资源,通过竞赛心得整理、竞赛规范整理、理论知识整理、竞赛成果整理、微课视频录制等,将竞赛内容和心得体会融入学案和课题项目设计中,将部分学生受训成果转化为大众化的教学资源。此外,还可将赛项设备转化为教学设备、赛项任务转化设计为教学项目、赛项标准转化完善为教学标准、赛项评价转化为教学评价等。二是要以赛促教,培养教师看清企业对学生职业素养和技能的新要求,了解专业发展的前沿动态,促进自我提升。让教师从不爱教学到主动教学,从"教得浅、学不深"到"教得好、学得专",让课堂产生"化学反应"。引领"以项目为载体、工作任务为引领、行动导向"的教学改革理念,形成"做中学、做中教、教学做一体化"的共识。

(五)赛项案例

以智能电梯装调与维护为例,本赛项属于高等职业组装备制造大类。其目的是通过竞赛,检验、展示高等职业院校电梯工程控制技术及相关专业教学改革成果,以及学生分析问题、解决问题的职业能力,引领和促进高等职业院校土木类、机电类、自动化类等相关专业教学改革,激发和调动行业、企业关注和参与专业教学改革的主动性和积极性,推动提升高等职业院校应用专业人才培养水平。

1. 竞赛内容

本赛项包括电梯电气控制原理图设计与绘制、电梯机构安装与检测装置调整、电梯电气控制柜的器件安装与线路连接、电梯控制程序设计与调试、电梯故障诊断与排除以及运维优化与保养等内容。

模块对应的工作任务及考察的知识点见表9-2。

表 9-2　模块对应的工作任务及考察的知识点

模块号	模块名称	配分	工作任务内容	分值	考察的知识点、技能点
M1	电气设计与安装	18	电梯电气控制原理图设计与绘制	8	电气原理图设计、电气符号使用正确性、电路图文字符号使用正确性
			电梯机构安装与检测装置调整	10	机械识图基础、电梯基本构造、曳引钢丝绳、悬挂装置的安装知识、电梯安装技能操作
M2	电路连接与通电测试	20	电梯电气控制柜器件的安装	3	电气控制知识,电气元件类型、用途分析
			电气控制线路的连接	17	电梯各环节的工作原理、PLC 的基本知识和结构、I/O 接口特性,PLC 外围线路的接线
M3	控制程序编程与调试验收	30	电梯舒适系统设计与调试	4	变频器工作原理和使用方法,电梯调速基本操作
			单座电梯运行控制程序设计与调试	8	电脑编程操作,PLC 在电梯控制系统中的应用和编程方法
			群控电梯程序设计与调试	7	PLC 在电梯控制系统中的应用和编程方法,PLC 故障诊断与排除,解决技术攻关中事迹技术难题的综合能力
			电梯监控系统设计与调试	10	电梯"四新"技术的应用
			电梯交付使用后进行运行试验,包括电梯空载、额定重量以及超载三种运行试验	1	电梯运行试验测试:如不运行、电梯冲顶或蹲底、电梯超载运行、电梯运行噪声等
M4	故障检修与保养	10	故障诊断、对故障现象描述	2	电梯电气控制系统的故障分析;如 PLC、变压器、整流器、接触器、各类继电器的检测
			电气原理图标注上标注故障的位置和类型	3	熟悉给定的电气原理图,并标注
			故障排除方法描述,并进行故障的排除	5	电梯电气控制系统的故障排除、能进行电梯的驱动和保护、电梯和安全线路的检测盒排故

表9-2(续)

模块号	模块名称	配分	工作任务内容	分值	考察的知识点、技能点
M5	优化与运维	12	电梯运行模式的优化、增加特色功能、创新功能	10	电梯多种运行模式的设定,电梯特色功能测试、创新功能测试等
			电梯运行与维护	2	平层处理、载荷试验及开关门撞击、卡阻,电梯运行中有抖动和振动处理
M6	职业素养	10	电梯特种设备操作规范性	2	电梯特种设备作业规范
			材料利用效率,接线及材料损耗	2	成本控制
			电梯特种作业防护、工具、仪器、仪表使用情况	2	电梯特种设备作业规范、维修电工基础
			竞赛现场安全、文明情况	2	综合素质
			团队分工协作情况	2	团队协作能力
	总计			100分	

2.评分方式

评分方式分为结果评分和过程评分,前5个模块为结果评分,最后1个模块为过程评分。

3.技术规范

高等职业电梯工程技术、楼宇自动化技术、电气自动化、机电设备维修与管理、机电一体化技术及相关专业所规定的教学内容中涉及PLC控制、变频调速控制、传感器、低压电气控制、机电设备装调、机电设备的维护等方面的知识和技能要求。

赛项所涉及专业的岗位面向包括电梯设备的制造、安装、改造、调试、维修、保养及外围设备保障的操作及维护,与之对应的职业工种为电梯安装维修工(职业编码为6-29-03-03)和电梯装配调试工(职业编码为6-20-04-00),该职业共设5个等级,分别为国家职业资格五级、四级、三级、二级和一级。

(1)理论标准

《智能建筑工程质量验收规范》(GB 50339—2013)

《公共建筑节能设计标准》(GB 50189—2015)

《电梯、自动扶梯、自动人行道术语》(GB/T 7024—2008)

《电梯技术条件》(GB/T 10058—2009)

(2)硬件标准

《电梯安装验收规范》(GB 10060—2011)

《电梯制造与安装安全规范第1部分:乘客电梯和载货电梯》(GB/T 7588.1—2020)

《电梯制造与安装安全规范第2部分:电梯部件的设计原则、计算和检验》GB/

T7588.2-2020

《电梯、自动扶梯和自动人行道维修规范》GB/T18775-2009

《电梯试验方法》GB/T10059-2009

《电梯曳引机》GB/T24478-2009

《电梯 T 型导轨》GB/T22562-2008

《第 46 届世界技能大赛机电一体化项目专业技术规范》(2019Ver.1.5)

《低压成套开关设备和电控设备基本试验方法》GB/T10233-2016

（3）软件标准

GBT6988.1-2008 电气技术用文件的编制第 1 部分规则

IEEE802.3（Ethernet）以太网协议

RS-485 串行接口标准

4.竞赛设备描述

"智能电梯装调与维护"竞赛在"智能电梯综合实训考核平台"上进行,装置由两台高仿真电梯模型、电梯门机及轿厢系统和两套电气控制柜组成。电梯模型的所有信号全部通过航空电缆引入控制柜,每部电梯控制系统均由一台控制器和一台 PLC 双重控制方式,通过通信交换数据,电梯外呼统一管理,可实现电梯的群控功能。高仿真电梯模型包含驱动装置、轿厢及对重装置、导向系统、门机机构、安全保护机构等组成;电气控制柜包含一体化控制器、可编程控制器、低压电气(继电器、接触器)、考核系统等组成。

第二节　"互联网+"大赛

一、"互联网+"大赛简介

中国国际"互联网+"大学生创新创业大赛是目前我国级别比较高、知名度比较大、覆盖院校广、参与学生较多的大学生竞赛,由教育部、中央统战部等 13 个部委共同主办,迄今为止已举办了九届。

大赛旨在深化高等教育综合改革,激发大学生的创造力,培养造就"大众创业、万众创新"的生力军;推动赛事成果转化,促进"互联网+"新业态形成,服务经济提质增效升级;以创新引领创业、创业带动就业,推动高校毕业生更高质量创业就业。在大赛举办的过程中,涌现出一批科技含量高,市场潜力大、社会效益好、具有投资价值的优质项目,成为推动高校科技成果转化和深化产教融合的重要驱动力。主办单位为教育部、中央统战部、中央网信办、国家发展改革委、工业和信息化部、人力资源社会保障部、农业农村部、国家知识产权局、中国科学院、中国工程院、国家乡村振兴局、共青团中央等。

二、"互联网+"大赛类型

(一)新农科类项目

现代种植业、智慧农业、智能农机装备、农业大数据、食品营养、休闲农业、森林康养、生态修复、农业碳汇等领域,符合新农科建设理念和要求的项目。

（二）新医科类项目

现代医疗技术、智能医疗设备、新药研发、健康养老、食药保健、智能医学、生物技术、生物材料等领域,符合新医科建设理念和要求的项目。

（三）新文科类项目

文化教育、数字经济、金融科技、财经、法务、融媒体、翻译、旅游休闲、动漫、文创设计与开发、电子商务、物流、体育、非物质文化遗产保护、社会工作、家政服务、养老服务等领域,符合新文科建设理念和要求的项目。

（四）新工科类项目

大数据、云计算、人工智能、区块链、虚拟现实、智能制造、网络空间安全、机器人工程、工业自动化、新材料等领域,符合新工科建设理念和要求的项目。

三、"互联网+"大赛热点项目

（一）老龄化服务

随着我国老年人口规模日益增大、老龄化程度不断加深,如何积极应对人口老龄化,让老年人老有所依、老有所养,至关重要。多元养老服务产业市场日益成熟。无论是巨大的市场潜力,还是一系列政策鼓励,都在吸引着越来越多的市场主体参与者加入养老服务的产业之中。为老年人开发服务或产品,不仅仅具有巨大的市场前景,更能解决社会的痛点需求。目前存在的问题是:一方面,养老服务市场化程度不高,以政府购买服务为主,供需缺口严重。目前,居家和社区养老服务多由街道或社区承办,由政府购买为主导,部分地区还存在"民办公助"以及"公办民营"的居家养老模式。产业集中度和资源配置效率较低,无法发挥核心企业的规模经济效应。另一方面,养老产品业尚处于分散格局,发展的导向性不强。老年人的需求不再仅停留于食品、日用品和医疗产品三大基本生理需求。目前旅游和保健正成为新的增长需求点。需要关注的项目主要有养老服务、健康产品开发、健康膳食、居家监测、老年化娱乐产品等。

（二）人工智能+医疗

随着健康中国上升为国家战略,人工智能医疗掀起了传统医疗的智能化改革浪潮,人工智能技术已经成为医疗行业新的增长点,前景广阔。人工智能医疗是以现代医学与生物学理论为基础,融合先进人工智能及工程技术,挖掘人的生命和疾病现象的本质及其规律,探索人机协同的智能化诊疗方法及其临床应用的新兴交叉学科。从医院内场景来分析,有人工智能加持的大型医疗器械能够更好地满足医院的需求,在整体竞争上有一定优势。从医院外场景来看,互联网人工智能医疗以健康管理为主。目前,人工智能大模型在医疗保健领域主要应用在患者病历、医学影响资料、医患沟通记录领域,具体体现在病情诊断、治疗建议、医疗管理方案等具体实践中。其中,辅助医学影像、虚拟医生、药物分析都是可行的方向。

(三) 乡村振兴

全面推进乡村振兴是新时代建设农业强国的重要任务。习近平总书记指出："实施乡村振兴战略，要按照产业兴旺、生态宜居、乡风文明、治理有效、生活富裕的总要求，推动农业全面升级、农村全面进步、农民全面发展。"根据我国战略发展规划，未来五年是属于乡村产业振兴发展的五年，乡村产业存在巨大的机会，切入点主要包括如乡村环境宜居、乡村旅游、农产品加工、销售等。

(四) 芯片产业

芯片是现代社会的顶梁柱。大到能源互联网、交通管理系统和云计算，小到我们日常所用的手机、电脑和家电，芯片在我们的生活中无处不在。它既是使软件正常运行的前提，也是人工智能、量子计算和自动驾驶等很多新兴技术的基础。绿色校园、新能源汽车、绿色电力都是未来发展的趋势。

(五) 环保

环保行业是指以防止环境污染、改善生态环境、保护自然资源为目的所进行的技术开发、产品生产、商业流通、资源利用、信息服务、工程承包、自然保护开发等活动的总称。目前，互联网+项目可以把环保设备、垃圾分类、废弃物品回收利用、环保材料、空气或水净化、污染处理等作为很好的突破点。

(六) 非物质文化遗产的传承和保护

非物质文化遗产是人们世代相传的一种活态的文化实践，党的十八大以来，以习近平同志为核心的党中央高度重视非物质文化遗产保护工作。习近平总书记指出，"要加强非物质文化遗产保护和传承，积极培养传承人，让非物质文化遗产绽放出更加迷人的光彩"，很多情况下非物质文化遗产的传承和保护可以和乡村振兴联系起来，获得双倍的社会效益加成。传统的技艺、手工艺品、医药、美食，甚至美术元素，都可以作为项目的出发点。

(七) 公益项目

公益项目的方向有很多，如留守儿童和特殊群体保护、帮扶，这些方向很有现实意义，在历年比赛中评委也比较认可。

第三节 "挑战杯"中国大学生创业计划竞赛

一、"挑战杯"中国大学生创业计划竞赛简介

"挑战杯"是全国大学生课外学术科技作品竞赛，自1989年首届竞赛举办以来，"挑战杯"竞赛始终坚持"崇尚科学、追求真知、勤奋学习、锐意创新、迎接挑战"的宗旨，在促进青年创新人才成长、深化高校素质教育、推动经济社会发展等方面发挥了积极作用，在众多高

校乃至社会上产生了广泛而良好的影响,被誉为当代大学生科技创新的"奥林匹克"盛会。

大力实施"科教兴国"战略,努力培养广大青年的创新、创业意识,造就一代符合未来挑战要求的高素质人才,已经成为实现中华民族伟大复兴的时代要求。作为学生科技活动的新载体,创业计划竞赛在培养复合型、创新型人才,促进高校产学研结合,推动国内风险投资体系建立方面发挥出越来越积极的作用。竞赛采取学校、省(自治区、直辖市)和全国三级赛制,分预赛、复赛、决赛三个赛段进行。主办单位为由共青团中央、中国科协、教育部和全国学联。

二、"挑战杯"中国大学生创业计划竞赛组别

(1)科技创新和未来产业

突出科技创新,在人工智能、网络信息、生命科学、新材料、新能源等领域,结合实践观察设计项目。

(2)乡村振兴和脱贫攻坚

围绕实施乡村振兴战略和打赢脱贫攻坚战,在农林牧渔、电子商务、旅游休闲等领域,结合实践观察设计项目。

(3)城市治理和社会服务

围绕国家治理体系和治理能力现代化建设,在政务服务、消费生活、医疗服务、教育培训、交通物流、金融服务等领域,结合实践观察设计项目。

(4)生态环保和可持续发展

围绕可持续发展战略,在环境治理、可持续资源开发、生态环保、清洁能源应用等领域,结合实践观察设计项目。

高等教育改革的目标就是不断地提升高校人才培养与社会组织需求的契合度。职业技能大赛、"互联网+"大赛、"挑战杯"创业计划竞赛等技能大赛和双创教育系列赛事无疑是强力推动改革进程的一种高层次素质教育活动。首先,它不仅给予了所有的参与者不同的能力价值增长,更重要的是它大幅度加速了人才培养的效率和质量。其实,大赛已超出其本身的意义和内涵,它将是一个深化高校创新创业教育改革的重要抓手,一个凝聚高校和社会资源共同推动产业转型升级的有力引擎,一个培养大众创业万众创新生力军的有效平台。

第十章 创新工作室

第一节 创新工作室成立的社会背景

中共中央办公厅、国务院办公厅印发《关于深化教育体制机制改革的意见》（以下简称《意见》），《意见》指出，要完善提高等职业业教育质量的体制机制。强调要健全德技并修、工学结合的育人机制。坚持以就业为导向，着力培养学生的工匠精神、职业道德、职业技能和就业创业能力。坚持学中做、做中学，推动形成具有职业教育特色的人才培养模式。完善专业动态调整机制，完善教学标准，创新教学方式，改善实训条件，加强和改进公共基础课教学，严格教学管理。大力增强职业教育服务现代农业、新农村建设、新型职业农民培育和农民工职业技能提升的能力。

《意见》指出，要健全促进高等教育内涵发展的体制机制。强调要创新人才培养机制。高等学校要把人才培养作为中心工作，全面提高人才培养能力。不同类型的高等学校要探索适应自身特点的培养模式，着重培养适应社会需要的创新型、复合型、应用型人才。把创新创业教育贯穿人才培养全过程，建立健全学科专业动态调整机制，完善课程体系，加强教材建设和实训基地建设，完善学分制，实施灵活的学习制度，鼓励教师创新教学方法。深入推进协同育人，促进协同培养人才制度化。

国家实施创新行动计划，深化高等职业院校创新教育战略，创新创业教育理念与专业教育结合更紧密，与实践结合的需求更迫切。创新工作室的建设，将是深化创新教育的一个重要的实践平台，是结合专业教育与创新教育的重要举措。四能力培养结构图如图10-1所示。

第二节 创新工作室的作用

创新工作室的建立，将大大提升高等职业院校整体形象和品牌，推动专业或专业群的建设，推动"双高"背景下的人才培养，有利于某一专业领域人才的成长。工作室全体成员凝练了"扛大旗、争第一"的技能竞赛精神，形成比、学、赶、超的技能竞赛文化，形成了"以赛促教、以赛促研、以赛促学"的建设目标，并搭建"以技能竞赛为亮点，以面向教学为支点，以技术创新为突破点，以服务社会为出发点"的育人平台，使人才培养质量不断提升，服务地方经济能力不断增强，对其他专业工种起引领示范作用，更加有利促进对外交流与合作，有利于校企合作的深入开展。

一、创新工作室引领作用

创新工作室以习近平新时代中国特色社会主义思想为指导，认真贯彻落实党的二十大

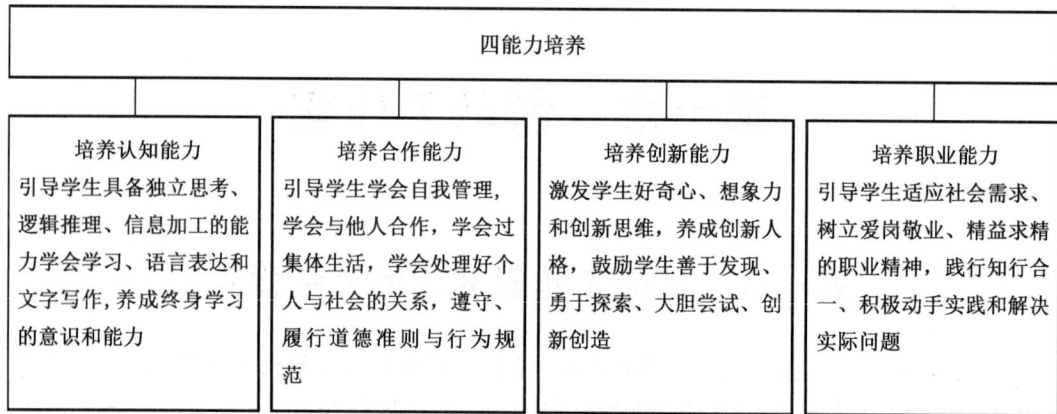

图 10-1　四能力培养结构图

精神,践行创新驱动发展战略,充分发挥教科文卫体系统职工在技术攻关、技术培训、创新引领、示范带动等方面的模范带头作用,进一步激发广大职工的创新创造活力,促进全区教科文卫体系统职工队伍整体素质提升,为推动全区教科文卫体事业创新发展,加快建设亮丽北疆发挥主力军作用。它的引领作用主要体现在以下几个方面:

（一）创新工作室在校企合作、技术攻关、技术创新、技术培训方面具有引领作用。

（二）创新工作室在服务社会、乡村振兴方面具有引领作用。

（三）创新工作室在人才培养、创新能力提升方面具有引领作用。

（四）创新工作室在高等职业院校创新创业大赛、学生技能大赛、教师教学能力大赛方面具有引领作用。

（五）创新工作室带头人由主持或参与创新攻关项目并取得成果、开展带徒传技或参与内外培训、参与各级部门组织开展弘扬劳模精神和工匠精神,在专业领域中师德优秀并且有技能特长的老师担任,对工作室全体成员及全院老师和学生具有引领作用。

二、创新工作室赋能作用

依托创新工作室,根据专业特色和地方经济发展引进合作企业,将企业人才需求融入人才培养方案,并将紧贴行业发展的企业真实项目引入课程体系,为学校人才培养赋能;同时,整合校企资源为行业企业提供产品开发、技术推广、人员培训等社会服务,并从校企共同开发的实训教材中选取部分内容作为行业培训和企业技术人员培训的培训项目,为行业和企业发展赋能。另外,整合资深工程师和专业教师组成"双师",实施校企交互培养的理实一体化"双导师制",并逐步形成"工学互嵌、分段递进"的教学模式,为教学团队赋能。实现了对学生的培养,师资综合素养的提升,践行社会主义核心价值观,不断从多方面融入劳模精神、劳动精神、工匠精神,创新创造氛围愈加浓厚。

1.工匠精神的融入,可以从以下几个方面进行。

具体实施步骤:

(1)营造"工匠精神"的校园文化氛围;

(2)将"工匠精神"与思想政治教育融合;

（3）立足专业领域，探索与企业更深层次的合作模式；

（4）践行"工匠精神"教师团队；

（5）制定满足"中国智造"要求的现代化实训基地的软、硬件条件；

（6）建设突出工匠特色的课程体系；

（7）设计融入"工匠精神"的理虚实一体化教学环节；

（8）技能大赛、"互联网+"创新创业大赛等与实践教学融合；

（9）构建以企业产品质量评价方法的评定体系。

"工匠精神"融入途径结构如图10-2所示。

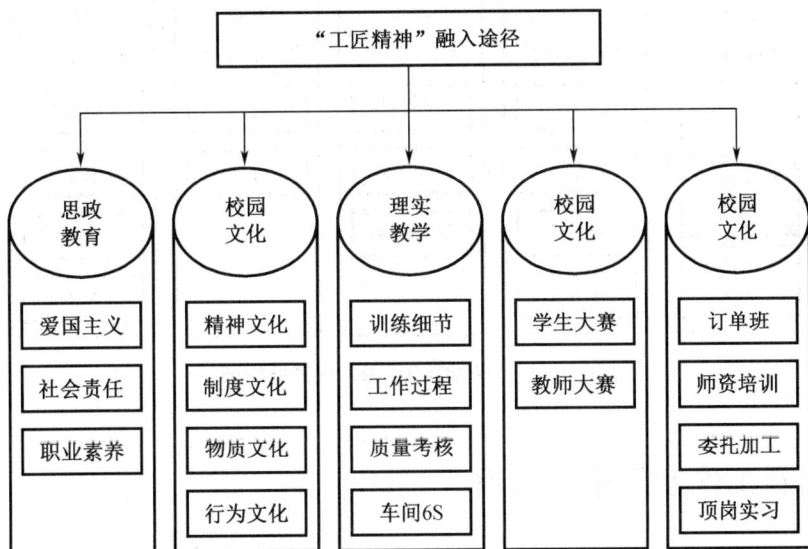

图10-2 "工匠精神"融入途径结构图

2.劳动精神的融入，可以从以下几个方面进行。

具体实施步骤：

（1）创新工作室的教学方法创新劳动教育形式。

（2）围绕创新创业，重视"新知识""新技术""新工艺""新方法"应用，使学生提升就业创业能力，能创造性地解决实际问题，学会在创造中劳动、在劳动的过程中提升专业技能，发展学生创新性劳动的潜质。

（3）体会企业的岗位能力需求，建立与企业实际工作场景零距离接轨的教学环境和运作模式、管理机制，将劳动教育有效地融入专业教学中。

（4）践行"劳动精神"教师团队，来自企业的技能大师、劳动模范、技术能手在工作室教学活动中能"身教"和"言传"，为学生树立职业素养与职业精神的优秀典范，牢固树立"劳动最光荣、劳动最崇高、劳动最伟大、劳动最美丽"的道德观念。

（5）让企业充分参与到工作室的人才培养中来，积极探索"工学结合、知行合一"的有效途径，做真、做实、做细劳动教育，使劳动教育与企业对劳动者的实际要求相适应，在产教深度融合中发挥企业的主体作用，强化劳动教育内容的系统培育。

（6）以项目任务完成为导向，以项目成果为考核评价依据；强调校企双元评价、侧重企业标准;以成果为导向、以任务完成度为标准,建立立体化、综合性考核评价体系。

(7)做到劳动技能培养与劳动价值观教育并重。

"劳动精神"融入途径结构图如图 10-3 所示。

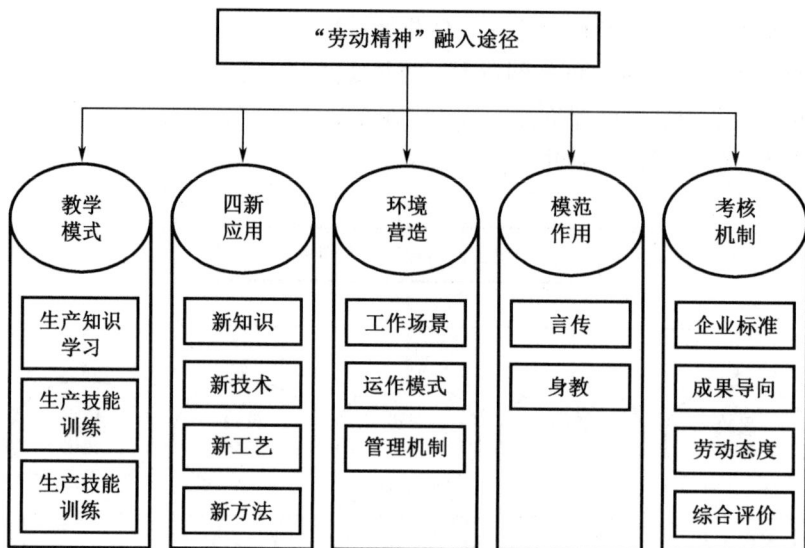

图 10-3 "劳动精神"融入途径结构图

三、创新工作室传帮带作用

(一)教师的传帮带作用

在"双高"建设的背景下,对于加快高等职业院校师资队伍的建设,进一步提高青年教师教学业务水平和教育能力方面,创新工作室可以起到传帮带的作用。在新教师和老教师"传帮带结对子"的活动中,老教师严谨的教学态度和教学风格可以为新教师树立榜样,更快地了解职业的神圣与崇高、职责与义务、创新工作室带头人及骨干教师的师德、技术能力、教学能力、学科领域的经验都将对新教师的工作和生活起到潜移默化的作用。

(二)学生的传帮带作用

为了实现高等职业院校培养高素质技能的办学宗旨,解决高等职业院校学生"毕业就待业"的现象,创新工作室可以采用"传帮带"的形式,在人才培养方面对学生综合素质的提高起到助推总用。将学生在校学习和企业对人才的需求对接起来,把工厂搬进学校,学校同时也成为学生实习的工厂。采用项目化教学,由专业老师、中心老师和企业师傅共同商定教学方案,采取"一带、二传、三帮"的小组学习方式。将学生的角色转化为学徒,师傅传播专业技能和工作经验,快速提升学生专业实践能力,帮助学生养成自主学习习惯、团队信任与合作精神、面对困难和承受压力的能力。

第三节　创新工作室的管理制度

一、创新工作室工作制度

为充分发挥创新工作室弘扬"工匠精神"、提升创新能力、增强团队竞争力等方面的重要作用,促进创新工作室高效运转、健康发展,特制定本制度。

(一)工作室坚持创新创效为指导方针,坚持科学严谨的工作作风,有条不紊地发挥技能人才的示范、指导和辐射作用,促进创新发展。

(二)创新工作室成员必须参加工作室布置的"传帮带"、校企合作、培训工作,完成学习、研究任务,努力实现培养计划所确定的目标,并取得相应的成果。

(三)工作室定期召开会议,谋划布置阶段性的创新工作,研究解决生产创新过程中遇到的困难和问题,并为成员提供自由研讨和交流的平台。

(四)工作室的成员必须按时参加活动,并做好相关的准备和反馈。

(五)工作室每位成员必须按时完成工作室布置的各项工作任务。

(六)建立项目日常管理档案,有较翔实的台账。工作室所开展的各项工作,必须做好活动记录。对于各种技术资料,必须按要求严格存档。

二、创新工作室培训及学习制度

为进一步加强"双师"教师技能队伍建设,提高技能人员素质,增强教师整体技术水平,结合本单位工作实际,制定本制度。

(一)工作室全体成员要坚持不懈地学习教育理论,研究新课标、新课程、新教法,不断改进教学方法,开拓知识渠道,增加知识积累,不断提高自身素质和业务水平。

(二)学习分为校外学习和校内学习、线上和线下相结合的方式。

(二)学习要理论联系实际紧密结合自身工作实际,学以致用并讲求实效。

(三)采取集中学习和自学相结合的形式,学习内容由创新工作室根据上级要求和工作需要具体安排。

(四)工作室成员要在自我发展计划中明确学习内容、学习目标,根据目前及今后教育教学改革趋势在教育教学理论等方面有选择性地学习。

(五)有特殊情况不能参加学习的,要向工作室负责人请假,事后自学;对无故不参加学习者,视情况进行批评教育。

(六)学习结束后,做好学习总结。

三、创新工作室会议制度

(一)每学期初召开一次工作计划会议,讨论制订本学期工作室的计划,确定工作室成员的阶段性工作目标任务。

(二)每月召开一次会议,布置本月的工作,研究解决创新过程中遇到的困难和问题。

(三)每季度召开一次管理诊断评审会议,针对工作室的薄弱环节,做出总结和预警。

（四）每学期末召开一次总结会议,总结本学期的工作成绩,共同分享成功的经验、探讨存在的问题,思考下学期工作室的总体工作及各成员的具体工作计划。

（五）根据工作室计划,每学期安排阶段性的"传帮带"、技能大赛、课题论文申报等工作情况汇报会,督促检查实施情况,协调解决实施过程中的疑点、难点问题。

四、创新工作室激励制度

为了营造参与管理、持续改进、积极创新、带徒传技的氛围,激发创新工作室成员在技术创新、技术攻关等方面的工作热情和创新潜能,促进工作室管理创新成果的培育、总结、提升和推广,特制定管理办法。

（一）创新激励主要遵循精神激励、机会激励相结合原则。

（二）对工作室成员的创新奖励与教师职称评定挂钩,将精神激励、机会激励等有机结合,充分发挥各种激励手段的协同作用。

（三）将横向课题、科研课题的申报和完成情况纳入奖惩项目。

（四）将师生共同参与的创新类大赛、技能大赛类如奖惩项目。

（五）对于个人未完成工作室分配的任务纳入奖惩项目。

五、创新工作室经费管理制度

（一）创新经费是为实现创新计划和目标等工作的投入

主要用于:

1. 年度创新工作计划实施期间费用。

2. 新技术、新工艺、新材料引进过程产生的费用。

3. 新产品的试验费用。

4. 成果申报、评审、鉴定、技术交流、技术咨询费用。

5. 购买科普刊物费用。

6. 科普工作包括资料、培训、摄影、音像、复制等费用。

（二）经费的申报和审批

1. 经费由工作室成员申请,申请经费必须具体说明经费使用计划,并上报工作室负责人。

2. 经工作室会议审核后,由工作室负责具体实施工作的可行性论证。

3. 申请项目必须具有新颖性或实用性,并经充分调查研究,必要时组织有关部门进行专项考察、论证。

4. 凡未经工作室审查调研的申请项目,原则上不予考虑。

5. 申请使用的经费由工作室组织审查后,学院财务负责人审核批准,由财务下发经费。

6. 所拨付的经费要专款专用,不得支付与本项目无关的费用,工作室将组织相关人员,对拨付给各项目的经费使用情况进行检查,如发现滥用资金,违反规定的要将该部分资金追回,情节严重的要追究相关人员责任。

第四节 创新工作室的目标任务

根据人社部《"十四五"职业技能培训规划》精神,结合自治区能源、化工、加工制造等传统产业转型升级和培育打造新能源、新材料、节能环保、信息制造等战略性新兴产业提升高技能人才培养能力的需求,创新工作室将本着以服务教学和科研生产为原则,以提升人才整体素质和技能为核心,通过工作室的组建,加快培养一批青年高技能人才骨干,建立高技能人才技术技能创新成果和绝技绝活的传承机制,并将技术技能革新成果和绝技绝活加以推广。

(一)完善"三位一体"创新工作室建设机制

政府监督、学校管理、企业合作,充分发挥"校企融合、技能引领、社会服务"三位一体创新工作室建设"传承""活化""推广"和"创新"作用,构建资金共投、机制共建、资源共享、人才共育、项目共研、技能共拓、成果共推、多方共赢的工作室建设机制。实现资金专款专用,单独核算;制定完善的学习制度,攻关制度、交流制度、激励制度、考核制度、档案管理制度等。

(二)组建优势互补结构化的高水平技能团队

建立企业技能大师、学院教学名师、学院技能大师组成的工作室技能与智慧资源库。形成以技能大师为核心,教学名师、企业骨干、骨干教师、兼职教师、优秀学生为成员的攻关团队,构建"项目带动-大师引领-骨干参与-专业互补-高效协作"的技能大师工作室"项目+团队"。聘请校外"技术能手"作为领军人才,共建技能大师工作室。聘请企业专家或技术骨干完成技术交流活动,壮大创新工作室团队成员。

(三)开展全方位的校企深度合作

面向区内化工行业,以项目为载体,实现"攻关、传艺、创新、交流"的主责。攻关——积极开展技术攻关活动,解决生产技术难题,推进产业升级和技术进步;传艺——积极开展"传、帮、带"活动,传绝技,带高徒,为企业培养高技能人才;创新——积极开展技术创新活动,总结推广技术技能创新成果、操作方法等;交流——积极开展技术交流与培训,开展面向社会、学校、企业的高技能人才培训及鉴定工作,教师到企业进行实践活动。参与企业技改项目,进行技术交流活动,做好翔实的记录。开发适合企业和学校培训的活页式教材,申请创新和技术攻坚类项目,科研技术成果及时转化。通过"传、帮、带"活动,为企业培养青年技术技能骨干。

(四)助推"岗课赛证思"五位一体的教学模式

利用创新工作室开展工学结合、竞赛训练、企业实践等,助力职业技能大赛,实现理论教学与技能训练融通合一、能力培养与工作岗位对接合一、实习实训与顶岗工作学做合一,知行合一,理解智能制造和培养工匠精神。通过项目协议组建技术团队,校企互相渗透,参与项目开发、课题研究、技术创新,校企共同技术成果转化,进行教学资源开发、实训基地建设,实现工作室建设成果反哺教学能力。借助创新工作室,形成企业和学校两个培训平台,参加省(自治区)级职业技能大赛;以解决企业技术难题为目标,指导学生完成产品的设计与加工,申请实用新型专利。完成"1+X"培训工作。

(五)引领乡村振兴,提升社会服务

"产业兴则农村兴",充分发挥技术技能优势,助推产业扶贫。选取贫困的县城、乡镇、村,结合当地实际情况,制定帮扶方案,构建多层次、多形式、多渠道的培训帮扶平台,通过集中讲授、实践帮扶与网络培训相结合,定期派遣工作室技术人员赴当地开展技术培训、农产品设备检修、维护与保养与升级。"授人以渔",用技能为当地产业发展保驾护航。服务乡村科技振兴,面向再就业人员进行职业技能培训。

第五节　创新工作室案例

2019年9月内蒙古化工职业学院测控与机电工程系由7位老师以数控基地为依托,成立了曹磊创新工作室,探索新的教学模式。经过了2年多的实践,曹磊创新工作室的建立,提升了学院整体形象和品牌,推动了以数控加工专业为纽带的专业群的建设,推动了机电工程系师资及人才培养的提升,促进了对外交流与合作和校企合作的深入开展,同时在全院对其他专业发展起到引领示范作用。

利用学院先进的数控实训基地,以后每年完成中小学生职业启蒙教育500人次/年。曹磊创新工作室独立研发生产微型五轴数控机床,作为数控机床教学和培训用具,并配套开发了一套适合中小学生数控学习的可视化培训教程,让更多的中小学生能够接触数控加工,树立积极的职业价值观;搭建技术创新平台3个,利用新材料新技术,改造废旧机床10台,实现技术革新和节能减排。

工作室师生成员除了保证学院实验实训设备运转良好,教学工作保质保量完成外,成立了"学生数控学习小组",并且得到了学校领导的支持。从校内机器设备的零件修配开始,学校食堂的切肉片机上的固定冻肉的螺栓由于长时间使用,螺牙磨损非常严重,已经起不到固定的作用,这个螺栓是机器专用螺栓,尺寸比较特殊,市场上无法购买,只能定制,价格昂贵。于是"学生数控学习小组"接了这个修配任务。大家找到原始零件,利用学生实训剩下的脚料,熟练地进行测绘、编制加工工艺、编程、加工,整个过程"徒弟"们都能够独立完成,不仅修配上了切肉机上的螺栓,使切肉机能够正常工作,还多做了几个作为备用件。

随着"徒弟"们数控加工技能水平的不断提高,2018年开始,通过介绍,"学生数控学习小组"与呼和浩特市蒙兴建筑机械有限责任公司合作,为其生产建筑工地卷扬机用"防坠安全器板"20块,并签订了委托加工协议书。"徒弟"们利用课余时间,来到数控基地,穿好工作服、工作鞋、戴好安全帽,像企业工人一样投入生产加工当中。大家在工作中发挥了一丝不苟的工作态度,吃苦耐劳的工作作风,让工作室的老师们看到了一个个未来的企业技术骨干在不断地成长。经过"徒弟"们几个月的生产加工,顺利交付了这28块"防坠安全器板"产品,超额完成了厂家的订单任务,经厂家组装试用,尺寸精度、位置精度远远超过了厂家所要求的标准,受到厂家的好评。同时他们的付出也得到了回报,为学院赚得了5 040元的生产加工费,虽然不多,但是这些加工费是对在校学生利用自己所学数控加工技能的一

种肯定,同时也证明了"学生数控学习小组"这种新的学徒形式的实践道路是正确的,因为把学生在校学习和企业需求人才这个缺口对接了起来,把工厂搬进了学校,学校也同时成为学生实习的工厂。

为了检验"学生数控学习小组"的技能水平,工作室老师鼓励"徒弟"们参加自治区级和国家级组织的数控技能大赛。挑选各方面相对优秀的"徒弟"参加了"2018 年中国技能大赛第八届全国数控技能大赛·内蒙古选拔赛"数控车工学生组赛项的比赛,在比赛中,"徒弟"不负所望,稳定发挥,在全区各盟市 15 名选手当中脱颖而出,荣获自治区数控车工学生组第三名的好成绩,被大赛组委会越级晋升为车工技师职业资格。随后代表自治区参加"2018 年中国技能大赛第八届全国数控技能大赛决赛",在全国决赛中,学生们发挥稳定,获得数控车工学生组全国优胜奖。

为了给数控小组的"徒弟"们做出榜样,工作室成员曹磊老师参加了"2018 年中国技能大赛第八届全国数控技能大赛·内蒙古选拔赛"数控车工教师组赛项的比赛,比赛中荣获教师组自治区第二名的好成绩,并被内蒙古自治区人力资源和社会保障厅授予"全区技术能手荣誉称号"。

曹磊老师被内蒙古教育厅聘任为全区中等职业学校技能大赛裁判,先后执裁的大赛有以下赛项。

1. 2018 年 11 月执裁"2018 年全区中等职业学校技能大赛"车加工技术赛项,并负责本赛项赛前出题工作,赛场执裁工作以及赛后评分、评奖等工作;

2. 2019 年 4 月执裁"2019 年全区中等职业学校教师教学能力大赛"车加工技术赛项,负责本赛项赛前出题工作,赛场执裁工作以及赛后评分、评奖等工作;

3. 2019 年 12 月执裁"2019 年全区中等职业学校技能大赛"车加工技术赛项,负责本赛项赛前出题工作,赛场执裁工作以及赛后评分、评奖等工作。

对于以上自治区大型的数控类技能大赛赛事,曹磊老师本着严谨、求实、公平、公正的态度圆满完成了执裁工作。多次的大赛执裁经验也为"学生数控学习小组"的训练明确了方向。导师的言传身教对学生思想和行为有着潜移默化的影响作用。

2019 年底,"学生数控学习小组"的学生们面临着毕业和就业问题,由于在校期间奠定了扎实的数控技能专业知识,综合素养得到了相关企业的关注和认可,完成了学校和社会之间的无缝过渡,开启了新的人生旅程,也将成为在各自工作岗位上的技术骨干,为社会为国家的经济发展做出应有的贡献。

对于创新工作室的 7 名老师来说,从 2019 年工作室成立到现在,经过 4 年多的努力探索,取得了一定的成效。构建的"学生数控学习小组"这种新的学习模式,其实践是非常有成效的,是现代新型学徒制教学模式的一种尝试。该小组完成横向课题 2 项,成果转化项目 1 项。曹磊创新工作室在获得各项荣誉的背后,也凝练了老师和学生的辛苦付出。同时也有一套科学、合理的管理制度。创新工作室功能结构图如图 10-4 所示。

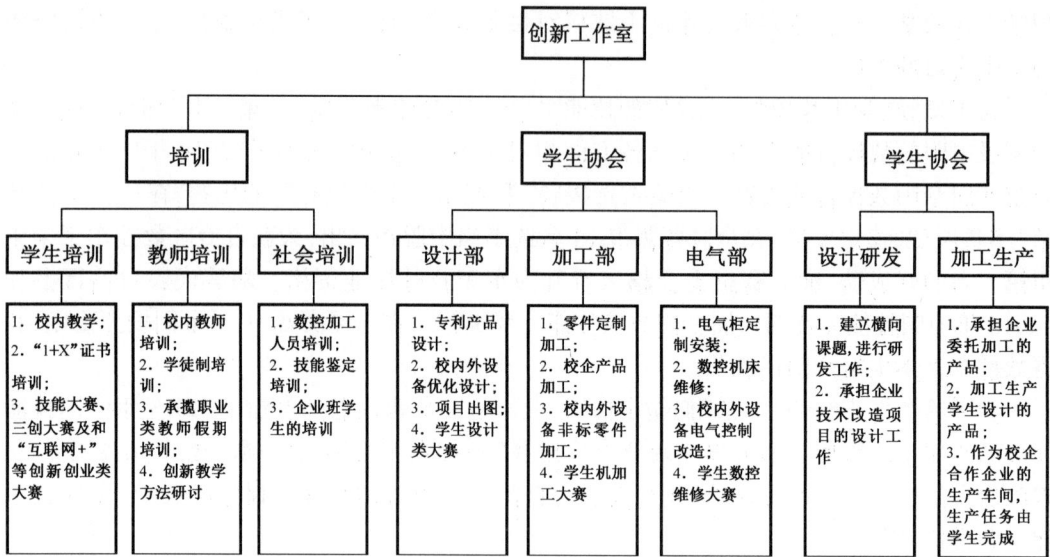

图 10-4　创新工作室功能结构图

第十一章　结　语

本书以"双高"背景下高等职业教育人才培养模式研究为主题,深入探讨了思想政治教育、人才培养模式的创新与实践、教学资源建设、师资队伍建设、"双高"背景下教学模式的改革、校企共建高水平产教融合实训基地、技能及创新创业类大赛以及创新工作室等方面的重要议题。通过对这些领域的深入研究,全面了解"双高"背景下高等职业教育的现状、问题和发展趋势。

通过本次研究,深刻地认识到高等职业教育在培养适应社会需求的高素质人才方面的重要性。随着社会经济的快速发展和科技的不断进步,高等职业教育扮演着连接教育与产业、培养实践能力和创新精神的重要角色。本书的研究成果为高等职业教育的改革和发展提供了有益的借鉴和参考。

在未来的工作中,作者将继续关注高等职业教育的持续发展和优化,特别是在人才培养模式的创新上将要下更大的功夫。各高校需要进一步推动思想政治教育的深化,注重学生的道德教育和价值观引导,培养具有社会责任感和职业道德的高素质人才。同时加强教学资源的建设和优化,提高师资队伍的水平和能力,创造更好的学习条件和环境。

积极探索教学方法与教学手段的改革,结合现代教育技术的应用,提供多样化、个性化的学习体验。校企合作是一个重要的发展方向,通过与企业的合作,将实践与理论相结合,培养适应市场需求的专业人才。

高等职业教育不仅仅是为了培养学生的就业能力,更是为了培养具备全面发展能力和创新创业精神的社会栋梁之材。高等职业教育积极响应国家战略,贡献自己的力量,为实现经济社会发展和构建创新型国家做出积极贡献。

本书只是对"双高"背景下高等职业教育人才培养模式研究的一种初步尝试,它揭示了一些重要的理论和实践启示,还有许多深层次的问题和挑战有待去探索和解决。例如,需要探究如何更有效地将企业和产业界的资源引入教育中,以更好地满足行业的实际需求。此外,还需要深入研究教师队伍建设和教育评价机制等问题。面对新的技术和社会变革,如何更新和优化人才培养模式,使其始终保持与时俱进,是需要长期研究和实践的课题。

总之,这是一个需要持续关注和深入研究的课题。以"双高"为导向,共同推进我国高等职业教育的改革和发展,为我国的经济社会发展培养更多高素质的职业人才。

参 考 文 献

[1] 陈恩伦,马健云."双高计划"背景下高水平高职学校人才培养模式改革[J].高校教育管理,2020,14(3):19-29.

[2] 邵华.高职院校混合式教学:内涵重构、模式创新与多维评价[J].高等职业教育探索,2021,20(4):55-59,67.

[3] 陈超,刘瑰洁,李宏."双高"背景下校企共建高水平产教融合实训基地的实践研究[J].南方职业教育学刊,2021,11(6):88-94.

[4] 隋秀梅,王姗姗,李国庆.高水平专业化智能制造产教融合实训基地建设研究[J].工业技术与职业教育,2022,20(2):61-64.

[5] 晋顺.论职业教育实训课程的开发与建设[J].武汉船舶职业技术学院学报,2009,8(1):100-102.

[6] 王德春,田小霞,黄刚,等."校企合作共建共享型"高职实训基地建设与管理体制机制的研究与实践[J].现代职业教育,2021(41):92-93.

[7] 朱臻,窦小刚.基于信息化平台建设的高校实验室安全管理体系研究[J].实验技术与管理,2020,37(4):3-8.

[8] 陈敏."双高"建设背景下高职院校一流师资队伍建设研究:以渤海船舶职业学院为例[J].船舶职业教育,2018,6(4):65-68.

[9] 赵新华.示范院校"双师型"师资队伍保障机制的构建[J].温州职业技术学院学报,2011,11(1):37-29.

[10] 王辉,张慧,刘馥."双高"项目背景下机电类专业师资队伍建设的研究:以盘锦职业技术学院为例[J].南方农机,2020,51(1):154-155.

[11] 张辉,苑桂鑫.高等职业教育与区域经济发展关系研究[J].职教论坛,2008(17):15-19.

[12] 闫亚林,龙艳."双高"背景下高水平高等职业院校人才培养模式改革:以新能源汽车技术专业为例[J].汽车实用技术,2021,46(8):144-146.

[13] 郎富平,袁子薇."双高"建设背景下专业群课程资源建设研究[J].教育与职业,2021(13):85-89.